中公新書 2523

小林登志子著

古代オリエントの神々

文明の興亡と宗教の起源

中央公論新社刊

はじめに

本書では、古代オリエントの神々を紹介しようと思う。

「そんなものを知ってどうなる」と思う人もいるかもしれない。だが、ちょっと聞いてほしい。

古代オリエント世界は今から五〇〇〇年前には成立していた文明社会であって、最古の社会を知ることは現代の社会を知ることにつながる。最古の文明社会を生きた人々が神々をどう考えていたかを知ることは、現代社会の宗教や思想を考えるもとになる。

宗教は霊的存在である神を中心にした虚構であって、虚構を共有できれば信者である。神々を知ることは、古代人がなにを考えていたかを知ることでもある。

神が人間を創造したのではなく、人間が神々を創造した。神々の創造は人間精神の歴史での、最古の発明であった。明日のことなぞわからない人生を歩んでいく人間の羅針盤《らしんばん》であり、杖ともなって、そして精神を安定させる仕組みが、神であった。古代人は神々を必要としていた。

一方で、神も仏も必要としなくなったのが、現代の日本人だろう。日本の多くの家から仏壇や神棚が消えている。世界では神を信じている人が圧倒的に多いのに、信仰を問われた時に日本では無神論といいきる人が少なくない。すべての日本人ではないものの、信仰がなくても生きていける社会が日本である。だが、世界には、一日に五回祈る人や週一回教会へ通う人が普通にいる。こうした行為こそが生きることそのものである人たちもいる。

日本は今後文化、宗教そして生活習慣などのちがう外国人と共存していく社会にならざるをえないだろう。外国人がなにを信じているかを知ることが隣人理解のはじまりにもなる。そうであるならば、古代の神々ではなく、現代のキリスト教やイスラーム教の神を知ればよいとの意見もあるかもしれない。だが、現在信仰されているユダヤ教、キリスト教そしてイスラーム教には古い歴史があり、誕生にいたる前史がある。これこそが本書で扱う古代オリエント世界の話なのである。物事の本質はそのはじめを見るとよくわかる。

古代オリエント世界は一様な社会ではなかった。

大きく二つに分けて、定住農耕社会と非定住の移動する集団があり、後者の中に遊牧民がいた。前者の中心はメソポタミアとエジプトで、大河の流域での農耕が社会を運営していく上での基盤となっていた。この二つの社会では同じような属性の神々を祀《まつ》っていたが、ちがいがあり、また死生観にもちがいがあった。両者を比較して紹介する。

古代オリエントで生まれた神々の中には、古代オリエント史終焉《しゅうえん》後も人々が祀り続けていた例がある。だが、七世紀にはいると、古代オリエント文明が栄えた西アジア世界は唯一神を信じるイスラーム世界へと大きく変貌した。どうしてだろうか。

多神教と一神教は截然《せつぜん》と分けられるのではなく、分かちがたい関係にあることも説明しよう。

その多くが、ユダヤ教やキリスト教を信仰している欧米の研究者たちの、古代オリエントの神々への視点は客観的とはいいがたいような印象を受ける。研究者自身の信仰への感情移入があるように思う。思想は相対化して考えるべきであろうが、なかなかそうはいかないようである。ここに、一神教徒の少ない、多神教の伝統のある社会に生きる日本人の視点で、古代オリエントの神々を語る意味があると考える。

それでは、古代オリエント世界の個性豊かな神々について語るとしよう。

目　次――古代オリエントの神々

その他の地方

事　項

前

5000

4000

3000　3000エジプト統一国家成立

2600

2200

1800

※2
アメンヘテプ3 1388～1351
アメンヘテプ4 1351～1334
ツタンカーメン1333～1323

1400

※3
ラメセス2 1279～1213
メルエンプタハ 1213～1203

1200 この頃ウガリト、ヒッタイト滅亡

1000

エジプト・シリア

古王国(2682～2191)

第5王朝(2479～2322)

第1中間期(2150～2040)

中王国時代(2025～1794)

第12王朝(1976～1794)
アメンエムハト1 1976～1947

第2中間期(1794～1550)

第15王朝(1648～1539)
第16王朝(1648～1539)

新王国(1550～1070)

第18王朝(1550～1292) ※2

第19王朝(1292～1186) ※3

ギリシア

ミノア文明(3000～1200)

ミケーネ文明(1700～1200)

アナトリア

チャタル・ホユック遺跡(6300～5700)

ヒッタイト古王国(1680～1450)

ヒッタイト新王国(1450～1200)

新ヒッタイト(1200～700)

『古代オリエントの神々』関連年表

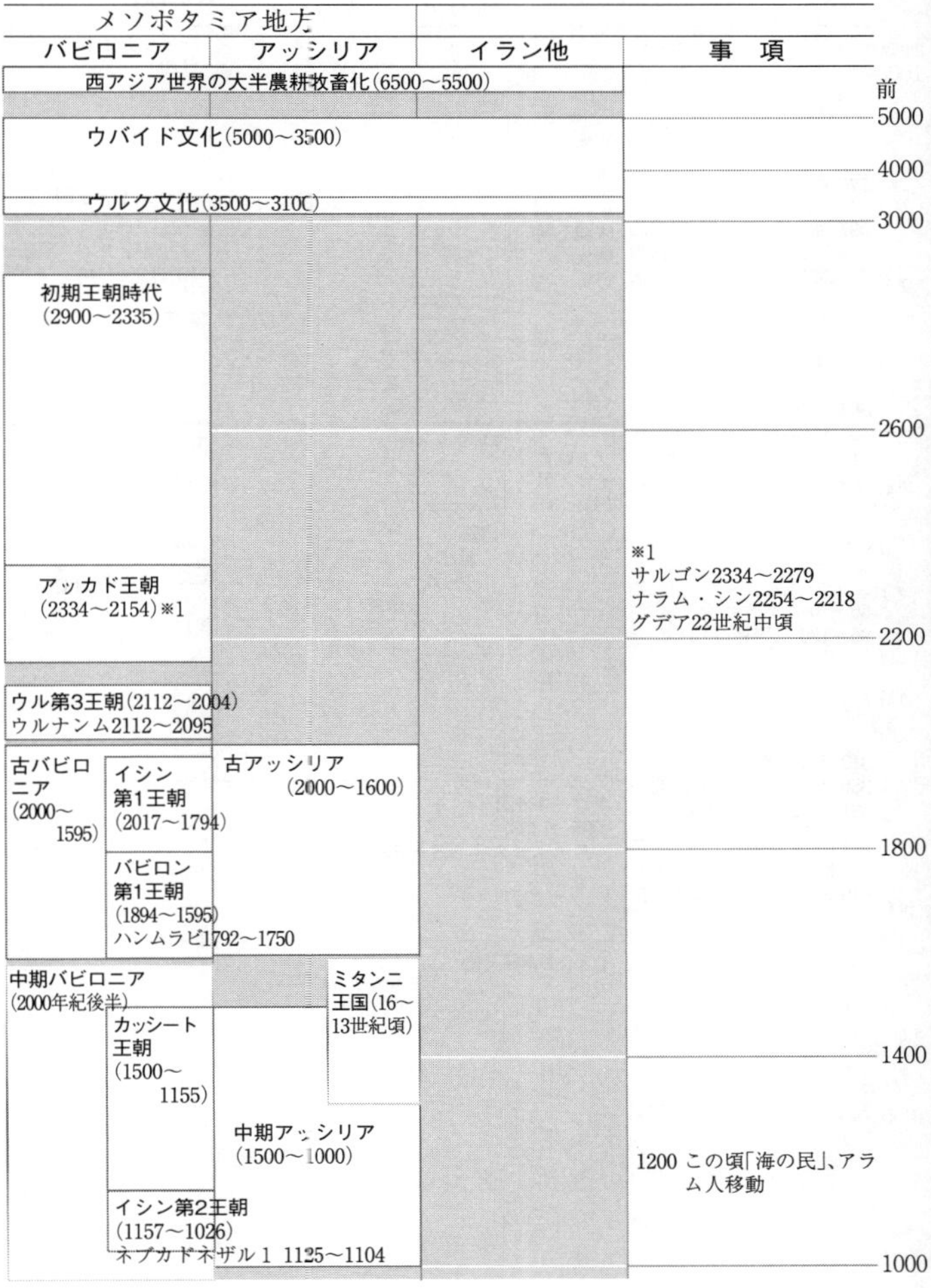

メソポタミア地方		イラン他	事 項	
バビロニア	アッシリア			
西アジア世界の大半農耕牧畜化(6500〜5500)				前 5000
ウバイド文化(5000〜3500)				4000
ウルク文化(3500〜3100)				3000
初期王朝時代 (2900〜2335)				2600
アッカド王朝 (2334〜2154)※1			※1 サルゴン2334〜2279 ナラム・シン2254〜2218 グデア22世紀中頃	2200
ウル第3王朝(2112〜2004) ウルナム2112〜2095				
古バビロニア (2000〜1595) / イシン第1王朝 (2017〜1794) / バビロン第1王朝 (1894〜1595) ハンムラビ1792〜1750	古アッシリア (2000〜1600)			1800
中期バビロニア (2000年紀後半) / カッシート王朝 (1500〜1155)	ミタンニ王国(16〜13世紀頃) 中期アッシリア (1500〜1000)			1400
イシン第2王朝 (1157〜1026) ネブカドネザル1 1125〜1104			1200 この頃「海の民」、アラム人移動	1000

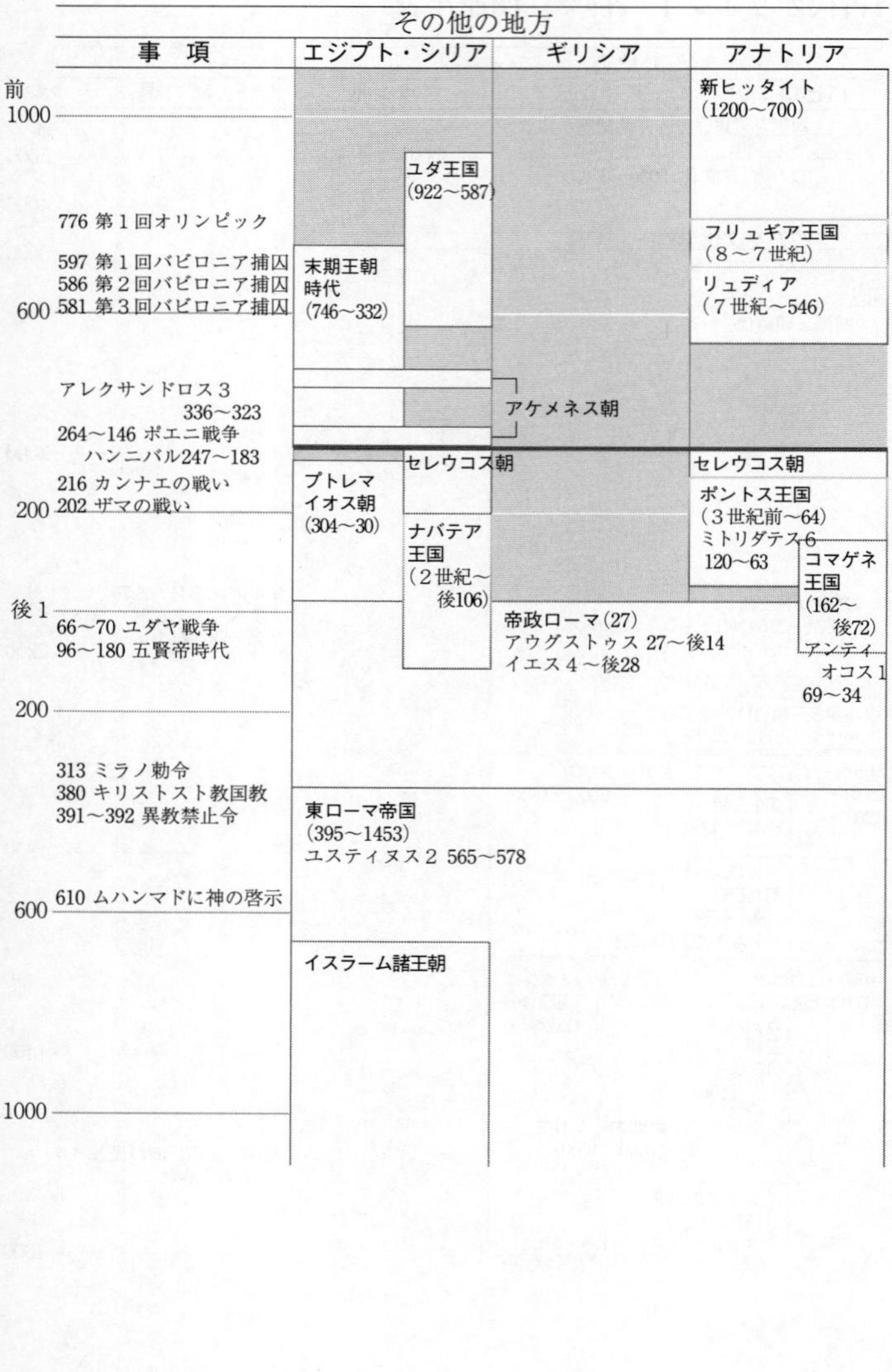

その他の地方
事 項
エジプト・シリア
ギリシア
アナトリア
前
1000
776 第1回オリンピック
597 第1回バビロニア捕囚
586 第2回バビロニア捕囚
581 第3回バビロニア捕囚
600
アレクサンドロス3
336～323
264～146 ポエニ戦争
ハンニバル247～183
216 カンナエの戦い
200
202 ザマの戦い
後1
66～70 ユダヤ戦争
96～180 五賢帝時代
200
313 ミラノ勅令
380 キリストスト教国教
391～392 異教禁止令
610 ムハンマドに神の啓示
600
1000
ユダ王国
(922～587)
末期王朝
時代
(746～332)
アケメネス朝
セレウコス朝
プトレマ
イオス朝
(304～30)
ナバテア
王国
(2世紀～
後106)
新ヒッタイト
(1200～700)
フリュギア王国
(8～7世紀)
リュディア
(7世紀～546)
セレウコス朝
ポントス王国
(3世紀前～64)
ミトリダテス6
120～63
コマゲネ
王国
(162～
後72)
アンティ
オコス1
69～34
帝政ローマ(27)
アウグストゥス 27～後14
イエス4～後28
東ローマ帝国
(395～1453)
ユスティヌス2 565～578
イスラーム諸王朝

メソポタミア地方				
バビロニア	アッシリア	イラン他	事　項	
	中期アッシリア （1500〜1000）			前 1000
新アッシリア帝国 時代（1000〜609） センナケリブ704〜681 エサルハドン680〜669 アッシュル・バニパル668〜627			※4 ネブカドネザル2 604〜562 ナボニドゥス555〜539	
		メディア王国 （8世紀後半〜550）	612 ニネヴェ陥落	600
新バビロニア王国 （625〜539）※4			539 新バビロニア滅亡 538 バビロニア捕囚民 帰国令	
アケメネス朝（550〜330）※5 アレクサンドロスの東征（334〜323）			※5 キュロス2 559〜530 ダレイオス1 522〜486 クセルクセス1 486〜465 アルタクセルクセス2 405〜359	
セレウコス朝（312〜64）				200
アルサケス朝（247〜後224）		グレコ・バクトリア （前3世紀半ば〜 前120年代）	ダレイオス3 336〜330	
				後1
				200
サーサーン朝（224〜651） ホスロー2 590〜628 ヤズデギルド3 632〜651				
				600
イスラーム諸王朝			642 ニハーワンドの戦い	
				1000

凡例

・古代オリエント史の年代については諸説あるが、本書ではおもに日本オリエント学会編『古代オリエント事典』（岩波書店、二〇〇四年）にしたがった。

・固有名詞は必ずしも原語音に近い表記ではなく、よく使われている呼称を採用した。

・地名については、本書ではおもに古代名によるが、適宜現代名も使った。

序　章

神々が共存する世界

—古代オリエント史の流れの中で

豹を随えた女神像

豊満な肉体をした女性は異説もあるが、女神であろう。女神の足の間に、赤ん坊の頭が見える。今まさに子供を出産しようとする姿で、この出産は椅子に腰かけての出産、つまり最古の座産を表現している。なお、頭部などが補修されている。

チャタル・ホユック遺跡、前6000年紀前半、焼成粘土、高さ約20cm、アナトリア文明博物館

◎本章に登場する主な神々

アッシュル神　アッシリアの最高神。アッシュル市の神格化

アテン神　エジプトの太陽神で、一時期国家神

アフラ・マズダー神　ゾロアスター教の最高神

イエス　キリスト教の子なる神

イナンナ女神　シュメルの地母神（アッカド語では**イシュタル**）

キュベレ女神　**クババ女神**のこと。対偶神は**アッティス神**。フリュギアやローマで祀られた

ドゥムジ神　**イナンナ女神**の対偶神で、死んで復活する神（アッカドでは**タンムズ**）

バアル神　ウガリト市やカナンの天候神で豊饒神

マルドゥク神　バビロニアの最高神

ヤハウェ　古代イスラエルの神

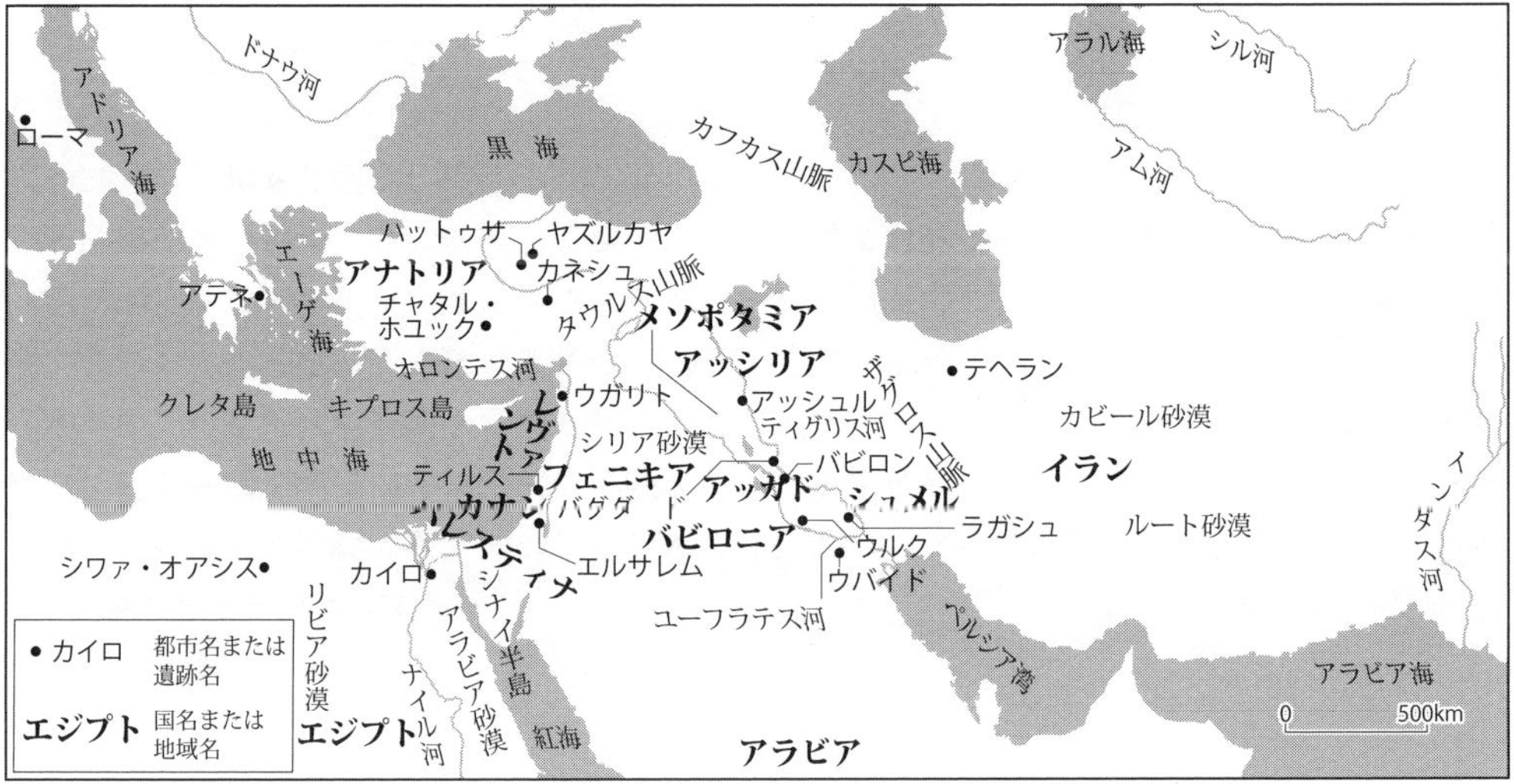

ローマ
アドリア海
ドナウ河
黒海
カフカス山脈
カスピ海
アラル海
シル河
アム河
ハットゥサ
ヤズルカヤ
カネシュ
アナトリア
エーゲ海
アテネ
チャタル・ホユック
タウルス山脈
メソポタミア
アッシリア
オロンテス河
クレタ島
キプロス島
ウガリト
レヴァント
アッシュル
ティグリス河
ザグロス山脈
テヘラン
カビール砂漠
シリア砂漠
地中海
ティルス
フェニキア
アッカド
バビロン
イラン
カナン
バグダード
シュメル
ラガシュ
ルート砂漠
バビロニア
パレスティナ
ウルク
エルサレム
シワァ・オアシス
カイロ
ウバイド
インダス河
リビア砂漠
アラビア砂漠
シナイ半島
ユーフラテス河
ペルシア湾
アラビア海
• カイロ 都市名または遺跡名
エジプト 国名または地域名
エジプト
ナイル河
紅海
アラビア
0 500km

古代オリエント世界とは

古代オリエント世界とは、東方はインダス河、西方はナイル河に挟まれ、黒海、カスピ海およびアラル海を北辺とする広大な地域を指し、現在の西アジア全域およびアフリカ北東部にあたる。この広大な地域をはじめて一元的に統治したのは、古代オリエント史の最後に登場したアケメネス朝ペルシア（前五五〇―前三三〇年）であった。

前三三〇年のアケメネス朝ペルシアの滅亡をもっておわる古代オリエント史は、前三〇〇〇年頃からはじまり、この世界では数多《あまた》の神々が祀《まつ》られていた。前後の時代をふくめて、時代を追って、神々の歴史の概略を見ておこう。

1　先史時代には

狩猟採集民の祖先供養

人間がいてこそ、神々が存在しうるのであって、神を必要とするのは人間だけである。人間はまず自然の脅威を畏れ、同時に自然の恩恵に感謝し、そこに神を見たであろう。自然が穏やかであれば、神は穏やかであり、自然が厳しければ、神の性格も厳しく造形されていった。

　神という虚構の存在を共有することで、宗教は成立するが、虚構の存在を生み出す基盤は人々の生活、中でも経済活動ではないだろうか。

生物としての人間は生きるために食糧を必要とする。どのように食糧を得るかが、どのような神々を創造するかに結びついたと推測されるだろう。

「人間はいつ頃から神々を信じるようになったか」「いつ頃から宗教が信じられていたのか」と問われた時に、文字による記録のない先史時代については即答できない。それでも考古学の成果として、定住村落の跡が発見されると、遺物が証言してくれることがある。

序—1　ナイル河

　東地中海一帯のレヴァント地方は動物、植物の資源が豊かで、前一万—前八〇〇〇年頃には人類最古の定住村落が作られていた。ナトゥーフ文化期と名づけられていて、狩猟採集にもとづく生活をしていた。墓には貝や骨で作った装飾品が副葬されていて、所有の観念があった

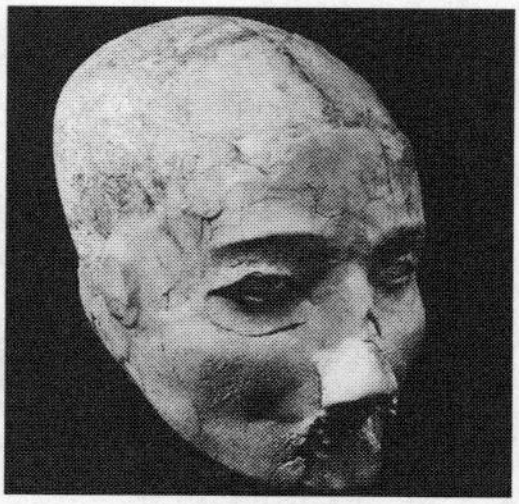

序―2　**復顔された頭蓋骨**
前8000年紀、イェリコ、漆喰で復顔、目に貝を象嵌、16×13cm、大英博物館蔵

ことをうかがわせる。

また、再葬墓が存在する。最初の葬儀後に、白骨化した頭蓋骨を取り出して再供養するので、二次葬という。頭蓋骨から復顔する人は、故人をしのびつつ作業をしたと推測され、祖先供養に関するなんらかの観念が芽生えていたようだ。

食糧生産の開始

狩猟採集から食糧生産への発展については諸説あるが、藤井純夫『ムギとヒツジの考古学』によれば、次のようなことになる。

西アジアの初期農耕は前八〇〇〇―前七五〇〇年頃の「レヴァント回廊」で一時的に寒冷な気候が戻ってきたヤンガー・ドリアス期（前九〇〇〇―前八三〇〇年頃）以降の集落再編の一形態としてはじまった。面積一ヘクタール前後、人口数十人から最大約三〇〇人の小集落を舞台にナトゥーフ文化伝統の定住的狩猟採集民によって、主として女性による低湿地小規模園耕の形態である。つまり初期農耕集落は狩猟採集民の小集落であった。

一方、西アジアでの山羊《やぎ》・羊《ひつじ》の家畜化は前七二〇〇―前六〇〇〇年頃から顕在化した。山羊は西アジア全域で、羊はその北半で、それぞれ家畜化されたと考えられる。

前六五〇〇―前五五〇〇年頃にかけて西アジア社会の大半が農耕牧畜化した。その本源となったのがユーフラテス河中・上流で成立した混合農業（有畜農業）である。これによって都市文明の母胎となる農業社会が形成された。

ステップつまり半乾燥気候の樹木のない平原が羊の遊牧に適応していくはじまりは、前六〇〇〇年紀の前半から中頃にかけてである。ステップが遊牧地になることで、「肥沃《ひよく》な三日月地帯」内部の定住した有畜農耕社会とは異質の社会が形成されていく。

麦と羊―農耕と牧畜

先史時代から現在にいたるまで、西アジアでは異質な二つの社会が時には対立しながらも、共存している。一方は定住した有畜農耕民の社会であり、他方はその周囲の平原で牧畜のみを生業とする遊牧民の社会である。

序―3　**ジェベル・ビシュリ山付近**　ユーフラテス河中流のステップ地帯、アモリ人他遊牧民の原郷

定住して麦を中心とした農作物を栽培する生活と、財産にして、食糧でもある羊の群れを連れて移動する生活様式のちがいが、宗教観のちがいの基礎にあるだろう。

最古の普遍的都市文明の担い手であるシュメル人はすでに農耕と牧畜のちがいを意識していた。シュメル語で書かれた神話『ドゥムジ神とエンキムドゥ神』では、イナンナ女神の結婚相手として、牧夫ドゥムジ神と農夫エンキムドゥ神のどちらがふさわしいかを競わせた。生産物をそれぞれ並べ立てて優劣を競う内容で、ドゥムジがイナンナの結婚相手に決まる。

『ドゥムジ神とエンキムドゥ神』は、シュメル文学の中に、対立する二つのものを競わせる「論争詩」といわれる分野があり、「論争詩」をふまえた構成である。論争詩そのものの『羊と麦』では、麦が勝ちになっている。

農夫と牧夫の対立といえば、『旧約聖書』にも見られる。農夫の兄カインが牧夫の弟アベルを殺す話(「創世記」四章)で、『旧約聖書』記者は遊牧民の視点に立っている。エジプトにはいったヨセフとその兄弟はエジプト王に仕事を聞かれると、「先祖代々、羊飼いでございます」(「創世記」四七章三節)と答えている。

家畜管理の技術

『聖書』には、「迷い出た羊」(『新約聖書』「マタイによる福音書」一八章一〇―一四節他)や「良い羊飼い」(『新約聖書』「ヨハネによる福音書」一〇章一一節他)のような、羊や牧夫の話がよく出てくる。それというのも、イスラエル人(ヘブライ人あるいはユダヤ人の別称)の祖先は、定住農耕民の周囲を流浪する人々(後述)であった。その中には羊の群れを飼う人々もいた。

古代オリエント世界の遊牧民は他の地域の遊牧民とはちがう独特の管理技術を持っていたことを谷泰の研究（『牧夫の誕生―羊・山羊の家畜化の開始とその展開』他）が指摘している。たとえば、羊の群れを管理するために去勢した誘導牡《おす》や「先頭の山羊」などの独特な技術があった。シュメル語でマシュ・サグという「先頭の山羊」とは、羊はおとなしいので、性格の激しい山羊を混ぜてやると、山羊が先頭に立ち、羊はその後についていく。牧夫は山羊を制御すれば、羊の群れ全体を制御できることになる。

また、仔羊が生まれた時に、牝《めす》は残すものの牡は処分する技術が、「出エジプト記」に記されている、エジプト王による男児殺害の命令（一章一六節）の背景にある。

こうした家畜管理の技術は牧畜民の世界だけにとどまらず、古代メソポタミアや古代エジプトにおける人民管理に転用され、宗教にも影響している。

序―4　**先頭の山羊**　「ウルのスタンダード」饗宴の場面中段（上）／**現代の羊の放牧**　黒い山羊が混ざっている。ユーフラテス河畔、トルコ

ところで、正倉院宝物の「臈纈屏風《ろうけちのびょうぶ》羊木《ひつじき》」に角の巻いた羊が見られるが、日本に羊はいなかった。『日本書紀』推古天皇七年（五九九年）秋九月に、百済《くだら》からラ

クダ一四、ロバ一四、羊二頭、白キジ一隻がたてまつられたとの記録がある。その後、輸入したこともあったが、高温多湿の気候が羊の飼育にあわないこともあり、本格的な牧羊は明治維新（一八六八年）以降になる。

山羊もまた一五世紀頃に日本にはいってきた動物で、元来日本にはいなかった。日本人にとっては、牧羊の経験が少ないため、そこから生まれた思想になじみがなく、わかりにくいといえよう。

チャタル・ホユック遺跡に見られる信仰

新石器時代の原始的な村落社会で祀られていた神々について知ることができるのは、トルコのコンヤ平原南西のチャタル・ホユック遺跡で、前六三〇〇―前五七〇〇年頃には大規模な村落があった。最盛期には約一〇〇〇戸の家に約六〇〇〇人が住んでいたようだ。灌漑《かんがい》なしでは育たなかったと考えられる新種の大麦や小麦が栽培され、羊、山羊、豚そして牛の家畜化が進められていた。

ここからは牡牛《おうし》の頭部を祀った祠《ほこら》や、豊かな肉体を持った女神像が発見されている。西アジアでは人間中心主義に由来する神の人格化、つまり「神人同形」観念が発達したが、そのはじまりをここで見ることができるといわれている。男神と女神とでは発達に差があった。

その後の古代オリエント世界で見られる男神は男性の姿ではなく、力を象徴する牛で表され、一方女神は最初から女性の姿で登場していて、首都アンカラ市にあるアナトリア文明博物館には、一群の地母神《ちぼしん》像が展示されている。

アナトリア高原では先史時代から地母神の信仰がさかんで、多産を象徴する豊かな肉体の地母神像が作られていた。地母神とは大地の生命力を人間に付与する存在への信仰から生まれた女神である。人類史上最古で、普遍的な宗教活動の一つであり、後世に擬人化された女神信仰へと発展した。歴史時代の地母神については第二章で詳しく扱う。

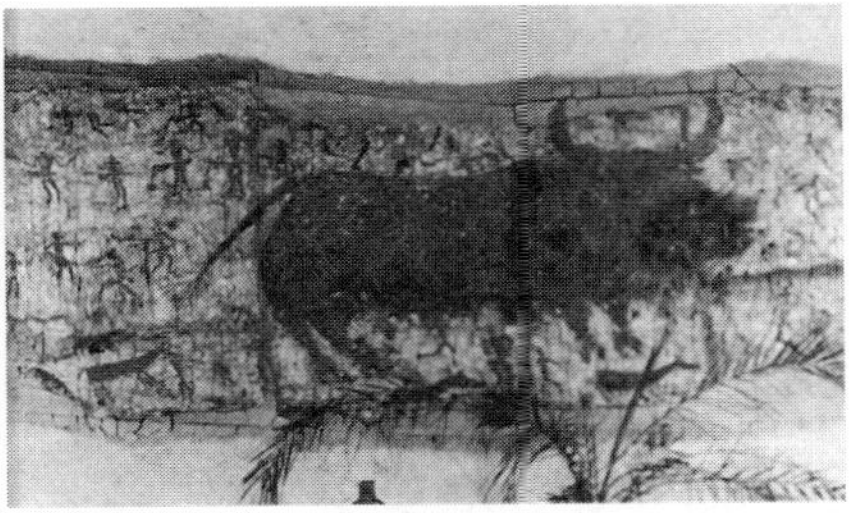

序—5　**大きな牡牛の壁画**　前6000年紀、チャタル・ホユック、1.19×3.35m、赤い顔料で彩色

豹を随えた女神像

地母神像の中でも、本章扉で紹介した「豹《ひょう》を随《したが》えた女神像」はよく知られている。「豹」とするのは、椅子の両側に、豹と思《おぼ》しきネコ科の動物の頭部が配置されているからである。ネコ科の動物の鳴き声は雷鳴を連想させ、雷は雨をもたらすことから農作物の豊作につながり、農民に歓迎されている。我が国でも稲光を「稲妻《いなずま》」つまり稲の配偶者という。この呼称は稲の結実の頃に雷

が多く、稲光によって穂がはらむと古代の農民たちが信じていたことに由来するという。

このような、先史時代の地母神とネコ科の動物との組合せは、後代にも見られる（第二章参照）。

また、チャタル・ホユックでも、風葬で骨化した遺骸を再度埋葬する二次葬がおこなわれていて、祖先供養の宗教観があったようだ。

2 歴史時代にはいると

文明社会で祀られた神々

イラクのペルシア湾付近がメソポタミア世界の最南部、シュメル地方にあたり、ここで人類最古の普遍的都市文明がはじまった。周囲が開けている沖積平野で、土壌は肥沃だが、異民族の侵攻や都市国家間の戦争が絶えなかった。

すでにウバイド文化期（前五〇〇〇―前三五〇〇年頃）には人々が定住していたが、ウルク文化期（前三五〇〇―前三一〇〇年頃）には都市文明が成立した。

前三二〇〇年頃にはウルク古拙《こせつ》文字といわれる絵文字が生まれ、そののち湿った粘土板に独特な削り方をした葦《あし》ペンを押すことで書ける楔形文字が工夫される。シュメル人が考案した簡便な書記術をアッカド人をはじめとして、古代オリエント世界各地で採用した。このような過程でシュメル起源の神々が伝わることになった。

おもにユーフラテス河流域に開花した都市文明は、農業以外の生業もあったものの、中心となったのは灌漑網を整備した有畜農耕社会であった。人間は不断の努力によって灌漑網を維持する必要があり、努力を怠った時には農耕社会が崩壊することは必然であった。

こうした農耕社会では、神々を正しく祀ることで、都市国家の平安や豊饒《ほうじょう》を招来しようとしていた。神殿でも、個人の家でも神（像）が祀られ、供物を奉献し、神意をうかがうべく占卜《せんぼく》をおこない、呪術《じゅじゅつ》を通じて神々に働きかける仕組みが整えられていく。

序—6　**ウルク遺跡**　エアンナ聖域のジグラト

『大洪水伝説』を伝えるメソポタミア

灌漑農耕社会に生きる人々に、土壌の豊かさだけに依存することなく、創意工夫や努力によって豊かな収穫を得て、富の蓄積のある、物質的に恵まれた豊かな社会を営んでいた。

ところが、災害、特に大洪水が起これば、瞬時に家、人、家畜、そして作物が押し流されてしまう。理不尽この上ないことである。前二〇〇〇年紀前半の粘土板が残っている、シュメル語で書かれた『大洪水伝説』は、神々の会議で決定された大洪水は避けがたいものの、同時に助けてくれる神もいて、復活再生につながる物語に仕立てあげられている。多くの人々が一度ならず大洪水にあい、そのつど立ちあがっていたからこそ、物語が書き継がれていったのだろう。

『大洪水伝説』は、のちにアッカド語で書かれた『アトラム・ハシース物語』や『ギルガメシュ叙事詩』に採用され、そして元来定住農耕民ではなかったイスラエル人の『旧約聖書』に取り込まれ、神々ではなく、唯一の神がすべてを仕切る「ノアの大洪水」の話に帰結した。

『大洪水伝説』を必要としないエジプト

一方で、『大洪水伝説』を伝える必要がなかった人々が古代オリエント世界にはいて、その代表がエジプト人である。

前三〇〇〇年頃にナイル河の流域に統一国家を形成したエジプト社会の基盤となるのも灌漑農耕社会であった。メソポタミア最南部の泥しかないシュメル地方に誕生した文明とちがって、エジプトはヘロドトスのいった「エジプトの地域は、いわば（ナイル）河の賜物ともいうべきもの」（松平千秋訳『歴史』巻二、五）に象徴される、恵まれた土地であった。エジプトで河といえばナイル河しかなく、恵みをもたらすナイル河はハピ神と神格化された。

エジプトでは洪水もまた突発的なことではなく、定期的であった。予測できることは怖いことではなく、しかも洪水は肥沃な土壌をもたらしてくれ、豊作が約束された。だからこそ、メソポタミアのような『大洪水伝説』ではなく、エジプトでは洪水がもたらす肥沃な土壌をイメージした「原初の丘」に創造神が出現する神話が作られた。

また、ナイル河流域では雨が降ることはほとんどなく、ほぼ一年中晴天である。太陽を見ないことはないといってもよく、高温乾燥である。夏は暑いものの、日陰に入れば涼しい。それというのも、地中海方面からの北風が暑さを和らげるのに役立った。

こうした恵まれた気候のエジプトでは、古代オリエント世界の人々が信じていた稲妻を手にした天候神（第四章参照）、つまり雨、暴風および雷を司《つかさど》る高位の男神は、外来の神ともいわれるセト神を例外として、発達のしようがなかった。

序—7　**ハピ神**　ルクソール神殿正面ラメセス２世像台座側面、垂れた乳房で豊かさを象徴し、上下エジプトの統一を表している

一方で、エジプトで発達したのは動物頭の神々である。猫や犬のようなエジプト人がよく知っている動物が選ばれて、神として祀られた。たとえば、山犬頭のアヌビス神は、犬は人間が聞きとることができない音を聞きとれることから、死者の気配を察知するにちがいないとして、死者や墓地の守り神とされた。

来世信仰と葬祭文化の発達

エジプトは北は地中海、東西はアラビア砂漠およびリビア砂漠と、安全保障の面でも守りやすいことから、他民族に侵略されることなぞ想定していなかった。しかも石材、鉱物資源などに恵まれたエジプトでは、泥しかないメソポタミア南部のように、外国と交易をしなければ、文明を維持できないということはない。エジプト人はナイル河の流域を離れて積極的に外界へ出ていく必要はなかった。

序―8　**アヌビス神**　死者の心臓が真理の羽根とつりあうかアヌビスが監督。『グリーンフィールド・パピルス』第63集、前950―前930年頃、デル・エル・バハリ、大英博物館蔵

ナイル河流域こそがこの世の楽園とエジプト人は信じていた。そして東西が死の世界ともいえる砂漠に挟まれていることから、死を意識しつつ、現世での楽園生活を来世でも続けたいと、来世信仰と葬祭文化を発達させた。こうしたエジプト人の考え方は、ナイル河流域にはえているパピルスを書写材料にして、具象的な聖刻文字をインクをつけて書く書記術が伝播しなかったこともあって、過酷な環境下で現世利益を願う古代オリエント世界の他の国々では理解されなかったようだ。

経済力のある社会の信仰

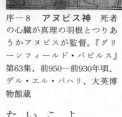

とはいえ、エジプトでも、あるいはメソポタミアであったとしても、農耕民にとって重要なことは、大河や大地の恵み、つまり豊饒への信仰であった。毎年定期的に穀物が豊かに実るという富の裏づけがあってこそ、尊崇の念を形で表すことができた。経済力を裏づけとして、現在まで残るような建造物を建てる技術力もあった。だからこそ、メソポタミアの階段状の聖塔ジグラトやエジプトのピラミッドのような巨大な宗教的建造物を建設できたのである。

技術力のある定住社会では神像が作られ、祀られたが、一方で非定住の移動する集団、つまり遊牧民は神像を祀りたくても望めなかったともいえる。

序―9　**供物の図**　ネブアメンの墓礼拝所壁面の一部、肉、いちじく、パンの塊他、テーブルの下にはぶどう酒の壺、前1383―前1351年頃、大英博物館蔵

神殿を建立し、その内陣には本尊にあたる神像が大切に祀られ、祭儀がおこなわれた。農作物が豊かに実ることから、神々への供物も豊富で、家畜の犠牲だけでなく、農作物およびその加工品であるパン、油、ビール、いちじく、なつめやし、そして乳製品や魚などが、メソポタミアでは粘土板に数量が克明に記録され、エジプトでは神殿の壁などに浮彫で表現され、その数量の豊かさは目を見張るもの

があった。

さまざまな属性の神々

『旧約聖書』は、神が自分に似せて人間を創造したという（「創世記」一章二七節他）。だが、実際は逆で、人間が、その姿を人間に似せて、神々を創造した。神々とは、その神を創造した民族の原初の精神や思想を神格化したものである。人間に家族があるから、神々にも家族を持たせた。人間の世界に王がいるから、神々の世界にも王を立て、王には家臣の神を随わせた（第三章扉図参照）。家臣の他に、眷属《けんぞく》（広義では、家の子・郎党など、配下もふくむ）には実在の動物や合成獣（想像上の動物）などがいた。

そして、欲深い人間の願望をかなえてくれる属性をたとえば豊饒神、戦闘神（戦勝神）のように、神々に持たせ、一柱の神がさまざまな属性を持った。

数多の神々が祀られていたが、たとえば、シュメルのナンシェ女神は水神エンキの娘であることから、河川、水路を司り、魚や水鳥を守護し、同時に夢解きの女神であって、ラガシュ市のシララ地区の守護神でもある。同じエンキの娘でも、植物の女神であるウットゥは織維や衣服を司り、機織《はたお》りの女神とされ、蜘蛛《くも》で表されることもあった。

また、シュメルの農耕、穀物を司るニサバ女神は書記術を守護する女神でもあった。後代になって、ニサバはナブ神の妻にされた。ナブは西方セム語族の神で、前二〇〇〇年紀のはじめまでにバビロニアへ勧請《かんじょう》（神仏の分霊を他の地にも祀ること）され、マルドゥク神の子となり、理由は不明だが、書記術の神となり、ニサバの対偶神にされたのである。

なお、対偶神とは一対になる神のことで、その多くは夫婦神だが、中には後で述べるキュベレ女神とアッティス神のように、母と息子の組み合わせもある。

神々の習合

似た属性を持つ神々は本来の姿をすぐに見いだせないほどに、複雑に習合（シンクレティズム）を繰り返していった。習合とは、似た属性の神々が名前はちがっていても、同じ神と見なされることで、多様な民族から構成された帝政期ローマ（前二七―後四七六年）での、神々の習合はよく知られているところだが、すでに前三〇〇〇年紀にも習合は見られる。具体的には、第二・三章で紹介する。

こうした習合は神名目録（神名表）からもたどることができる。シュメルのアン神がアッカドのアヌ神であることからはじまる『アン・アヌム神名目録』他、いくつもの神名目録が記されていた。こうした古代人の仕事があったからこそ、ローマ教皇庁の聖職者で、『シュメル語辞書』などを編纂した学者アントン・ダイメル（一八六五―一九五四年）の『バビロニアのパンテオン』(ローマ、一九一四年)には、三三〇〇柱もの神名が数えあげられることになった。

都市神、国家神とは

メソポタミア南部、シュメル・アッカド地方では、前二九〇〇―前二三三五年頃の初期王朝時代には都市国家が分立し、異民族の侵入や近隣の国々との戦争が恒常的にあった。都市国家には人間の王がいたが、理念上の王は都市で祀られている神々の王、つまり都市神で、神が都市の所有者と想定されていた。

人間の王の責務は平時においては神々を正しく祀って豊饒をもたらすことであり、戦時にあっては戦勝をもたらすことであった。当然、都市神には豊饒と戦勝をもたらすことが期待された。

都市が統一王朝の王都ともなれば、都市神は国家神に昇格する。たとえば、バビロン市の都市神マルドゥクはバビロニアつまりシュメル・アッカド地方の国家神となった。国家神は、ある国家で祀られている神々の頂点に君臨し、天地創造について語られる創世神話の主人公の地位が与えられた。

都市神、国家神のような大神は民衆が祀れるような神ではなく、王が祀る神であった。戦争になって、仮に負けるようなことがあると、敗者が祀っていた神像は勝者の国に捕囚されていった。神々の王として君臨する神および神像については、第四章で詳しく紹介する。

3　前二〇〇〇年紀には

土地の神格化アッシュル神

ここまでは、メソポタミアについてはおもに南部の神々について述べたが、前二〇〇〇年を過ぎた頃からメソポタミア北部のアッシリアの歴史がわかるようになる。ティグリス河流域のアッシュル市からはじまり、前六〇九年に滅亡するまで約一四〇〇年間の歴史である。

その語源がよくわからないアッシュル市を神格化したのがアッシュル神で、アッシリアの最高神、国家神であった。

アッシュル市よりも北方は天水農業が可能であり、アッシリアは交通の要衝であった。アッシュルの商人たちは中継貿易に従事していて、バビロニアからもたらされた毛織物と錫《すず》をはるばるアナトリアまで運んだ。

こうした遠方まで出向く交易活動をしたのはアッシュルの商人たちが最初ではなく、古代オリエント世界に生きた人々はすでに先史時代から鋭利な利器として実用的な黒曜石や威信財となるラピス・ラズリなどにはじまり、さまざまな物を求めて活発に行き交っていた。行き交う中で、物だけでなく、神々や神々にまつわる話もはじめ口承で、のちに粘土板に刻まれた文学として、伝えられた。

古代社会の商社マンであったアッシリア人は、現在のカッパドキア地方の東方カネシュ市に設けられたカールム（商人居留区）を拠点にしていた。ここからアッカド語の方言、古アッシリア語で書かれた手紙や会計簿などの粘土板文書が約二万枚も発掘されている。この中に、インド・ヨーロッパ語と考えられる名前がわずかにあり、ヒッタイト語の単語らしきものが見られる。

多様な神々を祀ったヒッタイト

インド・ヨーロッパ語族のヒッタイト人が、前二〇—前一九世紀頃のアナトリアに登場した。ヒッタイト王国（前一六八〇—前一二〇〇年頃）は約四八〇年間アナトリア中央部を支配したが、ヒッタイト人固有の神々についてはほとんど知られていない。アナトリアへはいってから接触した先住民のハッティ人やメソポタミア北部およびシリア北部を支配していたフリ人の神々およびフリ人が採用していたバビロニア起源の神々を、ヒッタイト人は祀っていた。

こうした神々の姿が、ヒッタイト王国の首都ハットゥサ市北東のヤズルカヤの「岩の神殿」に、前一三世紀後半に浅浮彫で彫られた。ヒッタイトの最高神で、フリ系の天候神テシュブや対偶神ヘバト女神などの姿は今も見ることができる。

ウガリト市で祀られていた天候神

アナトリアだけでなく、天候神はシリア・パレスティナでも祀られていた。シリア・パレスティナの争奪戦を繰り広げたのが北方のヒッタイトおよび南方のエジプトの両大国であった。ここには大河や大平野はないものの、地中海に面した南北に細長い帯のような肥沃な土地で、都市が分立し、天水農耕が主体であった。

序―10　**カネシュ市のカールム想像図**

序―11　**ヤズルカヤの岩の神殿（上）／テシュブ神とヘバト女神**
左端のテシュブと向かいあうヘバト

序—12　**ウガリト遺跡**（上）**／バアル神「打ち負かす神」のポーズ**　前1650—前1500年頃、ウガリト出土、石灰岩、高さ 1.42m、ルーヴル美術館蔵

シリア北部のウガリト市（はじまりは不明—前一二〇〇年頃）から、ウガリト語楔形文字で書かれた、『バアル神話』などの文学作品が発見されている。バアル神については第四章で紹介するが、天候神にして、豊饒神である。

ウガリト神話が伝える神々や神話は、ウガリトだけでなく、南方のカナンにも共通すると考えられている。カナンとは東地中海岸とヨルダン河に挟まれた現在のレバノンからパレスティナ南部までの地域のことで、ヤハウェ（古代イスラエルの神）を採用する以前の古代イスラエル人も共有していたようだが、一転して『旧約聖書』ではバアルは預言者たちによって敵視されている（「列王記上」一八章他）。

なお、預言者とは幻視、幻聴などの非日常的な体験を通して神の意志を伝える者をいう。

前一二世紀の危機

ウガリトやヒッタイトは前一二〇〇年頃に「海の民」の移動で滅亡したと考えられている。

これに先立つ時代、前一四世紀前半に、古代オリエント世界はアマルナ時代（第一章参照）を迎えていた。この時代には国際交流が活発で、人間が交流する中で外国の神々についての情報も伝えられることになった。国際化で、複雑に各国の利害が絡みあった古代オリエント世界であったが、前一二世紀頃に危機の時代を迎えることになる。原因の一つは気候変動であったかもしれないが、古代オリエント世界および東地中海世界は大きな民族移動の波に襲われ、前述の国々が滅んだ。

東地中海では「海の民」が荒らしまわり、シリア砂漠から北西セム語族のアラム人がメソポタミア方面へ移動し、そして西方ギリシアではギリシア人の一派、ドーリス人が南下してきた。こうした混乱の中で、「海の民」の襲撃によるともいわれるが、ギリシア人のミケーネ文明（前一七〇〇―前一二〇〇年頃）も前一二〇〇年頃に崩壊した。

ヒッタイトが滅亡したことで、国家機密にされていた鋼《はがね》の製法が近隣に伝播することになった。青銅器時代から鉄器時代への転換である。武

序―13　**海の民**　後ろから２人目、ラムセス３世葬祭殿浮彫

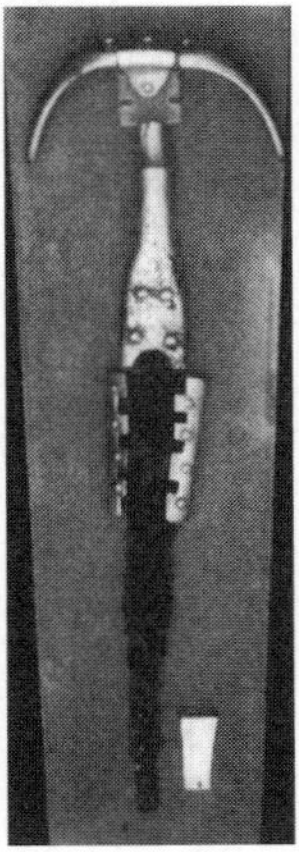

序―14　**鉄剣**　アナトリア最古の鉄製品。柄には黄金を使用、前3000年紀後半、アラジャ・ホユック遺跡出土、長さ 18.5cm、アナトリア文明博物館蔵

器だけでなく、工具や農具にも鉄が使用できるようになったことで、従来人間が住めなかったような山岳地帯や島嶼部にも居住が可能になり、世界が大きく広まった。この広くなった世界をまとめあげて、一元的に支配しようとしたのが、世界帝国である。

4　前一〇〇〇年紀になると

世界帝国の成立

前一〇〇〇年紀のオリエント世界は新アッシリア帝国（前一〇〇〇頃―前六〇九年）およびアケメネス朝ペルシア、さらにアレクサンドロス三世（大王。在位前三三六―前三二三年）の遠征およびセレウコス朝（前三一二―前六四年）と続き、最後はアナトリアおよびユーフラテス河西岸のシリアをローマ帝国が支配するにいたる。一方で、ユーフラテス河の東岸を支配したのはアルサケス朝パルティア（前二四七―後二二四年）およびサーサーン朝ペルシア（二二四―六五一年）であった。

「残酷アッシリア」といわれる新アッシリア帝国の戦争は自らが残した浮彫に残酷な場面をこれでもかというほど記録しているが、アッシリア人の意識では国家神アッシュルの聖戦であった。帝国の意に従わない勢力には、たとえば後代の「バビロニア捕囚」あるいは「バビロン捕囚」（前五九七、五八六、五八一年）で知られる強制移住政策がすでにおこなわれていた。移住の対象になったのはユダヤ人だけではない。新アッシリア帝国時代の記録のある大規模強制移住政策は一五七件を数え、関係した人数は一二一万九二八人にもなる。一回の強制移住での最多人数は、センナケリブ王（在位前七〇四―前六八一年）がバビロニアからアッシリアへ捕囚した二〇万八〇〇〇人であった。

これだけの人々がいやおうなしに移動させられれば、地域共同体は崩壊し、神々を神殿で祀れなくなる事態も生じた。こうした時代の流れの中で、宗教も変化せざるをえなかったのである。

枢軸時代

序―15　**アレクサンドロス3世**　通称「アザラのヘルメス柱」、前2世紀前半、大理石、高さ68cm、ルーヴル美術館蔵

このような人々の思想の変化を旧世界全体の歴史の中で把握しようとこころみたのが、ドイツの実存主義哲学者カール・ヤスパース（一八八三―一九六九年）である。第二次世界大戦後、ドイツの戦争責任をいち早く追及し、同時に世界史の再構成の必要を痛感し、一九四九年に『歴史の起源

序―16　**捕虜**　左端のアッシリア兵に見張られているバビロニア人、おそらくカルデア人の捕虜たち、前645―前640年頃、ニネヴェ北宮殿、高さ29cm、横69cm、大英博物館蔵

と目標』を発表した。この本の中で提唱されたのが「枢軸時代」で、「枢軸」とは、「世界史の転換軸」の意味で使われている。

「枢軸時代」は、前五〇〇年頃、前後に幅をとって前八〇〇年頃から前二〇〇年頃の間で、後代まで通用する精神的基礎が据えられたと主張した。具体的には、中国では儒家、道家などの諸子百家が登場し、インドではウパニシャッド哲学が現れ、仏陀（前五六六―前四八六年頃、諸説あり）が生まれている。イランでは改革者ゾロアスター（生没年は諸説あるが、前一三〇〇―前一〇〇〇年の間、前六三〇―前五五三年の二系統に収斂《しゅうれん》される）が、そしてパレスティナではイザヤ（前八世紀後半）、エレミヤ（前七―前六世紀）などの預言者が現れている。

さらにギリシアではホメロス（生没年不詳）から自然哲学者を経て、ソクラテス（前四七〇／六九―前三九九年）、プラトン（前四二八―前三四七年）が出現した。

ヤスパースは枢軸時代以前は人間の自覚がはじまっていない神話時代とし、枢軸時代から精神的に真の人間になったと考えた。

他の地方はさておき、古代オリエント世界で成立したゾロアスター教とユダヤ教を次に見るとしよう。この二つの宗教は長期にわたって移動した、なかなか定住にいたらなかった人々の宗教である。

キュロス二世の寛大な宗教政策

ゾロアスター教もユダヤ教も、キュロス二世（在位前五五九―前五三〇年）にはじまるアケメネス朝の、各民族の神々とその祭儀を尊重するという寛大な宗教政策なしには成立しえなかった。アケメネス朝の広大な版図で、民族や地域を超えた宗教活動があった。

キュロス二世は一〇年もの長い戦いの後に、前五三九年にバビロン市に侵攻、一ヶ月ほどで征服し、ここに新バビロニア王国（前六二五―前五三九年）は滅亡した。翌前五三八年にはバビロンに連れてこられていた人々への帰国令を出した。この間の事情を記したのが、「キュロス・シリンダー（円筒形碑文）」である。ここには、バビロン市の都市神マルドゥクが新バビロニア王国のナボニドゥス王（在位前五五五―前五三九年）の行為に立腹し、正義の支配者キュロス二世を探し出し、ナボニドゥスがバビロンへ連行してきた神像を返還させ、かつ連行してきた各地の住民を帰国させたと、アッカド語楔形文字で記されている。

このように、「キュロス・シリンダー」を見れば、イスラエルだけが特別に扱われたのではないことが書かれている。だが、『旧約聖書』ではイスラエルだけが救済されたように記され、「主が油を注がれた人キュロス」（「イザヤ書」四五章一節）と書かれている。「油を注がれた人」とはヘブライ語でメシア、ギリシア語でキリストつまり救世主を意味する。このことから、ユダヤ教ではナザレのイエス（前四—後二八年、諸説あり）をキリストとは考えなかったが、一方でペルシア人キュロスをキリストと、考えていたということになる。

序—17　**キュロス・シリンダー**（上）／**キュロス王墓**　前6世紀、パサルガダエ、石灰岩、全高10.7m

アジアの叡智・ゾロアスター教

他民族に寛大な宗教政策を採用したキュロス二世だったが、キュロス自身の信仰といえば、ゾロアスター教を信じていたとは断言できない。前六世紀以前のゾロアスター教の歴史についてはほとんど不明で、アケメネス朝との関係についても諸説ある。

ゾロアスター教はマズダ教、拝火教、祆《けん》教ともいわれ、ヨーロッパ人が最初にふれたアジアの叡智《えいち》であった。ヘロドトス（前四八四？—前四二五？年）『歴史』や哲学者で伝記作家のプルタルコス（四六？—一二〇？年）『エジプト神イシスとオシリスの伝説について』の中で紹介されている。

また、ルネサンス期の画家ラファエロ・サンティ（一四八三—一五二〇年）の描く「アテネの学堂」(一五〇九―一〇年)は、中央にプラトンとアリストテレス(前三八四―前三二二年)が当然のように立ち、錚々《そうそう》たる学者たちが集う中に、天球儀を右手にしたゾロアスターも描かれているのである。

さらに、「神は死んだ」とキリスト教を批判した、近代ドイツの哲学者・フリードリッヒ・ヴィルヘルム・ニーチェ(一八四四―一九〇〇年)は、新しい価値観を樹立しようとした際に、他でもないツァラトゥストラ(ゾロアスターのドイツ語名)を『ツァラトゥストラはかく語った』(一八八三―九一年)の中で、持ち出してきている。

序―18 **天球儀を持つゾロアスター** 「アテネの学堂」(部分)、バティカン美術館蔵

ダレイオス一世のアフラ・マズダー神崇拝

アケメネス朝のダレイオス一世(在位前五二二―前四八六年)の碑文は次のようにアフラ・マズダー神崇拝を記していることから、ゾロアスター教を採用していたと考えられている。

大いなるオーラマズダー
神々のうちのもっとも大いなるもの
これなる(神)がダーレヤウォーシュを王とさだめ

序—19　アフラ・マズダー神か　ペルセポリス

これなる（神）かれに王権を賦与したまえり
オーラマズダーのみこころによりて
ダーレヤウォーシュは王なり
（佐藤進訳「ダレイオス一世ペルセポリスd碑文」『古代オリエント集』）
※オーラマズダー＝アフラ・マズダー、ダーレヤウォーシュ＝ダレイオス

ダレイオス一世の功業を三ヶ国語の楔形文字で刻んだベヒストゥーンの磨崖碑《まがいひ》で、ダレイオスの大きな浮彫像上方の有翼日輪から姿を現している神は、ペルセポリスでも見られ、異説もあるが、アフラ・マズダーともいわれている。

ゾロアスターの宗教改革

アフラ・マズダー神を最高神とするゾロアスター教は、古くからのイラン人の信仰をゾロアスターが改革し、提唱した宗教である。

インド・ヨーロッパ語族の一派、インド・イラン語派のイラン人の祖先は、故地から南下し、イラン高原にはいり、長期にわたる移動生活をしていた。この間、契約の神ミスラ、勝

利の神ウルスラグナおよび水の女神アナーヒターなどを祀っていた。

こうした多数の神々を祀る信仰を一変させたのが、ゾロアスターの宗教改革であった。

ゾロアスターの生没年は前述のように諸説あるが、出身地、活動の地域はイラン東部と考えられている。ゾロアスターの教義は自ら作ったといわれる『ガーサー』(詩編の意味)と呼ばれる一七編の難解な詩編の形で伝えられ、教義の特徴はアフラ・マズダー神崇拝、善悪二元論および応報審判説である。

この世では善(光明)の神アフラ・マズダーと悪(暗黒)の神アンラ・マンユとの恒常的な戦いが続くが、最後に善が勝利し、人類は最後の審判を経て救済されるとの教えを説いた。この二元思想は、やがてユダヤ教の二元論的終末思想、つまり最後の審判の時に罪人は永遠の滅びに落とされ、一方義人は永遠の生命を受けるとする思想へと継承された。

序―20　**アフラ・マズダー神とミスラ神**　アルダシール2世叙任図、4世紀、ターゲ・ボスターン

ゾロアスターはアフラ・マズダー崇拝を前面に押し立てた。古くから信じられていた神々、ミスラ、ウルスラグナおよびアナーヒターなどは脇に追いやられたが、ゾロアスター死後の後継者たちの時代になると、これらの神々は復権した。

また、ペルシアの祭司マグ(ギリシア語ではマゴス、複数形はマゴイ）はアナトリアやシリアに火の崇拝を持ち込んでいたが、一方で、西方の先進文明を見聞した結果、神殿を建て、神像を表現するようになる。

非定住民の宗教ユダヤ教

ゾロアスター教の影響も受け、アケメネス朝支配下で成立したのがユダヤ教である。前五三八年に捕囚民帰国令が出され、祭司エズラが多くのユダヤ人を連れてエルサレムに帰国し、宗教の面では神殿の祭儀の法典化などに着手してユダヤ教を確立した。

ユダヤ教は定住農耕民の宗教ではない。古代イスラエル人の祖先はアピルといわれる集団にふくまれていた。アピルはハピル、サガズともいわれ、定住農耕社会の周縁を移動する局外者集団を指したようだ。定住民に比較して、富の蓄積のない、経済的に貧しい集団で、傭兵や肉体労働者として定住社会の底辺にはいり込み、時には集団で掠奪《りゃくだつ》もした。こうした過程で、定住民と接触して、定住民の歴史や文化についても知ることになったのであろう。アピルはアマルナ時代にエジプトの支配が弱まったカナンに押し寄せ、その中にイスラエル人もいた。

前一〇〇〇年頃から約一〇〇〇年かけて成立したといわれている『旧約聖書』には、イスラエル人が元来多神教を受け入れ、神像を祀っていたことが散見される。同時に、「ノアの大洪水」「バベルの塔」などの話はシュメル世界へ遡れる話であって、古代オリエント世界の先行する他民族の歴史や文化が『旧約聖書』には巧みに取り込まれている。それでも、ユダヤ教といえば、一神教である。

一神教とは

一神教は世界各地に見られる普遍的な宗教ではなく、古代オリエント世界に現れた宗教で、古代イスラエル人がその歴史の途中で採用し、純化、発展させていった民族宗教である。複数の神々を信じる多神教に対して、一柱の神を信じる宗教を一神教と定義するが、次のように一見一神教に見えても、厳密には多神教に分類されることもある。

他の神々の存在そのものは前提にしながら、特定の一柱の神しか信仰しない宗教を**拝一神教**（モノラトリイ）といい、多神教の特殊な例とも考えられている。『旧約聖書』では、「主はすべての神々にまさって偉大であったことを」（「出エジプト記」一八章一一節他）と記されていて、他の民族には他の神々がいることを前提としていることから、当初ヤハウェ信仰は拝一神教的であったと考えられる。

また、多神教の中で、特定の一神が最高神の地位を獲得し、唯一至上の神のように見なされているのを**単一神教**（ヘノシイズム）という。古代エジプトのアテン神信仰（第一章参照）

は単一神教と考えられている。

さらに、唯一絶対の神しか認めず、他の神々への信仰を禁止する宗教を唯一神教（モノシイズム）といい、後のユダヤ教、キリスト教そしてイスラーム教の「アブラハムの宗教」はいずれもこの唯一神教といわれている。つまり、純然たる一神教とは、唯一神教を指すことになる。

ちなみに、「アブラハムの宗教」とは、ユダヤ教、キリスト教およびイスラーム教を指し、これらの三宗教は同一の神を崇めている。アブラハムとは古代イスラエル人の伝承上の始祖で、「信仰の父」といわれる。

何度も民族存続の危機を迎えたイスラエルは、共同体をまとめる力が強い、唯一神教の体系を作りあげていった。「主が心引かれてあなたたちを選ばれたのは、あなたたちが他のどの民よりも数が多かったからではない。あなたたちは他のどの民よりも貧弱であった」（「申《しん》命記《めいき》」七章七節）と記されていて、抑圧された階層や弱い立場の人々は生きる上で、信じることしか支えはないという。

ユダヤ教とは

ユダヤ教とは、唯一にして絶対なる神、そして造物主でもあるヤハウェを中心に、民族的共同体や伝統的行為規範を重視する宗教である。

内面重視傾向の強いキリスト教とは対照的に、ユダヤ教では独特の行為様式を重視することによって、共同体を維持しようとした。たとえば、神との契約のしるしとして生後八日目に男児は割礼をされ、動物の供犠や儀式の規定、食物、安息日、日常生活などの行為規範が「レビ記」に事細かに記されていて、ユダヤ教徒は守ることが求められた。

人々の中に、自分たちは唯一絶対の神から選ばれた民、つまり選民であるとの強い信仰がなければならなかった。他神を認めない排他性と、ユダヤ人だけが選民として特別な恩恵を与えられているとする選民思想によって、独自の世界を形成した。

選民思想を支えとするユダヤ人は自立した強い精神力を持つが、ともすると柔軟さや協調性に欠けることにもなる。

ディアスポラの境遇

紀元七〇年にエルサレムがローマ軍によって破壊され、六六年にはじまったユダヤ戦争は終結する。ギリシア語で「散在」を意味するディアスポラは「バビロニア捕囚」以後のできごとで、パレスティナ以外の地にも形成されたユダヤ人社会は特に七〇年のエルサレム陥落後に、西アジアおよび地中海世界の各地に広がった。

ユダヤ教の会堂シナゴーグを中心にユダヤ教が守られることで、一九四八年にイスラエル国が建国されるまで、長く自国のない状態が続いたにもかかわらず、ユダヤ人はその民族性を消滅させることはなかった。

ところで、現代人は三人のユダヤ人から大きな影響を受けているといわれている。プロイセン生まれの社会主義者カール・マルクス（一八一八―八三年）、オーストリア生まれで、精神分析の創始者ジークムント・フロイト（一八五六―一九三九年）およびドイツ生まれの理論物理学者アルベルト・アインシュタイン（一八七九―一九五五年）で、三者ともに出生国や国籍をいわれるよりも、ユダヤ人といわれ続けている。

ユダヤ教それ自体は民族宗教として現在にいたるまで長く続いた。だが、キリスト教のように熱心に布教することもなかったので、古代オリエント世界で一大勢力に発展、拡大することはなかった。それでも、ディアスポラのユダヤ人を通して、ユダヤ教はアラビアの住民たちに広まっていった。このことについては終章で扱う。

5　ヘレニズム時代にはいると

ギリシアの神々との習合

アケメネス朝は前三三〇年に滅亡し、オリエント世界はギリシア人に支配されることになる。つまり、アレクサンドロス三世およびその後継者たちによる支配である。厳密にいえば、ここで古代オリエント史はおわり、時代はヘレニズム時代（前三三四―前三〇年、諸説あり）になるが、古代オリエント世界に生まれた神々はそのすべてが消滅することはなく、つまり人々が信じ続けていたので、もう少し先の時代を見ていこう。

さて、アレクサンドロスはオリエントの宗教に対して、各地の伝統を尊重した。たとえば前三三二年にフェニキアの古都ティルスを陥落させ、ティルスの都市神メルカルトに供犠を捧げ、メルカルトを讃えて競技会を催している。ギリシア人はメルカルトとヘラクレスを習合した。

また、前三三二年から翌年にかけてのエジプト滞在中に、アレクサンドロスは西方リビア砂漠のシワァ・オアシスのアメン神の神域へはるばる出向いて参拝し、そこで神託を伺っている。こうしたアレクサンドロスの姿勢によって、オリエントの宗教が支配者のギリシア人に受けいれられるようになった。

前三二三年、アレクサンドロスがバビロンで没すると、エジプトにはギリシア系のプトレマイオス朝（前三〇四―前三〇年）が成立し、プトレマイオス一世（在位前三〇四―前二八二年）がギリシア人、エジプト人共通の神として、セラピス神を創造している。

西アジアの広大な地域はセレウコス朝の支配下に置かれた。ともに、ギリシア系王朝で、セレウコス朝は東方イラン世界のゾロアスター教に対抗するために、メソポタミアの古くからの宗教を擁護した。やがてセレウコス朝から次々離反勢力が出現し、アナトリアではヘレニズム系小王国が興り、イランではアルサケス朝パルティアが成立する。

この間、オリエントの諸宗教はギリシア文化と接し、ギリシア世界へと流布していった。オリエント古来の神々はギリシア文化の影響のもとに、新しい信仰形態を採るにいたる。

ローマ支配の影響

前二—後一世紀の間に、オリエント世界の西半分、つまりアナトリアやシリアはローマの軍事力によって支配下に組み込まれていった。

前五〇九年頃に共和政樹立ではじまったローマは、前二七年にはアウグストゥス帝（在位前二七—後一四年）を初代とする帝政が成立する。地中海を「われらが海」として一元的に支配するには、地中海アジアつまりアナトリアおよびシリア・パレスティナへのローマの侵攻は必然であった。

前六四年にセレウコス朝、次いで前三〇年にはプトレマイオス朝がそれぞれローマによって、滅ぼされた。ローマの侵出によって、ヘレニズム時代に変貌していたオリエント宗教諸派は急激に西方へ広がった。同時に、家父長制の強いローマによる支配はオリエントの宗教にも影響をおよぼすことになる。

ユダヤ教の改革派・キリスト教

アウグストゥス帝治世に、おそらく生を享《う》けたのがナザレのイエスで、ユダヤ人である。イエスはユダヤ人だけのユダヤ教ではなく、より普遍的に多くの人が救済されることを考えた。キリスト教はイエスによるユダヤ教の律法主義批判、十字架での処刑、そして死後の復活のドラマを経て成立する。イエス死後の一連の奇跡によって、イエスをキリストと弟子たちが信じ、布教するようになった。

ユダヤ教には子の神といった考え方はないが、キリスト教では天にいる父神、この世に生まれた子なる神キリスト、両者をつなぐ聖霊の三者が神の世界を形成し、救済は豊饒によってではなく、キリストの贖罪《しょくざい》死によってもたらされると説かれた。

エルサレムに教団を置き布教に乗り出したが、当時の密儀宗教、つまり排他的な秘密儀礼を特徴とし、個人で入信し、救済にいたると考えられた宗教に見られるよう

序―21　**神官としてのアウグストゥス帝胸部像**　前1―後1世紀初期、大理石、高さ78.5cm、ルーヴル美術館蔵

な、豊饒とそれを司る女神への信仰が、キリスト教にはなかった。

キリスト教は紀元後一〇〇年までに地中海アジアで確立し、ここで、この頃までにキリストの伝記にあたる福音書が完成した。だが、キリスト教がローマ帝国の国教になるのは三八〇年のことで、かなり時間がかかったことになる。

約三〇〇〇年の歴史を駆け足で紹介した。以下で、章ごとに重要な神々を紹介していこう。

第一章

煌く太陽神、霞む太陽神

太陽神と太陽の象徴

図は前９世紀頃のバビロン市のナブ・アプラ・イッディナ王が太陽神シャマシュの神殿再建を記した碑の上部で、シャマシュとその象徴の太陽円盤の両方が刻まれている。右側の祠堂の中で、シャマシュは玉座に腰かけている。玉座の下では、太陽神の眷属、牛人間（ブルマン）が柱を支えている。上方に、太陰（月）、太陽および太白（金星）の象徴が見え、祠堂の屋根から飛び出した２柱の神が、綱で大きな太陽円盤を支えている。左端にシャマシュの対偶神アヤ女神、その前方にナブ・アプラ・イッディナ王および王の手を引くナブ・ナディン・シュミが並ぶ。下方の波線には４つの星があしらわれ、天の大海を表現している。

シッパル市出土、石灰岩、高さ約29.5cm、大英博物館蔵

◎本章に登場する主な神々

アダド神　メソポタミア北部の最高神で、天候神
アッシュル神　アッシリアの最高神。アッシュル市の神格化
アテン神　エジプトの太陽神。一時期国家神となった
アナーヒター女神　元来河を本体とする水神で、ゾロアスター教の女神
アフラ・マズダー神　ゾロアスター教の最高神
アメン神　エジプトの国家神。ラーと習合して、アメン・ラー
ウトゥ神　シュメルの太陽神。アッカド語ではシャマシュ
イナンナ女神　シュメルの地母神で、ウトゥ神の妹（アッカド語ではイシュタル）
ナンナ（ル）神　シュメルの月神で、ウトゥの父（アッカド語ではシン）
ビルガメシュ神　シュメルの冥界神、ギルガメシュともいう
ミトラ神　ミスラ神ともいう。インド・イラン語族の太陽神で、ゾロアスター教の神
ミトラス神　ローマの密儀宗教の神
ラー神　エジプトの太陽神で、国家神

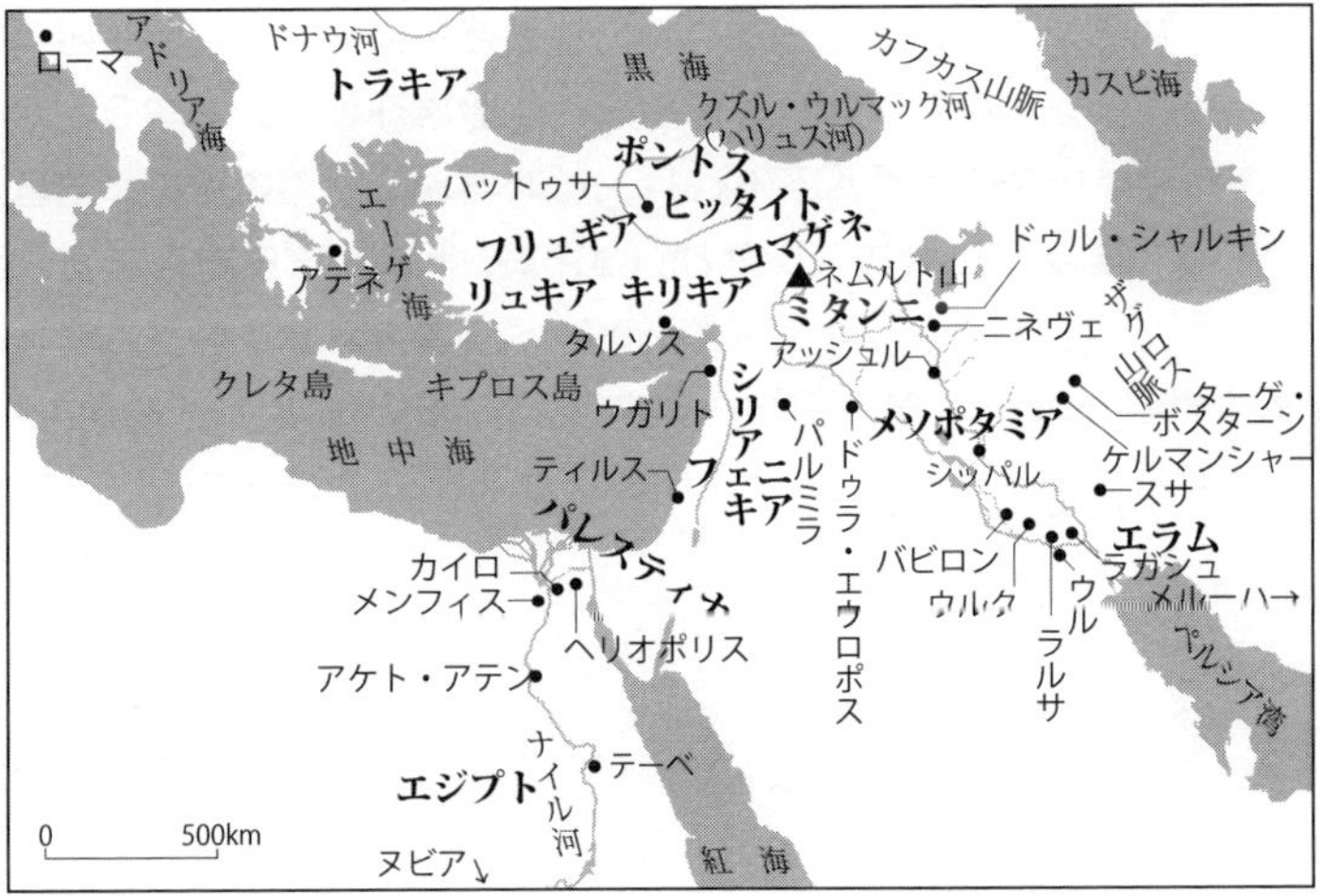
ローマ
アドリア海
ドナウ河
トラキア
黒海
カフカス山脈
カスピ海
クズル・ウルマック河（ハリュス河）
ポントス
ハットゥサ
ヒッタイト
エーゲ海
アテネ
フリュギア
コマゲネ
ドゥル・シャルキン
ネムルト山
リュキア
キリキア
ミタンニ
ニネヴェ
ザグロス山脈
タルソス
アッシュル
クレタ島
キプロス島
ウガリト
シリア
パルミラ
メソポタミア
ターゲ・ボスターン
ケルマンシャー
地中海
ティルス
フェニキア
ドゥラ・エウロポス
シッパル
スサ
パレスティナ
バビロン
エラム
ラガシュ
カイロ
メンフィス
ウルク
ウル
メルーハ→
ヘリオポリス
ラルサ
ペルシア湾
アケト・アテン
ナイル河
テーベ
エジプト
0
500km
ヌビア↓
紅海

1　太陽神とは

天照大御神―日本の太陽神

太陽神といわれて、日本人が思い浮かべるとしたら、天照大御神《あまてらすおおみかみ》ではないだろうか。記紀（『古事記』『日本書紀』）神話の中には、日蝕《にっしょく》を説明する「天岩戸《あまのいわと》神話」が語られているので、天照大御神はあきらかに太陽神である。

また、天照大御神は皇祖神（皇室の祖先神）だから、日本の最高神と考えられている。皇祖神、天照大御神を祀る神社が伊勢神宮で、二〇年に一度の遷宮ともなると、メディアで大きく扱われ、多くの日本人がお伊勢参りに出かけることになる。

天照大御神に関する研究は少なくないが、溝口睦子『アマテラスの誕生―古代王権の源流を探る』によると、次のように説明される。

天照大御神はおそらく弥生時代（前一〇／四―後三世紀頃）まで遡る、古い土着の女神である。日本の国家権力を支える国家神として『古事記』には天照大御神が真っ先に記されているが、『日本書紀』ではちがっていた。高皇産霊尊《たかみむすひのみこと》の名前があげられている。なるほど、注意して『古事記』を読むと、天照大御神と並んで高木神《たかぎのかみ》すなわち高御産巣日神《たかみむすひのかみ》がふれられている。元来皇祖神は高御産巣日神であって、この神も太陽神であるが、外来神であるという。

皇祖神が天照大御神に転換した時期は、七世紀末から八世紀はじめと考えられている。持統天皇（在位六九〇―六九七年）が孫の軽皇子《かるのみこ》（文武天皇、在位六九七―七〇七年）を六九七年に皇太子に定め、同年に譲位し、自らは太上天皇（上皇）となった。

こうした一連の政治的動きと呼応して、神々の世界での変更がおこなわれたという。国家神つまり皇祖神に天照大御神は政治的理由によって担ぎあげられたのである。

灌漑農耕社会の太陽神

最古の都市文明が興ったメソポタミア、そしてエジプトはともに大河の畔《ほとり》に灌漑網を整備し、麦を栽培し、羊、豚、牛などを飼育する有畜農耕社会であった。こうした社会に生きる人々にとって最も重要なことは作物の豊作であり、家畜の多産であった。

メソポタミア、エジプトともに、夏ともなれば耐えがたいほどの暑さになるが、そうであったとしても、太陽の恵みは生物には欠かせず、すべての生命を育む太陽の大切さを古代人はしっかり認識していた。このため太陽神は低位の神ではありえないものの、エジプト以外の国々では必ずしも神々の王、つまり最高神に据えられるとは限らなかった。古代オリエント世界の最高神には他の属性を持つ神が選ばれていたことは第四章で記す。

また、太陽神は一柱とは限らず、後で話すようにエジプトでは複数の太陽神が祀られていたし、ヒッタイトではアリンナ（所在地不明）の太陽女神、天の太陽神および地の太陽女神と三柱もの太陽神が併存していた。

本章では、古代オリエント世界で特徴的な太陽神を以下で紹介しよう。

2　ウトゥ神――正義を司る太陽神

太陰、太陽および太白の象徴図

メソポタミアで天体を司る神々は多くはない。前二〇〇〇年紀後半のメソポタミア南部、つまりバビロニアを支配したのは、民族系統不詳のカッシート人が建てたカッシート王朝（前一五〇〇頃―前一一五五年頃）であった。この王朝時代に制作されたのが、クドゥルと呼ばれる境界碑である。一メートルほどの高さの石碑に、臣下への土地分与などの証文とそれを保証する神々の象徴が彫られていた。クドゥルの頂付近にしばしば太陰（月）、太陽そして太白《たいはく》（金星、明星）の象徴図が彫られている。クドゥルでは、月は三日月、太陽は四芒星《しぼうせい》と三本の放射する波状の線を組み合わせた太陽円盤、そして金星は八芒星《はちぼうせい》で表現されている。

この三つは天空にあってひときわ輝く天体と考えられていたようだ。つまり太陰はシン（シュメルのナンナ）神、太陽はシャマシュ（シュメルのウトゥ）神、そして太白はイシュタル（シュメルのイナンナ）女神の象徴となる。

最高神になれない太陽神

太陽を表す絵文字が楔形文字となり、「太陽」「暦の日」などを意味し、この文字に神を示す限定詞をつけて、シュメルの太陽神ウトゥが表された。

1―1　**太白、太陰、太陽**
カッシート王朝メリシパク王（在位前1186―前1172年）のクドゥル上部、スサ出土、閃緑岩、高さ90cm、ルーヴル美術館蔵

異説もあるが、ウトゥは月神ナンナ（ル）神とニンガル女神の間に生まれ、明星イナンナ女神と兄妹（一説には双生児）になるともいわれる。ニンガルは前二〇〇〇年紀になって、シリアで独自に祀られ、その名がニッカルと改められた。紀元後一〇世紀頃までシリアで祭儀が続いていた。しばしばウトゥは「若者ウトゥ神」と、イナンナは「処女イナンナ女

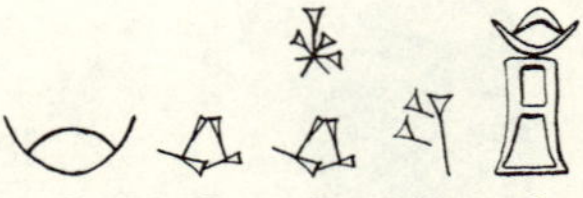

1―2　太陽の絵文字、楔形文字　①古拙文字、②前2400年頃の楔形文字、③神を示す限定詞をつけるとウトゥ神を表す、④ ②の前1000年紀の楔形文字、⑤祭壇の上に昇る太陽で表す都市印章に見られる、ラルサ市

1―3　イシュタル女神とシャマシュ神　ニンウルタ神、正面を向いたイシュタル女神が立つ山の間から、手に武器を持ち昇ってくるシャマシュ神、山に足をかけたエア神および家臣のウシュム神、書記アドダの円筒印章印影図、アッカド王朝時代、高さ3.8cm、大英博物館蔵

神」（第二章参照）と表記されていることから、両神ともに若い神と想定されていた。

ウトゥは都市神として祀られることはあっても、つまり都市の最高神になりえても、都市を越えた神々についてまとめた、複数発見されている神名表で序列第一位に来ることはなかった。それでも「シュメル七大神」（運命を決定する七柱の神々）つまり、アン、エンリル、エンキ、ナンナ、ウトゥ、ニンフルサグおよびイナンナの中の一柱であるが、月神よりも下位に位置づけられている。

月神が太陽神よりも上位にくるのは理由がある。シュメル社会の暦は月の満ち欠けにもとづく太陰暦であった。だが、農業を基盤とする社会では種蒔《たねま》きや刈り入れの時期は季節と一致していないと不都合であって、純然たる太陰暦ではなく、暦と季節のずれを補正するために閏月を挿入していた。つまり太陰太陽暦といわれる暦を使っていた。月が太陽の上位に置かれたことが、神話の世界にも反映されたのである。

また、月神ナンナ自身が高められたのは、ナンナを都市神としたウルを首都とする統一王朝、ウル第三王朝（前二一一二—前二〇〇四年頃）においてであった。

ところで、シュメルのウトゥは男神だが、アッカドのシャマシュは、元来女神であったようだ。それというのも、前三〇〇〇年紀のアッカド語人名に、ウンミ・シャマシュ（「わが母はシャマシュ」の意味）があり、またウガリト市の太陽神シャパシュは女神である。シャマシュ女神はシュメルの太陽神ウトゥと習合し、男神に変容したと考えられている。

経済的に豊かな神殿

ウトゥ神は、ラルサ市とシッパル市の都市神であった。アッカド王朝（前二三三四—前二一五四年頃）初代サルゴン王（在位前二三三四—前二二七九年頃）の娘エンヘドゥアンナが編纂し、四二の神殿が詠われている『シュメル神殿讃歌集』には、ラルサとシッパルにあったウトゥの神殿が詠われていて、両神殿ともにシュメル語で「白い家」を意味するエバッバル神殿と呼ばれている。我が国では太陽は赤いが、シュメル人の目には、太陽は白く輝いて見えていたのである。

1—4　**ニンガル女神**（上左）**とナンナ神**（下右）　ウルナンム王の碑、前22世紀頃、ウル出土、ペンシルヴェニア大学博物館蔵

ラルサ市はイナンナ女神を都市神とするウルク市の東方一〇キロメートルに位置し、すでに前四〇〇〇年紀末の都市（集合）印章にも見られ、昇る太陽を保つ祭壇で表現されていることから、すでに太陽神を祀る都市であった。

一方、シッパル市は交通の要衝で、アッカド王朝のナラム・シン王（前二二五四―前二二一八年頃）に従属していた。アッカド王朝の王たちはシャマシュを信奉し、王たちの奉献物がシッパルの神殿から発見されている。はるか後代の新バビロニア王国最後の王、ナボニドゥスが次のような記録を残している。

サルゴンの息子、ナラム・シンの基礎の上に、彼（ナボニドゥス）はシャマシュ神のエバッバル神殿の基礎を置いた。彼はナラム・シンの碑文を見て、その場所を変えずに戻し、彼自身の王碑文とともにそれを置いた。彼は、基礎の中でナラム・シンの父サルゴンの像を見た。その頭の半分は欠け、崩れていたので、彼はその顔を発見できなかった。神々や王権への敬意のゆえに、彼は熟練の職人たちを召し出し、像の頭を新しくし、その顔を復元した。彼はその場所を変えず、エバッバル神殿にそれを置き、供犠をおこなった。

実際にはナラム・シンはサルゴンの息子ではなく、孫である。

ナボニドゥスは約一七〇〇年以上前のアッカド王朝のナラム・シン王のおそらく定礎埋蔵物の人物像あるいは礼拝者像を発掘し、元に埋め直したという。前者は神殿の地下に埋納、後者は神像付近に安置された像である。

ウル第三王朝時代には、シッパルは王朝の中心地域にあり、古バビロニア時代（前二〇〇〇頃―前一五九五年頃）にはバビロンの軍事、交易上の拠点として、歴代のバビロン王によって重要視されていた。

シャマシュに仕える女神官たちは王家や富裕階層の出身者たちで、中には居酒屋経営などの経済活動をする者たちもいたので、太陽神の神殿はバビロニアで最も経済的に豊かな神殿の一つであった。

1―5　**伝ナラム・シン王頭部像**　サルゴン王ともいわれる頭部像、ニネヴェ出土、青銅（あるいは銅）、高さ約36cm、イラク博物館蔵

親切な脇役

名前を特定できる神々が円筒印章の図柄に登場するのは、アッカド王朝時代からで、エア（シュメルのエンキ）神、イシュタル女神と並んで、シャマシュ神の図像が数多く見られる。

ところで、円筒印章とは、我が国の印鑑ぐらいの大きさをした、円筒形の石材などの周囲に陰刻で図柄を彫り、柔らかい粘土の上にころがして図柄を残す印章である。円筒印章の図柄は小さいながらも、粘土板に記された記録からだけではわからない、シュメルにはじまるメソポタミア社会の貴重な情報源である。ことに円筒印章には、護符の役割があることから、神々の姿が刻まれていることがよくある。

太陽の光や熱が人間にとって有益であることから、恩恵をもたらしてくれる太陽神は人間に親切な神と信じられていたようだ。シャマシュの利益を期待した人々によってその図像が円筒印章に採用されていた。

だから、シュメル神話ではウトゥを主人公に親切な脇役として登場させている。『ビルガメシュ神とフワワ』では、ウトゥは杉の山を支配する神である。古代オリエント世界で最大の英雄ビルガメシュ神は古バビロニア時代以降にギルガメシュと読まれるようになる（ギルガメシュについては第三章で記す）。太陽神ウトゥは昼に天を旅し、遠方を支配する。ビルガメシュの遠征にあたっては、合成獣の道案内どもをウトゥは遣わしている。しかもウトゥが支配する「杉の山」にも、怪人フワワ（アッカド語ではフンババ）を番人として配置していた。『ルガルバンダ叙事詩』では、主人公ルガルバンダが祈りを捧げ、また病に倒れた時に助けた神は、ウトゥであった。

「長い腕をした」シャマシュ神像

シャマシュの姿については、長いあごひげがあり、「長い腕をした」と表現されているが、これは太陽光線から連想されてのことであろう。後で話すエジプトの太陽神アテンは円盤から下向きにのみ光線が出ていて、光線の先端が手になっている。人物の前に手が伸びた時は、手にアンク（生命の十字架）を握らせている。また、後で紹介するゾロアスター教の太陽神ミスラも「長い両腕」を持つと考えられていた。

ひげと腕だけでは、円筒印章のような小さな印面に複数の神々が表現されている図柄の中から太陽神を特定することはむずかしい。まちがいなく太陽神と判別できる特徴は、光の神としての肩から出ている光線か、のこぎり状の刃がついた武器になる。この独特な武器をしばしばシャマシュは手にしていて、朝昇ってくる時に山を切り開く道具であり、またシャマシュが主宰する法廷で判決を下す道具であるともいう。

1—6　天の東門から現れるシャマシュ神　アッカド王朝時代

冥界を航行する太陽神

太陽神は暁に天の東門から現れると信じられていて、円筒印章には門の間から昇ってくる太陽神の図像もある。標準版『ギルガメシュ叙事詩』第九書板では、二つの頂のあるマーシュの山について記されていて、この山は天の東門付近に位置し、毎朝この山の間から太陽が昇ってくることになる。その後、毎日空を横切る旅をし、すべてのものを見そなわし、夕方西門から再びはいり、夜間は冥界を航行する。このように太陽神の一日は想定され、天界と冥界を行き来することから、シャマシュは生者と死者をつなぐ神とも信じられていた。

夜間、冥界を照らす太陽神シャマシュは、地上で生者の生命を脅かす冥界の悪霊、死霊などを制すると信じられた。また、占卜を司る神でもあったことからも、シャマシュは護符の役割もあった円筒印章の図柄に多数採用されていたのであろう。

正義の神

太陽は光り輝く発光体である。だが、発光体であること以上に、天空を横切る過程ですべてのものを見そなわすことが重要視され、真実、正義および公正の神と考えられるようになった。

今ではほとんど聞くことがなくなったが、我が国には「おてんとさま（御天道様）が見ている」といった表現がある。庶民の素朴な正義感で、お日様（太陽神）が人間生活をご覧になっていて、邪悪は許さず、正義を守ってくださるので、人間は正しく生きるべきだとする道徳観である。太陽神が見ているといった考え方は日本だけでなく、メソポタミアにもあったのである。

法の守護神、正義を守る裁判の神として、「真実と正義の王」「裁き主」「運命を決定する方」などと呼ばれてウトゥ／シャマシュ神は祀られていた。

前二〇〇四年頃のウル第三王朝滅亡後すぐに書かれた『シュメルとウル市の滅亡哀歌』では、ウル市滅亡という非常時に際して、シュメルの七大神それぞれの属性がらみの反応が記されている。たとえば、「ウトゥ神は公正なる正義を表明せず」と記されていることから、ウトゥは公正なる正義を表明することを期待されていた。

ルーヴル美術館にいますシャマシュ神

正義の神シャマシュの姿は、約三八〇〇年前に『ハンムラビ「法典」』碑上部に浮彫で彫られ、今はルーヴル美術館で見ることができる。

ハンムラビ（在位前一七九二―前一七五〇年頃）はバビロン第一王朝（前一八九四―前一五九五年頃）の王で、治世晩年に『ハンムラビ「法典」』を制定したと考えられている。

『ハンムラビ「法典」』碑（玄武岩、高さ二・〇二五メートル）はイラン南西部を支配したエラム王国（前三〇〇〇年紀中頃―前七世紀中頃）の古都スサで、フランス隊が二〇世紀初頭に発見した。イラク領内ではなく、イラン領内から出土した理由は前一一五五年頃に、エラムがバビロニアへ侵攻してカッシート王朝を滅ぼした時に、シッパル市のエバッバル神殿に立てられていた碑を、他のものとともに戦利品として持ち帰ったからである。エラムの掠奪がなければ、いまだに土の中に埋もれているにちがいない。

1―7 『ハンムラビ「法典」』碑上部のシャマシュ神　前18世紀前半、スサ出土、閃緑岩、浮彫の高さ65cm、ルーヴル美術館蔵

石碑上部の浮彫では、右手を鼻の前に置き、祈りの仕草をするハンムラビ王が左側に立つ。相対するのが、玉座に腰掛けたシャマシュである。シャマシュは神であることを示す角のある冠をかぶり、両肩からは太陽の光線が出ている。足の下は、うろこ状に表現された山である。本章扉図と同様に、右手に持つ輪と棒をハンムラビに手渡そうとしている。輪と棒は、ある説では王権を象徴する腕輪と王杖《おうじょう》と説明されている。だが、別の説ではハンムラビは灌漑農耕社会の王であるから、検地に使用される綱と棒とも解釈されている。

ところで、シャマシュの姿がなぜ刻まれているかといえば、いうまでもなく、正義を司る神だからで、『ハンムラビ「法典」』跋文《ばつぶん》に「天地の偉大な裁判官シャマシュ神」と記されている。

正義の神として、シャマシュは悪人を滅ぼし、正しい人に報い、虐げられた人々を助ける。

また、予兆を示し、幸福と長寿を授け、季節を管理する役割があると信じられていた。

牛を馬に乗り換える

大神は眷属にあたる神や随獣を随えることがある。

太陽神シャマシュは古バビロニア時代やカッシート王朝時代には、本章扉図に見えるような牛人間を眷属、つまり家臣にした。牛人間は人間の上半身と牡牛の下半身を合体し、しかも人間のように後ろ足で立っている姿で表現される。

古くは太陽神と野牛の頭とが結びついていて、ラガシュ市のグデア王（前二二世紀中頃）の円筒碑文Aで、「上る太陽の前で、運命が宣言された地で、ウトゥ神の象徴、野牛の頭を彼はまた置いた」と記されている。

牡牛それ自体は別の神、メソポタミア北部で祀られていた天候神アダド（第四章参照）などの随獣である。

ところで、太陽神の随獣は牛の合成獣から馬に交代する。翼のある馬あるいは上半身が人間、下半身は馬の合成獣ケンタウロスが中期アッシリア時代（前一五〇〇頃—前一〇〇〇年頃）の印章に見られる。馬の頭部のモチーフはイシン第二王朝（前一一五七—前一〇二六年）ネブカドネザル一世（在位前一一二五—前一一〇四年頃）のクドゥルに見られる。この頃には馬がひく戦車が戦争で使われていて、太陽神にふさわしい動物として認知されていたのだろう。新アッシリア帝国時代には、センナケリブ王がアッシュル神を先頭にした神々の行列図浮彫をドゥル・シャルキン南東のマルタイの断崖に彫らせた。神々はそれぞれの随獣の上に立っていて、シャマシュは馬の上に立っている。

牛から馬への交替はインド・ヨーロッパ語族の影響との指摘もある。後で話すイラン起源の太陽神ミスラは馬を随獣としていた。また、インドの太陽神スーリヤは七頭の馬に、ギリシアの太陽神ヘリオスは四頭の馬にひかせた戦車で天空をいくと信じられていた。

パルミラ市のシャマシュ神

ギリシア人の王朝、セレウコス朝がバビロニアを支配した時代には、イラン高原のゾロアスター教に対する防波堤として、古くからのメソポタミアの宗教は保護されていたというが、ヘレニズム、ローマ時代になると、古代メソポタミア文明で祀られていた神々の足跡をたどることはむずかしくなる。

それでも、シャマシュ神についてはシリア砂漠の隊商都市パルミラ（現地名は古来タドモル）で祀られていたかもしれない。パルミラで使われていた粘土札などの中には、シャマシュの姿が見られる。ちなみに、粘土札とは、縦横二―三センチメートルの粘土板で、儀式の入場券や宴会の食事券などの用途で使われていた。

3　アテン神―異端の太陽神

古代オリエント史に参入

古代エジプトでは、太陽神ラーが第五王朝（前二四七九―前二三二二年頃）から国家神として君臨していた。そのラー神の地位を一時期脅かした異端の太陽神がアテン神であった。まず、異端の神を誕生させた時代背景から見ていこう。

1―8　**4頭立ての馬車に乗るヘリオス神**　前3世紀初頭か、トロイア出土、大理石

他民族の侵入を想定していなかったエジプトが、第二中間期（前一七九四／九三―前一五五〇年頃）にヒクソスに侵入されてしまう。ヒクソスとはエジプト語で「異国の支配者たち」を意味するヘカウ・カスウトが語源のようで、複合弓や三日月刀などの新しい武器や二輪戦車を駆使して侵攻し、ナイル・デルタ地方を中心に支配したアジア系支配者たちの総称である。ナイル・デルタをヒクソスに支配された状況から、再度エジプト人によるエジプト支配を回復した第一八王朝

（前一五五〇—前一二九二年頃）は、国策を一新せざるをえなかった。シリア・パレスティナを植民地とする帝国主義政策を採用し、エジプトは本格的に古代オリエント史に参入することになり、オリエント諸国との生き残りをかけた厳しい外交を展開することになった。

こうした状況の中で、エジプト人は外国の神々についても知ることになった。

聖刻文字の国から出土した楔形文字文書

古代エジプトの文字といえば、事物の形を抽象化せず、そのままに表す聖刻文字《ヒエログリフ》である。

ところが、エジプトのテル・エル・アマルナから、一八八七年に楔形文字が刻まれた粘土板が発見された。当初その重要性は理解されなかったが、後に本物とわかり、三八〇枚余の粘土板のほとんどがアッカド語で書かれた手紙で、「アマルナ文書（アマルナ書簡）」といわれている。そして、粘土板が出土したアマルナは古代の都アケト・アテン（「アテン神の地平線」の意味）と判明した。

古代エジプト史において、アケト・アテンに都があった約二〇年間を狭い意味でアマルナ時代という。一方で、アマルナ時代の語は広い意味で使われることもある。前一四世紀前半にあたり、エジプトをふくむオリエント諸国間で活発な外交が展開された時代で、こうした状況を伝えているのが「アマルナ文書」である。

オリエント諸国と手紙のやりとりをしたのは、第一八王朝のアメンヘテプ三世（在位前一三八八―前一三五一年）の治世末期からツタンカーメン（トゥトアンクアメン。在位前一三三三―前一三二三年頃）の治世一年までにおよぶが、大部分はアメンヘテプ四世（改名してアクエンアテン。在位前一三五一―前一三三四年頃）の時代にあたる。

大国と小国

エジプトと手紙のやりとりをしたのは、「兄弟」と呼びあった大国ではメソポタミア南部のカッシート王朝、北西部のミタンニ王国（前一六世紀―前一三世紀頃）やアナトリアのヒッタイト新王国（前一四五〇―前一二〇〇年頃）で、ミタンニはその最盛期には北東部のアッシリアを従属させていたことから、アッシリアはミタンニの軛《くびき》から脱して後に大国の仲間入りをはたすことになる。

1―9　アマルナ北宮殿跡

1―10　青冠をかぶったアメンヘテプ３世　閃緑岩、高さ32.6cm、ルーヴル美術館蔵

一方で、シリア・パレスティナの小国の大国エジプトに対しての態度は、ウガリト王アンミシュタムル一世（在位？―前一三五〇年頃）の手紙冒頭のように、「王、太陽、我が主人にいえ。アンミシュタムル、あなたの

僕《しもべ》のご挨拶。私はあなたの足下に七度また七度ひれ伏します」と、卑屈なまでに恭順の意を示している。

さて、ミタンニのシリア侵攻に対して、エジプトではトトメス三世（在位前一四七九―前一四二五年頃）がアジア遠征を一七回も繰り返し、これと対峙した。

しかるのちに事態は大きく変化する。前一五世紀末から前一四世紀はじめになると、強大化するヒッタイト新王国の脅威に対処すべく、エジプトとミタンニとは友好・同盟関係に転じ、トトメス四世（在位前一三九七―前一三八八年頃）の治世になって両国間で条約が結ばれた。

シリア北部はミタンニの、シリア南部とパレスティナはエジプトの支配下にはいることを相互に承認し、ミタンニからは王女たちがエジプト王家に輿入《こしい》れした。

1―11　**アメン神とツタンカーメン王**　第18王朝末期、テーベ出土、石灰岩、高さ209cm、トリノ博物館蔵

1―12　**アクエンアテン王頭部像**　アマルナ出土、石膏、高さ26cm、新博物館、ベルリン

エジプトへ旅する女神像

ミタンニのトゥシュラッタ王（前一三八〇年頃）がエジプトのニムリヤ王、つまりアメンヘテプ三世にあてた手紙の中に、次のような興味深いことが記されていた。

すべての国々の女主人、ニネヴェ市のシャウシュガ女神が次のようにいう。「私は私が愛する国、エジプトへいきたい、そして戻って来たい。」そこで、私はこれ（手紙）とともに彼女を送ったので、彼女は旅の途中である。

エジプトへ旅をしたのは輿入れする王女たちだけでなく、女神像もまた旅をしたのである。アメンヘテプ三世の母ムテミアはミタンニの王女で、つまり、同王は混血の王であった。また、王自身の後宮にもミタンニの王女ギル・ヘパやタドゥ・ヘパが嫁いできていた。

女神像をミタンニのトゥシュラッタ王が娘婿《むすめむこ》のアメンヘテプ三世に貸与したのは、アメンヘテプ三世晩年のできごとのようで、王は病気だったらしい。そこで、当時ミタンニの支配下にあったニネヴェ市（ヘブライ語。アッカド語でニヌア）に祀られていたシャウシュガ女神（第二章参照）は病気治癒に霊験《れいげん》あらたかと知られていたようで、女神像をはるばるエジプトまで送ったのである。

アテン神の都アケト・アテン

粘土板の手紙が出土したアマルナはエジプトの首都カイロ市南方約二八〇キロメートルに位置する。現在、アマルナのあたりはイスラーム原理主義者が多いといわれ、エジプト観光にいっても、日本人の多くがほとんど立ち寄らない場所である。現代の思想的に過激な場所は、今から約三四〇〇年昔もやはり思想的に過激な場所であった。

後で述べる「宗教改革」を断行したアメンヘテプ四世は、国家神アメン・ラー神を祀った総本山カルナク神殿のあるテーベ市からアケト・アテンへ遷都したが、新都アケト・アテンは約二〇年後には放棄され、忘れ去られてしまう。

遺跡全体はナイル河東岸に沿って長さ約一〇キロメートル、幅最大五キロメートルで、崖に囲まれた半円形の山のふところにあたる。後で述べるが、ツタンカーメンによって、アケト・アテンは捨て去られ、その後誰も住まなかったために遺構の保存が良好で、古代エジプトで都市計画が判明している唯一の遺跡である。

ラー神と習合したアメン神

国際化時代の第一八王朝で、国家神はアメン・ラーであった。

アメン神とは「隠されたるもの」を意味する。他の大神よりも登場が遅く、テーベの地方神にすぎなかったが、第一二王朝（前一九七六―前一七九四年頃）の始祖となったアメンエムハト一世（在位前一九七六―前一九四七年頃）がアメンを祀っていた。それで、王朝の守護神となり、国家神の地位に成りあがることになる。

地方神から国家神への昇格に際しては、他の大神の例と同じく、アメンもラー神と習合してアメン・ラーとなり、神々の王にして、創造神の地位をも獲得した。

1―13　**カルナク神殿**　第1塔門と羊頭のスフィンクスが並ぶ参道

太陽神ラー

アメン神と習合したラー神は、古代エジプト宗教の主要な中心地の一つ、ギリシア語で「太陽の都」を意味するヘリオポリスで祀られていた太陽神で、日輪をいただく隼《はやぶさ》頭《あたま》の人物像として表現され、第五王朝から国家神となった。

それというのも、ラーに仕えるヘリオポリスの神官たちが、王権に対してラーの優位を確立しようと画策したからである。王の公式称号の一つ「ラーの子名」が第五王朝時代から規則的に王の誕生名を表すようになった。「ラーの子名」は文字通り王がラーの子であることを示している。ラーは子であるエジプト王に対して、優位に立つことになった。

ラーは世界秩序の主にして、最高裁判官と考えられていた。また、天の海を昼舟と夜舟に乗り換えながら、日々航海すると信じられていた。死んだ王も同じ舟を所有することを望み、これによって、太陽神の持つ永生を象徴する航海に参加しようと考えた。

エジプトの国家神アメン

ラー神と習合したアメンは特に新王国時代に、北方はシリア・パレスティナ、南方はヌビアまでと、版図を拡大したエジプトの国家の守護神、つまり国家神として、その権勢が頂点に達していた。神が力を持つということは、当然のことながらその神を祀る神官団が絶大な権力を握っていることを意味する。

アメンは二枚羽根の冠をかぶる人物像として表現され、対偶神ムト女神と、子神にして月神であるコンスとで、三神群を形成した。アメンの随獣は牡羊《おひつじ》および鵞鳥《がちょう》である。

アメンは末期王朝時代(前七四六―前三三二年)にいたるまで絶大な影響力を持ち、ギリシア人はアメンをギリシア神話の最高神ゼウス(第四章参照)と習合した。

ラーと習合した他に、アメンは男根を勃起させて鞭《むち》を振りあげた姿の豊饒神ミンと習合することもある。テーベでは祝祭のおりに行列を組んで行進し、悩みを持つ個人に神託を与え、民衆の支持を得ていた。このように民衆に人気のある神だったから、「宗教改革」の際に、アメンはアクエンアテン王から標的にされたが、一方で民衆の支持により王からの圧力に抗し切ることができた。

キング対キングメーカー

エジプトでは、山犬頭のアヌビス神、猫頭のバステト女神のように、多数の動物頭の神々の像が神殿で本尊として祀られていたが、こうした神々はエジプト以外では見られない特異な神である。国際化時代を迎えたエジプトで、神々の世界にも変化が現れていた。宗教も統一と中央集権化の道をたどるようになり、普遍的な神や最高神を信仰する傾向が見られた。

1—14　**アメン、ムト、コンス神**　カルナク、アメン大神殿浮彫

また、国家神アメンの神官団が寄進によって財力を増し、キングメーカーとして大きな権力を持つにいたると、キングすなわち王家の側としても放置しておけず、アメン神の権力、つまり実質的には神官団を抑え込むことを画策した。

1—15　アメン・ラー神像　アメン神殿の至聖所に安置されていた本尊、黄金をはった銀製像、ルクソール出土、高さ22cm、大英博物館蔵

専制君主観が頂点に達していた時期の王、アメンヘテプ四世は、国家神アメンの威光を背景に政治的にも経済的にも勢力を強大化していたアメン神官団を抑え、王権による国家の一元的支配を再現しようとして、「宗教改革」をはじめたのである。その影響は宗教、政治、芸術、文学などさまざまな分野で、伝統的なあり方を大きくゆさぶることになった。

特異な姿のアテン神

アメン神およびその神官団を抑え込むために王家で育成されたのが、アテン神である。エジプトではラー神の他にも、ラーと習合して日没の太陽神となったアトゥム神、ラーと習合して朝日として昇る太陽神と見なされたケプリ神などの複数の太陽神もまた祀られていた。

アテンは元来天体としての太陽そのものを指す名称で、アテンそのものは中王国時代（前二〇二五—前一七九四年頃）から太陽の名称として知られていた。

アテンはその先端が手先でおわる光線を発する日輪で表現される。動物頭で、人間の身体をした神々が多いエジプトでは、特異であった。また、その属性は非人格的で、アメンのように対偶神や子神を持たない。光の放射によって万物を養うことに特色があることから、宗教というよりも古代ギリシアの自然哲学に近いともいわれている。

アクエンアテン王の宗教改革

アメンヘテプ四世改めアクエンアテン王が推進した「アマルナ革命」あるいは「アクエンアテン王の宗教改革」と呼ばれるできごとは、アメン神以下の数多《あまた》の神々の信仰をやめ、アテン神のみを信仰することを王が主導し、民衆に強制したできごとを指す。このできごとは国際情勢が流動的に動く中で起きた。

1―16　**アテン神に供物を奉献**　王の背後はネフェルティティ后妃、アマルナ出土、石灰岩、高さ約 1 m、カイロ博物館蔵

アメンヘテプ四世は治世四年から六年の間に、アメンヘテプ（「アメン神は満足する」の意味）からアクエンアテン（「アテン神にとって有益な者」の意味）と改名し、治世六年頃に「アメン神の都」テーベから、アテン神だけに捧げたアケト・アテンに遷都した。

アケト・アテンに建てられたアテン大神殿は天空に輝く太陽が祭祀の対象なので、

従来の神殿のように神像を祀ることはなかったし、神殿に屋根はなく、露天の中庭には多数の供物台が置かれた。

治世九年には、アテンの公式名に「後期名」が採用された。「前期名」は「アテン神であるシュウ神の名によって地平線で歓喜するラー・ホルアクティ神」を意味したが、ホルアクティやシュウの名が消えて、「後期名」は「アテン神として帰って来た父ラー神の名によって地平線で歓喜する二つの地平線の支配者ラー神」を意味した。つまり、ラーの新しい姿がアテンであって、ラーだけは、最後まで否定されなかったのである。

仲介者は王

「アテン讃歌」はアクエンアテン王の信仰告白である。王が命じて新都アケト・アテン東縁の崖中に造営させ、高官たちに下賜した岩窟墓の壁面に「アテン讃歌」は刻まれ、今にいたるも残っている。この讃歌に見られる教義の特徴は次のように説明される。

第一に、アテン神は異国の人々にも恵みをもたらす。「シリアとヌビアの国々、エジプトの地、汝、すべての人をそのあるところにおき、かれらの必需物を与う」（屋形禎亮訳「アテン讃歌」『古代オリエント集』）と詠われ、エジプトだけでなく、異国への心配りが見られ、アテン信仰が帝国エジプトにふさわしい普遍的宗教であることを示している。

第二に、王だけがアテンの教義を真に理解している。「汝の子ネフェルケペルラー・ウァエンラーのほかに、汝を知れるものなし。汝、かれにその企て、力を精通させたればなり」(屋形禎亮訳「アテン讃歌」『古代オリエント集』)と詠われている。汝とはアテンであり、ネフェルケペルラー・ウアエンラーはアクエンアテンを指している。ここからアクエンアテンだけがアテンを礼拝し、祭祀をおこなえると解釈される。

だが、こうした考え方は伝統的な王権観でも同じで、王だけが祭祀権を持つと考えられ、アテン信仰ではさらにこのことを実現しようとした。アテンと民衆との間の仲介者としてのアクエンアテンの役割が強調され、この役割を持つことによって、アメン神官団のような強力な神官団が成立することを王は阻止しようとしたのである。

第三に、アテンは死の世界も司ることとであった。アテンのおかげで死後の世界でも永遠の生を楽しめるとの教義は、冥界の王オシリス神の否定であった。

オシリスは灌漑農耕社会エジプトで、最も古く、かつ最も重要な神々の一柱であった。詳しくは第三章で記すが、古代エジプト人はオシリスとなって復活し、永遠の生命を得ることを願っていた。だが、アクエンアテンはそのオシリスも否定したので、アマルナの貴族の岩窟墓にはオシリスの姿は見られない。オシリス信仰の否定は、エジプト人には受け入れがたいことであった。

失格した国家神アテン

信仰を持っている人に対して、「純粋な信仰」とか、「敬虔な信者」との表現が、誉め言葉として使われることがあるが、必ずしも全面的に肯定されることではない。周囲を見る余裕のない原理主義者と読みかえられることもありうる。アクエンアテンがアテン神信仰の敬虔な信者であったことはまちがいない。仮にアクエンアテンが現実主義者で、行政能力に長《た》けた王であったならば、ここまで事態を悪化させなかったであろう。アメン神官団を抑え込めば、それで良かったはずである。

アクエンアテンは国家神アメンだけでなく他のエジプトの神々をも排除して、ひたすらアテン礼拝を推進した結果、国内外に混乱を引き起こしただけで、王の試みは失敗であった。内政の混乱と外政の破綻《はたん》を招いたアテンは、国家神として失格とされた。

こうした混乱期に即位した王たちの一人が少年王ツタンカーメンである。一九二二年にイギリスの考古学者ハワード・カーター（一八七三―一九三九年）が「王家の谷」で黄金づくめの副葬品をともなった王墓を発見したことで、実際には弱小な王でありながらも、エジプトの王たちの誰よりも、現在では最も有名な王となってしまった。

ツタンカーメンの父はアクエンアテンといわれ、ツタンカーメンはアケト・アテンで生まれた可能性があるという。その名前もはじめはツタンクアテン（トゥトアンクアテン）で、「アテンの生ける似姿」を意味したので、アテン信仰と距離を置くために、ツタンカーメン（「アメンの生ける似姿」）と改名した。ツタンカーメンは王宮をアケト・アテンからメンフィス市に移し、従来からの数多の神々を祀る信仰に戻した。こうしてアケト・アテンは捨て去られたのである。

最古の一神教といわれるが

アクエンアテンについては評価が分かれる。人類最古の「知的教師」、史上最初の「個性もてる人物」のように、好意的に評価される際には、ユダヤ教に先駆けて、一神教に近づいたとして評価されている。たとえば、フロイトは『モーセと一神教』の中で、イクナートンつまりアクエンアテンを評価し、一神教はユダヤ教からアートン教つまりアテン神信仰へ遡ることを説いている。だが、こうした説は、多くの場合、一神教を、多神教よりも進歩した優れた宗教と考える前提がある。

1—17　**ツタンクアテン王とアンケセンパアテン后妃**　王墓出土副葬品、金、銀他で装飾した木製玉座の背もたれに刻まれたアテン神を信仰する王夫妻、高さ約1m、カイロ博物館蔵

1―18　王になる以前のホレムヘブ座像　おそらくメンフィス出土、カンプトン岩、高さ1.17m、メトロポリタン美術館蔵

しかし、現在、アテン信仰については、序章で話したように唯一神教ではなく、単一神教の一形態と見る説、つまり多神教の一種とする見方が有力である。

アケト・アテンの有力者たちは公式にはアテンを祀り、その多くは邸宅の庭にアクエンアテン王一家とアテンに捧げた祠堂を建立した。だが、伝統的な神々を祀ることも、アケト・アテン在住の人々の間でさえおそらく密かに続けられていたようだ。というのは、アケト・アテンの東端、「職人村」では、祖先崇拝のためと思われる小さな祠堂の他、伝統的な神々の護符が数多く発見されているのである。

「アマルナ革命」の混乱は、第一八王朝最後の王、将軍あがりのホレムヘブ（在位前一三一九―前一二九二年頃）によって、収拾された。国家神アテンは否定されたが、アテン信仰そのものは否定されず、アテンは神々の一柱に戻った。

ホレムヘブが後継者に指名したラメセス一世（在位前一二九二―前一二九〇年）にはじまる第一九王朝（前一二九二―前一一八六年）において、「アマルナ革命」は全面的に否定され、アクエンアテンからツタンカーメンまでの王たちは王名表から除かれた。

4　ミトラス神―変容した太陽神

契約の神から太陽神へ

古代オリエント世界の太陽神として、その名が広く知られていたミトラ神あるいはミスラ神の起源は、インド・イラン語族に属す人々がイラン北東部やインド北部に移動を開始したと考えられる前二〇〇〇年以前に遡り、かなり有力な神であったようだ。

一説によれば、インド・イラン語のミトラあるいはミスラの語根はメイ（mei-）で、これに助格接尾辞がつき、その意味は「交換」、あるいは「契約」である。ここからインドのバラモン教の聖典『リグ・ヴェーダ』のミトラ、イランのゾロアスター教の聖典『アヴェスター』のミスラが由来する。そして、ギリシア人はミトラス神、ローマ人はミトラ神と呼んだ。

この神のはじまりは契約の神だったが、「すべてを見、すべてを知る」という特性を持っていたことから、派生して太陽神となった。

ミスラの名前が確認できる最古の例は、ヒッタイト新王国のスッピルリウマ一世（在位前一三七〇―前一三三六年頃）がミタンニ王国との間で結んだ条約文である。この条約文はヒッタイトの都ハットゥサ遺跡から出土し、条約を保証する神々として、ヴァルナ神、インドラ神などのインド・ヨーロッパ語族の神々の中に、ミスラの名もあげられていた。

アフラ・マズダー神と対立したミスラ神

ゾロアスター教の最高神、アフラ・マズダーは「全知」「知る者」「知恵主」といった意味で、アケメネス朝およびサーサーン朝（二二四—六五一年）の守護神であった。

1—19　ハットゥサ遺跡

アフラ・マズダーの起源に関しては、伝統的な古代アーリア人（インド・イラン人）のパンテオンには存在しなかったはずで、ゾロアスターの改革時に創造された神との説もあるが、一方で、バラモン教の聖典『ヴェーダ』の最高神ヴァルナに求める説もある。アフラ・マズダーとヴァルナとは共通点を多く持ち、ヘレニズム時代には古代ギリシアのゼウス神との習合が見られた。

アフラ・マズダーは善きものの創造者で、光明と密接な関係を持つことから、伝統的な光明神ミスラ神と対立することになる。また、すべてのものの父、太陽と星々の道を定めた聖なる者、大地と天空を支える者、光明と暗黒の創造者であった。

後期の文献では、アフラ・マズダーはオフルマズドの名で登場し、しばしば自然現象の用語を用いて描写される。たとえば、オフルマズドは星をちりばめた衣服を身につけ、最も美しい姿は天空では太陽であり、地上では光明である。「駿馬にひかれた太陽」はオフルマズドの目といわれた。

王朝の守護神

ゾロアスターの宗教改革の影響で、最高神にして善神アフラ・マズダー神がもっぱら崇められるようになり、ミスラ神は脇に追いやられたものの、消滅することはなく、根強く残っていた。

序章で記したように、ダレイオス一世はおそらくゾロアスター教を採用していたと考えられるが、ヘロドトスによれば王権を簒奪《さんだつ》するにあたって、心利《き》いた馬丁の入れ知恵を採用し、そのことを「ヒュスタスペスが一子ダレイオス、馬（ここにその名を挙げ（ママ））と馬丁の功績によって、ペルシアの王位を得たり」（松平千秋訳『歴史』巻三、八四―八八）と、碑銘を刻んだと紹介している。

ヒュスタスペスはダレイオスの父で、アケメネス朝の傍系に属し、王号を持たなかった人物である。ここでは、他の動物ではなく、馬であることが重要である。「よき馬とよき人に恵まれたパールサ（ペルシア）」といわれ、ペルシアは馬産地であって、馬はミスラ神の随獣だったからである。つまり、ダレイオスが王位につけたのは、ミスラのおかげと考えられていたことを示唆している。

1—20　**王権を授与するアフラ・マズダー神**　アルダシール1世の騎馬叙任図浮彫、ナクシェ・ロスタム、3世紀、バルソムを左手に持つ神

1—21　**2頭の有翼の馬にひかれるミスラ神**　サーサーン朝、凹刻宝石、ベルリン、国立博物館旧蔵

ゾロアスターの改革で一度は脇に追いやられたものの、やがてミスラは復権した。王権の守護神として、アルタクセルクセス二世（在位前四〇五—前三五九年）以後、王碑文にその名が記され、アフラ・マズダーとともに、ミスラとアナーヒター女神を王権の守護神と考えるようになった。

後代に編纂されたゾロアスター教の聖典『アヴェスター』「第一〇ヤシュト（讃歌）」はミスラに捧げられ、ミスラは「白い馬たちとすばやい矢を持つ戦士であり、（略）その長い両腕はいたるところで契約を破る者たちに到達する」と詠われ、契約神、戦闘神そして曙光の神でもあった。

ゾロアスター教はアレクサンドロス三世の東征によって、壊滅的な打撃を受けたともいわれるが、その後復興し、アルサケス朝パルティアでは、四人のミスラダテスの名を持つ王がいた。ミスラダテスとは、「ミスラ神によって与えられた者」の意味である。

さらに、サーサーン朝ペルシアでは、ゾロアスター教は国教となり、聖典『アヴェスター』が編纂され、アフラ・マズダーのみならずアナーヒターやミスラの地位も高められた。この時代にイラン北西部、ケルマンシャー州北方のターゲ・ボスターンには摩崖浮彫で神々の像が刻まれ、ミスラの姿を今でも見ることができる。

異教への影響

ミトラス教成立以前の、ゾロアスター教のミスラ神はキリスト教の成立に影響していたようだ。「神の子」の観念はユダヤ教にはなく、「神の子イエス」といった考え方は、ゾロアスター教の幼児神ミスラが大きな影響を与えたともいわれる。

また、ミスラはアフラ・マズダー神と后妃アナーヒター女神との間の子神で、三神は聖家族として一体となって祀られていた。ミスラは母神アナーヒターの胎内からでなく、岩の洞穴から一二月二五日に誕生したと信じられていた。一説には、この話がキリスト教に取り込まれ、救世主の降誕祭《クリスマス》になったという。

一方、中央アジアに広がったゾロアスター教の土台の上に仏教が流入し、ミスラは遠い未来に出現する救世主の誕生を促したとの説がある。また、別の説では、インドのミトラ神は西暦紀元前後の大乗仏教が成立した時代に、その神々の一柱として採用され、一種の救済神マイトレーヤ・ボッディサットヴァとなり、これを中国では弥勒菩薩と漢訳した。

ネムルト山に残るミトラス神像

前六世紀後半にアケメネス朝が支配することになったアナトリアに、イラン起源の神々が伝えられた。ミスラ神がギリシア語化したミトラス神は、ヘレニズム時代のアナトリア諸王国の守護神であった。これらの王国ではマグたちの主導によって、ミトラス神が祀られたので、アルサケス朝と同様にミトラスに由来するミトリダテスを称する王が何人もいた。

ミトラスを守護神としていたアナトリア南東部の小国コマゲネ王国（前一六二―後七二年）のアンティオコス一世（在位前六九―前三四年）は、ネムルト山（海抜二一三四メートル）の山頂に霊廟を建立し、そこに自らと守護神たちの大きな丸彫像を安置した。現在、ネムルト山はユネスコ世界文化遺産に認定されていて、日本人観光客も訪問している。

丸彫像の他に浮彫像もあって、アンティオコス一世がミトラスとアポロン神が習合したミトラス・アポロン神と握手する浮彫像も残っている。ミトラスはマントをつけ、ズボンをはくペルシア風装束だが、かぶっているフリュギア帽から光線が出ていて、あきらかに太陽神と表現されている。

一方、前述ターゲ・ボスターン摩崖浮彫に見られる、ゾロアスター教で祀られているミスラ神はフリュギア帽をかぶっていない。

ミトラス神がかぶるフリュギア帽

ここで、ミトラス神がかぶっているフリュギア帽について話しておこう。

フリュギアとは、トラキア（バルカン半島南東部）方面から侵入したインド・ヨーロッパ語族のフリュギア人が中央アナトリア北西部に建てた王国で、前八世紀を中心に栄え、前七世紀はじめには騎馬民族キンメリア人の侵攻であえなく滅亡した。

フリュギアの王の中でも、いくつもの伝説で知られているのがミダース王で、新アッシリア帝国の史料に登場するムシュキのミタ王（在位前八世紀末―前七世紀初）と同一人物と考えられる。伝説の一つが「王様の耳はロバの耳」で、ローマの詩人オウィディウス（前四三―後一七年頃）の『変身物語』はアポロン神の罰によってロバの耳にされ、隠すために赤色の頭巾をミダースが

1―22　ネムルト山

1―23　**ミトラス・アポロン神とアンティオコス１世**　前１世紀、西側の基壇、砂岩、高さ2.26m

かぶったことになっているが、元来フリュギア王がロバの頭皮をはがして作った、長い耳のついた頭巾をかぶっていたことに由来するという。ロバの耳とは本来君主にとり、名誉のしるしであって、この頭巾こそが先端がとんがったフリュギア帽の起源という。

フリュギア帽はオリエント宗教の普遍的な象徴となり、ミトラス神の他に、キュベレ女神の息子にして対偶神のアッティスもかぶっている。ある説では、ミダースもまたキュベレの息子といわれている。ヘロドトスが伝えている密儀宗教の神々カベイロイ（『歴史』巻二、五一、巻三、三七）やギリシア神話でのちに双子座にあげられたディオスクロイ兄弟もフリュギア帽をかぶっている。

さらに、ローマの解放奴隷が自由のしるしにかぶせられたのが、赤色のフリュギア帽である。中世の石工、サンキュロット（無産階級）、そして擬人化された「自由《ラ・リベルテ》」もかぶった。だからこそ、一八三〇年に勃発した七月革命を主題にした、ウジェーヌ・ドラクロア（一七九八―一八六三年）の描く「民衆を導く自由の女神」では当然のように女神はフリュギア帽をかぶっている。隷従から自由への解放の象徴がフリュギア帽であった。一方で、ローマ教皇の三重冠もフリュギア王の頭巾に由来するという。

さて、フリュギア帽の話が長くなってしまったが、ネムルト山のテラスの神像の話に戻るとしよう。

太陽神ミトラスの像

神像群が置かれたテラスに面した岩壁には、長文のギリシア語墓碑銘が刻まれていることから、神像の詳細がわかることにもなる。神々の中には、アポロン・ミトラス・ヘリオス・ヘルメース神という、四柱もの神々が習合した神の名もあげられている。光明神でもあるアポロン神は太陽神ヘリオスと前四世紀頃には習合していた。これらの神々と習合されていることからも、ミトラスは太陽神と信じられていたことがわかる。

なお、ミトラスとヘルメースとが習合された理由は、第一にペルシア人がミトラスにあてはめた惑星が水星、第二にミトラスに死後の霊魂の案内者の役割を想定したことから、これらの属性を持つのがギリシアでは「魂の導者《プシュコポムポス》」ヘルメース（第三章参照）だったからである。

1—24　**アポロン・ミトラス・ヘリオス・ヘルメース神頭部像**
前1世紀、東側の基壇

海賊たちの信仰—密儀宗教の成立

コマゲネ王国では太陽神にして、王の守護神と認識されていたミトラス神だが、一方でミトラスを祭神とする密儀宗教が、ほぼ同時代の前一世紀前半にアナトリア南東部の地中海に面したキリキア地方で認められる。前六〇年代に、ローマの将軍ポンペイウス（前一〇六—前四八年）が地中海東部で海賊退治をした。このことをプルタルコスが次のように記している。

また彼らはオリュンポスで異国風の犠牲式をとり行ない、さまざまな密教の祭祀をも行なったが、なかんずくミトラ教は、彼らが最初に輸入したもので、今の世にまで伝えられている。

（吉村忠典訳「ポンペイウス」二四『プルタルコス英雄伝』）

ここでの、オリュンポスとは、アナトリア南西部のリュキア地方の小村のことである。前一世紀前半には、アナトリアの地中海岸、特にその東部に位置したキリキア地方には海賊たちの拠点があった。多くの海賊たちの出自はヘレニズム諸王国の軍人たちであって、彼らが仕えた王国は紀元後一世紀までにはローマ帝国領に組み込まれてしまい、軍隊は散り散りになってしまう。敗残兵たちの中には身分の高い、教養のある者もいたが、アナトリア高原の盗賊や地中海東部の海賊となりはて、ローマ軍と戦った。

中でも、ポントス王国（前三世紀前半—前六四年）のミトリダテス六世（在位前一二〇—前六三年）はローマのアジア侵攻に抵抗し、しぶとく戦った。この戦いはミトリダテス戦争

（前八八—前八五、前八三—前八二、前七四—前六四年）と呼ばれ、三次にわたる長期戦だった。一時は挽回したものの、ポンペイウスの前に敗退し、ミトリダテスは自殺した。

ミトラス神と英雄神たちとの習合

キリキア地方の海賊たちがミトラス神の密儀を採用するにいたった背景として、キリキア地方の中心タルソス市ではギリシアの哲学や天文学がさかんだったことがあげられる。タルソスはゴルゴン退治で知られるギリシア神話の英雄ペルセウスを守護神にしていた。当時の天体図では、ペルセウスは後のミトラスと同様にフリュギア帽をかぶり、牡牛に向かって刀を振りかざしていた。この英雄神が、ペルシア伝来のミトラスと習合された。

一方、当時の天文学では、天界の南北軸のゆらぎ、つまり歳差《さいさ》が牡牛座から牡羊座へ移動したことで新時代の到来が祝われていた。それゆえ、ミトラスと習合されたペルセウスは牡牛を殺すことによって新時代を到来させたと信じられていた。このように、最新の天文学知識とミトラスの崇拝が結びついて、牡牛を殺すミトラスが新時代をもたらすとの、重要な教義が形成されたという。

また、ミトラス教にはフェニキア地方のティルス市

1—25　ミトリダテス6世エウパトルの肖像　前1世紀末、出土地不詳、大理石、高さ35cm、ルーヴル美術館蔵

の都市神メルカルトの祭儀も影響している。メルカルトはギリシアの英雄ヘラクレスと習合されていた。メルカルトの英雄神としての称号「不敗の神」はミトラスに引き継がれたと考えられているし、ミトラスの称号「聖なる神」も、メルカルトの称号に由来するようだ。

1—26　牡牛を殺すミトラス神
160—170年頃、マリーノ、ミトラス教神殿、フレスコ画、幅3.4m

男性信者だけのミトラス教

ミトラス教の信者は男性だけであって、家単位ではなく、個人で入信した。初期には下級の兵士や商人そして奴隷といった身分の低い者が多かったが、三、四世紀になると将校や貴族も入信し、やがてローマ皇帝の目にとまるようになった。

信者になると、厳しい試練の儀式を通過しなければならなかった。入信後は、上から父、太陽の使者、ペルシア人、獅子、兵士、花嫁、烏《からす》という奇妙な名前の七つの位階のどれかに属した。神官もいて、一般社会から隔絶された組織を守りながら、ミトラスの英雄的な行為によって殺された牡牛が豊饒と平安をもたらすようにと、祈願した。

ミトラス教はローマ帝国で広範囲に流布した。東方では、ユーフラテス河中流のドゥラ・エウロポス遺跡でミトラス神殿が発掘され、パルミラ人兵士による奉納碑文が発見されている。西方では、ローマを中心とするイタリア中北部、イギリス、ライン河およびドナウ河流域などに碑文をふくむ史料が多く残っている。

元来、敵方の神であったミトラス神がなぜローマ帝国中に広がっていったか、この理由は完全に説明されてはいない。二、三世紀のローマ軍兵士の中には、辺境地帯に駐留している間にミトラス教の信者になるものがかなりいた。ミトラスの神性を表す称号の中で最も広く用いられたのは、「不敗の太陽《ソル・インウィクトゥス》」で、軍人好みの表現である。この神の図像は弓と短剣によって武装し、神聖な狩猟をしている。

信者が集まる神殿の奥は、洞窟が利用されていた初期の伝統に則って、半地下式で、小規模である。奥室正面には牡牛を殺すミトラスの浮彫、あるいは壁画がある。ミトラスはフリュギア帽をかぶり、イラン風装束の若神・英雄神の姿であった。

1—27　**太陽神と烏**　3世紀、カプア、ミトラス教神殿、フレスコ画

二柱の太陽神と牛屠りの儀式

元来、イランでは牡牛を犠牲にしていたが、ゾロアスターによる宗教改革で、牡牛の供犠は禁じられた。だが、ミトラス教の神殿では豊饒を主題とした、牛屠《ほふ》りの儀式がおこなわれている。

ミトラス教の密儀では、祭神ミトラスと太陽神ソルとが併存し、ソルには「不敗の」を意味する形容詞がつけられていた。二柱の太陽神が存在した上で、両者は密儀の神話では対立と協調という相互関係にあった。ミトラスの密儀は祭神ミトラスが太陽神だから、太陽信仰の一種ともいえるが、ミトラスが牡牛を殺す行為はミトラスとソル二柱の太陽神の物語に組み込まれていたにちがいないという。

ミトラスの密儀の中心は神の牛殺しであった。このこととミトラスおよびソルとの関係については、神話そして教義があったようで、今では失われてしまった。おそらく二柱の太陽神をめぐる物語の一環として、牛殺しの奇蹟が設定されていたらしい。

異教禁止令により消滅

ローマ帝国のミトラス神はいったん民間の密儀の神になった。ところが、再び支配者つまりローマ皇帝が祀る神の地位も獲得することになる。三〇七年には、すでに引退していたディオクレティアヌス（在位二八四—三〇五年）がかつての共同統治者らとともに、「帝国の恩恵者たる不敗の太陽神ミトラスに」と記した石製大型祭壇を奉献するほどの勢力をのばしたこともあった。

だが、間もなく三一三年にキリスト教を公認する「ミラノ勅令」が出されると、その後ミトラス教は衰えはじめ、テオドシウス一世（在位三七九—三九五年）が三九一—三九二年に一連の立法によって、異教禁止令を出すにおよんで、ミトラス教は五世紀初頭までは存続したものの、その後姿を消してしまった。

地母神信仰の衣替え

ミトラス教は、男性的要素に覆われた宗教であったが、その下層には地母神信仰（次章参照）が秘められていたとミトラス教の研究者小川英雄は考察している。小川説を要約すると次のようになる。

ミトラスの密儀はヘレニズム時代末期の地中海アジアにおいて、当時のヘレニズム化した地母神信仰をもとにして形成された。ローマは家父長制の強い社会で、宗教の面でも男性的父権的要素が強くなり、地母神信仰はその下に埋もれるか、本来の性格を脱して一神教的方向に向かうことになった。こうした現象はミトラス教の密儀においても見られるようになる。

ミトラス教は地母神信仰の衣替えした姿であり、地母神が自らを男性中心の宗教へと、また男性英雄神へと変形させるというできごとは前一世紀前半に起こった。祭神をイラン系男神にしたのは、ローマと海賊という男性中心社会からの求めに応じてのことで、歴史的にはアナトリアやシリアにはアケメネス朝時代からゾロアスター教の神々が伝わっていて、宗教形式においても、ミトラス神などの力を無視できなかったからである。古代オリエント世界の地母神信仰はミトラス教という父権化した宗教の中で存続していた。新たに創造されたミトラス教の基礎は豊饒であって、女性的特性はミトラス教のさまざまな部分に見てとれる。たとえば、信者の位階「花嫁」の名称は聖婚の儀式の残存である。また、位階「兵士」は本物の兵士の真似事ではなく、生と死とを同時に人々にもたらす荒ぶる地母神の血なまぐさい闘争者であった。また、ミトラスが岩から誕生し、牛屠りをふくむ他の諸特徴は、すべてが男性的宗教に衣替えされた後でさえも、ミトラス教の下層に存続した女性的要素である。

さらに、小川英雄は次のように結論している。古代オリエントの宗教は父権的宗教の国教化をもっておわり、東方ではゾロアスター教とイスラーム教が、西方ではキリスト教とユダヤ教が生き残った。これらの宗教の中で、「母性」、すなわち地母神的要素は民間信仰のレベルで残った。他方、ミトラスの密儀は中心的な図像などから豊饒崇拝を拭い去れず、滅び去った。

ミトラス教と伎楽面

ローマで姿を消したはずのミトラス教が、思いがけない形で東アジアに現れた。「奈良大仏」といわれる、東大寺の本尊、毘盧遮那仏《びるしゃなぶつ》は、天平勝宝四年（七五二年）にインド人僧菩《ぼ》提僊那《だいせんな》を導師として開眼された。開眼供養には伎楽《ぎがく》が演じられた。伎楽の演者がかぶる伎楽面の種類とミトラス教の信者の位階が一致することから、伎楽のミトラス教起源説を小川英雄が提唱した。伎楽面は能面のように顔面のみにかけるのではなく、頭からすっぽりかぶる形で、二三種あるが、以下の七つのグループに整理されるという。カッコ内は対応するミトラス教の信者の位階である。

呉公《ごこう》面・太孤父《たいこふ》面・婆羅門《ばらもん》面グループ（父）、治道《ちどう》面（太陽の使者）、酔胡王《すいこおう》面グループ（ペルシア人）、獅子《しし》面グループ（獅子）、金剛《こんごう》面（兵士）、呉女《ごじょ》面（花嫁）、迦楼羅《かるら》面（烏）

はるか西方、ローマ帝国で一時期流布したミトラス教だが、異教禁止令が出されたことで、迫害にあったのであろう。ローマ帝国内で信仰を守れなくなった一部の信者が東アジア世界に逃れ、中国南部の呉《ご》に到達したようだ。ここで伎楽に結びついたのであろう。『日本書紀』推古天皇（在位五九二―六二八年）二〇年（六一二年）に、帰化した百済人味摩《みま》之《し》が呉で学んだ伎楽を伝えたと記されている。伎楽が伝わったことは記されているものの、ミトラス教との関連についてはなにも記されていない。

第二章

地母神が支配する世界

クババ女神浮彫像

クババ女神像の肩から下は破損しているが、完全ならばかなり大きかったであろう。女神は前面に1本の角が突起し、ヴェールがたれた丈の高いポロス（山高帽）をかぶっている。ポロスは2つのロゼット文と円形で飾られていて、ロゼット文はイナンナ女神の象徴である。右手にはざくろを持っている。

カルケミシュ市出土、前9世紀、玄武岩、高さ82cm、アナトリア文明博物館蔵

◎本章に登場する主な神々

アナーヒター女神　元来河を本体とする水神で、ゾロアスター教の女神
アルテミス女神　ギリシア起源の女神は「百獣の女王」と呼ばれ、エフェソス市で祀られた女神は地母神
オシリス神　エジプトで最重要視された神。穀物神。対偶神はイシス女神
イシス女神　オシリス神の対偶神。オシリスの玉座を神格化
イナンナ女神　シュメルの地母神。ウルク市の都市神（アッカド語ではイシュタル）
クババ女神　メソポタミア北部、シリア北部およびヒッタイトで祀られていた地母神
キュベレ女神　クババ女神のこと。フリュギアやローマで祀られた
ドゥムジ神　イナンナ女神の対偶神で、死んで復活する神（アッカド語ではタンムズ）
ニンギルス神　ラガシュ市の都市神。対偶神はバウ女神
ニンフルサグ女神　シュメルの地母神
マルドゥク神　バビロニアの最高神

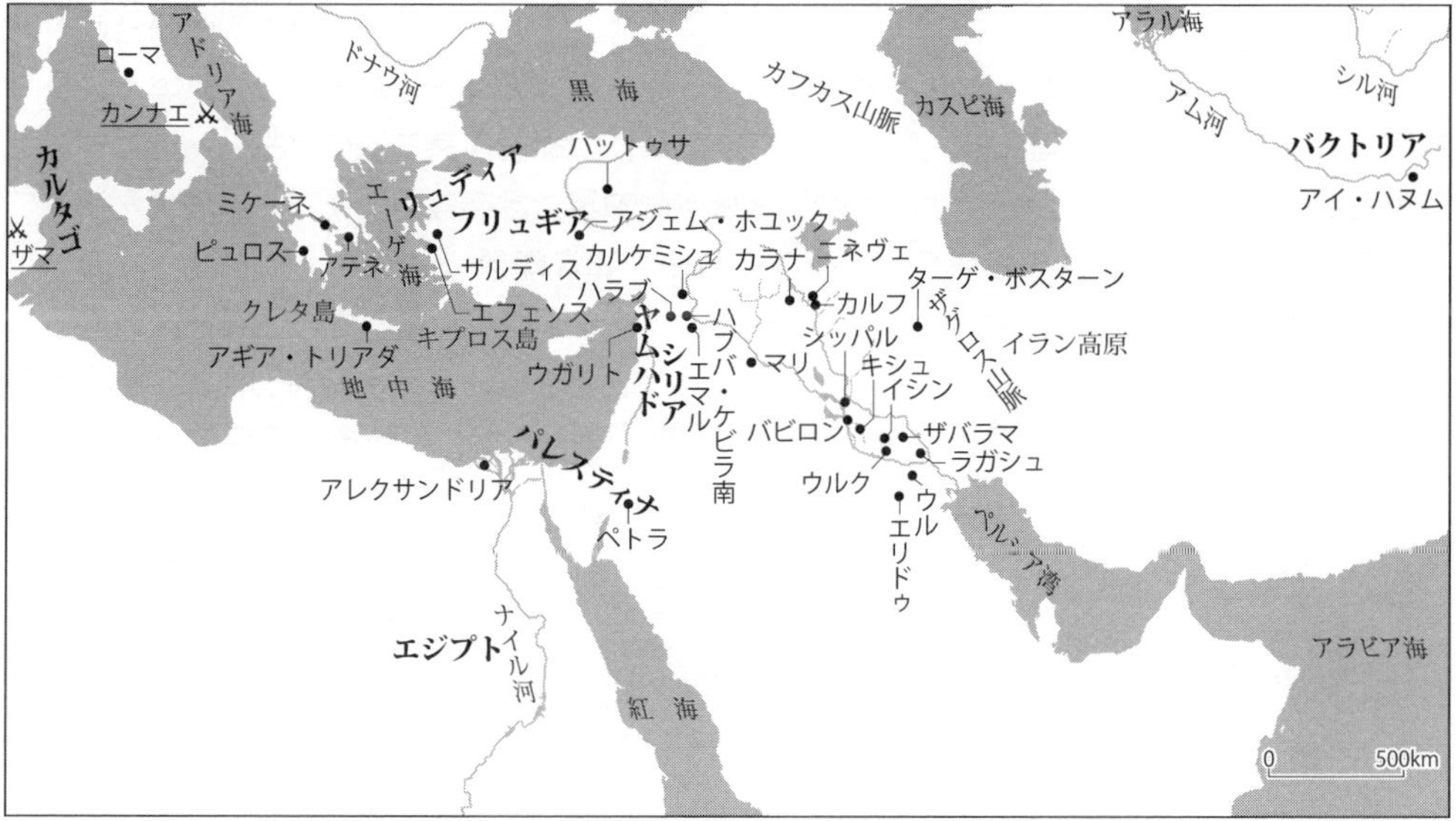
ローマ
アドリア海
カンナエ
カルタゴ
ザマ
ドナウ河
黒海
ハットゥサ
カフカス山脈
カスピ海
アラル海
アム河
シル河
バクトリア
アイ・ハヌム
リュディア
ミケーネ
エーゲ海
フリュギア
アジェム・ホユック
ピュロス
アテネ
サルディス
カルケミシュ
カラナ
ニネヴェ
ターゲ・ボスターン
ハラブ
カルフ
ザグロス山脈
イラン高原
クレタ島
エフェソス
ヤムハド
ハブバ・ケビラ南
キプロス島
シッパル
アギア・トリアダ
ウガリト
エマル
マリ
キシュ
イシン
地中海
シリア
バビロン
ザバラマ
ラガシュ
ウルク
ウル
エリドゥ
アレクサンドリア
パレスティナ
メ
ペトラ
ペルシア湾
ナイル河
エジプト
紅海
アラビア海
0
500km

1　地母神とは

零落した地母神

昔話の「足柄山《あしがらやま》の金太郎（坂田金時《さかたのきんとき》）」の母は山姥《やまんば》であるという。山姥は地母神の零落した姿ともいわれ、妖怪であった。

山姥と金太郎を主題に繰り返し描いたのが、美人画で名高い浮世絵師喜多川歌麿《きたがわうたまろ》（一七五三／四―一八〇六年）である。歌麿は母と子のふれあいという普遍的な主題を取り上げたというが、歌麿描く母と息子は性的な関係をうかがわせるような印象がある。実はこの印象は誤解ではなく、正しい。山姥は零落した姿ともいわれるが、地母神であって、大地の豊饒性、生命力を神格化した地母神の対偶神は、その多くは植物を象徴する若い男神、つまり夫、愛人そして息子になる。

日本の地母神といえば、対偶神の伊邪那岐《いざなぎ》（伊弉諾とも表記）とともに国生み、神生みをはたした伊邪那美《いざなみ》（伊弉冉とも表記）の名があげられるが、典型的に発達した地母神とはいいがたい。

ひるがえって、古代オリエント世界では地母神信仰が大いに発達していた。本章では地母神について見ていこう。

地母神の三つの属性

古代オリエント世界で中心となったのは灌漑農耕社会であって、豊饒神でもある地母神とその対偶神（第三章参照）が広く、長く祀られていた。地母神を単に多数の子を産み育てる母神と解釈すると、かなりちがっている。歴史時代の地母神には三つの属性、つまり処女性、愛欲および戦闘が見られ、これらの特徴をもう少し細かく説明すると次のようになる。

第一に、年ごとの恵みを発する母胎は清純であるべきだから、処女神である。

第二に、生命力付与の原動力だから、性欲の支配者で、聖婚、聖娼《せいしょう》、新年祭をともなう婚姻儀礼の主人公でもある。

第三に、戦闘、憎悪および暴力の発動の中で、善悪を超越した存在となる。それというのも、自然界の衰退に対する母性の本能的怒りが現れるからという。女神とともに、人間も動物も山野をかけめぐり、英語でオージーあるいはギリシア語でオルギアと呼ばれる儀礼的な行為がおこなわれた。具体的には暴飲、狂喜、乱舞をともなう集団の激しい興奮、陶酔、忘我の状態や闘争儀礼の中で、生命力の回復を求める。

こうした三つの属性の背後に、先史時代に遡る母性の生命力付与に対する信仰が存在し、心理的に見れば、愛と清純と死という、男性を駆りたてる最も根源的な女性的要素の宗教的表現が地母神ということになる。

現在の西アジア世界は七世紀以降、イスラーム教を信じる世界へと大きく変容し、神々ことに女神の存在する世界ではなくなった。しかし、古代オリエント世界では先史時代から地母神を中心に、さまざまな属性の、ことに豊饒を司る女神たちが祀られていた。

まず、古代オリエント世界を代表する大地母神イナンナから見ていくとしよう。

2 処女なるイナンナ女神

ニンたちの世界

都市文明が成立したウルク文化期における最古のシュメル・パンテオンは、シュメル語で「女神」「女主人」「女王」などの意味を持つニンたちによって支配されていたという。以下のような仮説が出されている。

この時期には、都市の理念上の支配者つまり都市神は女神たちであった。イナンナだけでなく、誕生女神ニンフルサグ、ニントゥおよびガトゥムドゥグ、穀物の女神ニサバとニンスド、家畜の女神ニンスン、魚と水鳥の女神ナンシェ、および死を司る女神エレシュキガルなどである。

これらの女神たちの夫が、最古のパンテオンの最高神エンキであった。エンキは元来男性の生殖力の神格化であって、真水と創造的知性を司る神でもあった。エンキや女神たちの下に、天空神アン、月神ナンナおよび太陽神ウトゥの三柱の天体の神が随っていた。ところが、時が経つにつれ、男神の重要性が増し、新しい世代の神々が興った。ニンウルタ神、ニンギルス神、シャラ神などで、これら新世代の神々は通常は戦闘神で、主要な女神たちの息子でもあった。

これは魅力的な説で、こうした説を前提にして、ニンを名前にふくむ男神についても、次のような説が出されている。シュメルの神々で、神名にエン（「主人」の意味）がつけば、エンリル（「主人・風」の意味）のように男神にちがいないが、ニンがついても必ずしも女神とは限らない。たとえば、本書で扱うニンギルス、ニンウルタ、ニンアズおよびニンギシュジダは、いずれも男神である。

男神でありながら、ニンが名前にふくまれている神々については、都市神だった女神が、時代が進むにつれて男神に取って代わられ、その際に女神の名前だけを残したのではないかと推測されている。

ニンギルスだったバウ女神

たとえば、ニンギルス神とは、「(ラガシュ市の)ギルス地区の(女)主人」の意味である。だが、本来のラガシュの都市神はニンギルスの対偶神バウ(ババともいう)女神で、バウこそがニンギルスつまり「ギルス地区の女主人」であったとも考えられる。バウ ^{d}ba-u$_{2}$ の名はババとも読める。それというのも、楔形文字は漢字と同様に一つの文字が複数の音価を持つことから、ウ U$_{2}$ はウ u$_{2}$ とも、バ ba$_{6}$ とも読め、近年はバウと読む方が有力になっている。

たしかに前二四世紀頃の「バウ女神の祭」では祖先供養がおこなわれ、その供物の数量が都市神ニンギルスの祭よりも多く、盛大であったようだ。こうしたことからもラガシュ市の本来の都市神はバウであったかもしれない。

また、ニンギルスは前二四五〇年頃の「エアンナトゥム王の戦勝碑」(通称「禿鷹の碑」)や「グデア王の円筒印章」ではひげをはやし、男神として表現されている。だが、「グデア王の碑」(第三章扉図参照)でライオンを随えている大神の姿はかなり欠損しているが、おそらくニンギルスである。序章で話したように、ネコ科の動物と地母神が結びつくことから、ライオンを随えていることは、ニンギルスが女神であったことの名残かもしれない。

バウはニンギルスとの間に二柱の息子と七柱の娘をもうけた。『シュメル神殿讃歌集』では矛盾するものの、「処女」「すべての国々の母」とバウは詠われていて、これらは前で話したように地母神の属性である。

また、バウは雨の神でもあり、その象徴は農具の一つ、箕《み》であって、農業神ニンギルスにふさわしい対偶神であった。

2—1　**バウ女神か**　グデア王の碑断片、前22世紀中頃、ギルス地区出土、石灰岩、高さ19cm、ルーヴル美術館蔵

2—2　**戦うニンギルス神**　「エアンナトゥム王の戦勝碑」断片、神の右手にメース、左手にアンズー鳥が握られている。前2450年頃、ギルス地区出土、石灰岩、ルーヴル美術館蔵

イナンナ女神とは

バウ女神はもっぱらラガシュ市で祀られていた女神だが、一方イナンナ女神は祭祀の中心はウルク市であったものの、広く他の都市でも祀られていた。

イナンナはすでにウルク文化期には祀られていて、古代メソポタミア史を通じて広く受け入れられた大女神である。イナンナとは、ニンアンナつまり「天の女主人」が本来の名前ともいわれている。ニンアンナが訛《なま》って、イナンナ、インニン、ニンともいわれた。アッカド語ではイシュタル女神である。天空を司るアン神の娘のこともあるが、前章で話したように、月神ナンナの娘で、太陽神ウトゥは兄にあたり、天にあってひときわあかるく輝く金星（明星）の女神である。

イナンナは「処女イナンナ女神」としばしば記されていて、ほぼ子神を持たない。多数の女神と習合したので、女神を指す普通名詞としてイシュタルの呼称が使われたりもしている。

イナンナの属性は豊饒神にして、戦闘神であり、後者には当然戦勝が期待されていた。

「ウルク出土の大杯」に見られる豊饒儀礼

イナンナ女神神殿での豊饒儀礼を浮彫で表したのが「ウルク出土の大杯」で、イラクのみならず人類文明の至宝ともいわれる。二〇〇三年四月、イラク戦争の最終局面で、首都バグダード市が陥落するや、イラク国立博物館から約一万五〇〇〇点もの収蔵品が掠奪された。この時「ウルク出土の大杯」も姿を消したが、幸いにもその後発見された。

ウルク遺跡の中心、エアンナ地区の宝庫から発見されたので、「ウルク出土の大杯」と呼ばれている。ウルク文化期に雪花石膏《アラバスター》で作られ、高さが約一・〇五メートルある。発見時にすでに壊れた部分を銅の板金で補修してあって、大切にされていたようだ。

大杯の細長い胴部には、三段の帯状に浮彫が施されている。最下段には、水の流れ、つまり河と大麦などの植物とその上には羊の群れが配置されている。中段では裸体の神官たちが籠や壺を捧げ持って行列している。そして最上段には、欠損した箇所があり、足先、衣服の裾および従者が持つ長い帯の部分が残っていることから、ここにおそらくウルクの王の姿が刻まれていたにちがいない。

王の前には裸体の神官が立ち、相対する女性については女神説と女神官説がある。頭部が欠損していて、かぶりものがよくわからない。角のある冠ならば神を表す。後代になるが、たとえば豊饒の女神ならばなつめやしの房、あるいは流水の壺を持つ。だが、手にはなにも持たず、鼻に手を置く祈りの仕草をしていることから、おそらく女神官であろう。

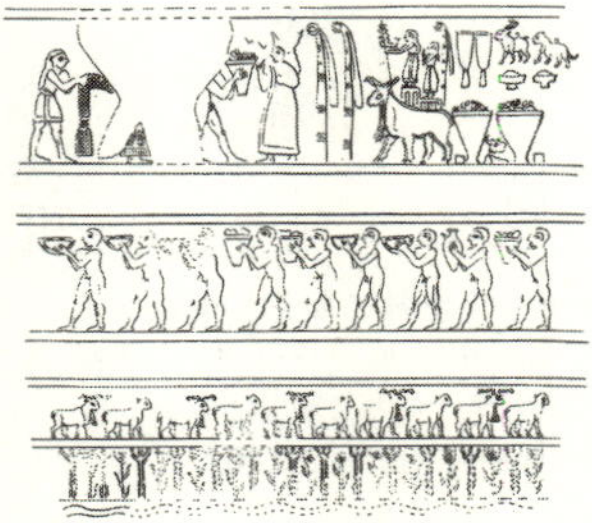

2—3　ウルク出土の大杯　ウルク出土、雪花石膏、高さ約1.05m、イラク博物館蔵

葦束の象徴

女神官の背後には、イナンナ女神を象徴する、上に輪と吹き流しがついた葦束一対が立てられている。この葦束の絵がイナンナを表す絵文字そして表語文字のもとになったことか

ら、葦束で女神を表した可能性もある。

　葦束の後方はイナンナの神殿内部である。二重の線で、二頭の羊が表されている。羊の背に置かれた台上に二人の人物が刻まれている。葦束を背後にした後方の人物は合掌している。前方の人物は何かを手に持っているが、一説によれば古い時代の文字、エン（主人）を持っているともいう。後代には神は動物の上にのって表されることから、神であることを示す角のある冠をかぶっていないものの、二人の人物は神あるいは神像を表すかもしれないが、まちがいなくイナンナ女神像とはいいきれない。

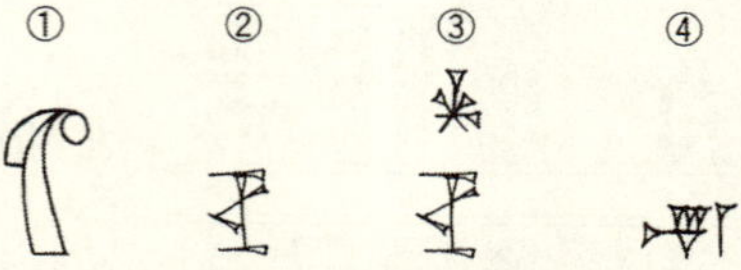

2―4　イナンナ女神の象徴の葦束　①古拙文字、②前2400年頃の楔形文字、③神を示す限定詞をつけるとイナンナ女神を表す、④②の前1000年紀の楔形文字

失われた大杯の図像

最上段の神殿内部の図に見られるように、大杯は元来一対であった。複数の円筒印章の図柄にも「ウルク出土の大杯」と思しき容器が認められ、やはり一対である。一対であったとすると、現在は失われてしまった別の大杯には、どのような浮彫の図像が刻まれていたかが気になるところである。

　ウルク市の王がイナンナを祀っている理由は、豊饒と戦勝を願ってのことになる。イナンナの属性は豊饒と戦闘である。後代になるが、ウル王墓（前二六〇〇年頃）から出土した「ウルのスタンダード」両面にモザイクで表現されているのは、王の二大責務、豊饒と戦勝である。具体的にいうと、神々を正しく祀ることで豊饒を招き、民衆が飢えないようにし、戦争に際しては敵に勝って、民衆を守ることである。現代ならば、経済的繁栄と安全保障にあたり、為政者の努めるべきことは古代から現代にいたるまであまり変わらない。

となると、失われた別の大杯に想定される浮彫は戦闘の場面、ことに戦闘を司るイナンナの加護によるところの戦勝の場面が刻まれていたのではないだろうか。

なつめやしの房を手にする豊饒の女神

現時点で、最古のイナンナ女神の図像はウルナンシェ王（前二五〇〇年頃）の石碑に刻まれた、鮮明とはいいがたい浮彫の座像である。

イナンナと推測される理由の第一は、石碑がラガシュ市のラガシュ地区から発見されていることで、同地区にはイナンナを祀ったイブガル神殿が建てられている。

理由の第二は、頭には神であることを示す角のある冠をかぶって、正面を向いていることである。イナンナ／イシュタルの図像は、アッカド王朝時代以降の円筒印章の図柄に確認できるようになるが、顔はほぼ正面を向いているのである。

右手になつめやしの房を持ち、豊饒神であることが表されている。そして、この女神像とよく似た図像が同市のエンメテナ王(前二四〇〇年頃)の碑文が刻まれた容器断片に見られる。正面を向いた女神は角のある冠をかぶり、両肩から三本ずつ出ているのは、植物の茎のようだ。右手になつめやしの房が握られていて、豊饒を司るイナンナであろう。円筒印章の図柄などで、イナンナは武器を背負っていることがあり、当然戦闘神としての属性が強調されていることになる。

なつめやしの花を図案化したのが、中心から放射線状に花びらが出るロゼット文(本章扉図参照)で、これもまたイナンナの象徴で、円筒印章の図柄などに見られる。天にあっては明星、地にあってはなつめやしの花を表すという。また、すでに前章で話したように、明星(金星)を司るイナンナの象徴として、クドゥルには八芒星の金星円盤が見られる。

2―5　**イナンナ女神像**　ウルナンシェ王の碑、前2500年頃、ラガシュ地区出土、高さ91cm、石灰岩、イラク博物館蔵

2―6　**なつめやしの房を持つイナンナ女神像**　エンメテナ王の碑文が刻まれた容器断片、玄武岩、高さ25cm、ペルガモン博物館蔵

ウルク市の都市神

イナンナ女神は有力都市ウルク市の都市神であった。都市神としての役割をはたすべく、『イナンナ女神とエンキ神』神話では、シュメル最古の都市の一つ、エリドゥ市にあって、知恵の神エンキによって守られている「メ」を、イナンナがウルクへ巧妙に、しかも勇敢に持ち帰る話が語られている。「メ」とは、シュメル人が考えていた、世界秩序の根源となる律法を指す。

長い歴史を持つウルクが、最も繁栄したのは、その名前にちなんだウルク文化期であった。活発な交易活動は広範囲におよび、ウルクは交易活動を円滑にするために複数の植民都市まで持っていた。その一例が、メソポタミアの交通の大動脈ユーフラテス河が南東へ流れを変える湾曲点の西側に築かれた植民都市ハブバ・ケビラ南遺跡（現在はダム建設により水没）で、ここを拠点にして、アマヌス山脈の木材やタウルス山脈の銀などがウルクに送られていた。

このようなウルクの人々の活発な活動とともに、歴史時代のオリエント世界の地母神の典型、イナンナにまつわる神話や儀礼が各地に伝えられていったとも推測される。だからこそ、各地にイナンナと属性を共有する、イナンナの末裔《まつえい》とでもいうべき女神たちが祀られることになったのだろう。

『シュメル神殿讃歌集』に詠われているイナンナ女神

イナンナ女神とイシュタル女神は本来別々の神であったが、アッカド王朝時代に習合されたという。アッカド王朝の王たちはこの女神をあつく祀り、女神の地位を高めたようだ。「下の海」ペルシア湾から「上の海」地中海までのアッカド王朝の支配領域の拡大とともに、イシュタル女神祭祀が流布していったことはありうることである。

イナンナの神殿は各地にあったが、アッカド王朝時代初期に編纂された『シュメル神殿讃歌集』では、ウルク市、ザバラマ市およびアッカド市にあった三神殿が詠われている。それぞれで女神の属性の中のある面が、例えば、ウルク市のエアンナ神殿に祀られているイナンナは、誘惑と性欲の女神、ザバラマでは金星の女神、そしてアッカド市にあったエウルマシュ神殿に祀られているイナンナは戦闘の女神であることが強調されている。

イナンナはアッカド王朝時代にも豊饒神でもあったことはいうまでもない。ナラム・シン王の傲慢さが、シュメル・アッカドの最高神エンリルの怒りをかい、アッカド王朝が滅ぼされたとする、前二〇〇〇年頃のシュメル語文学作品『アッカド市への呪い』の中では、「当時、彼女（イナンナ）はアッカドのエンメル小麦用の倉庫を黄金で満たし、白いエンメル小麦用の倉庫を（略）銀、銅、鉛そしてラピス・ラズリの塊で満たし、その穀物のサイロの外部を泥で封じた」と、アッカドの経済的な繁栄はイナンナによって招かれたものと、つまり豊饒神であることも信じられていた。

戦勝祝賀の「獅子舞い」

アッカド王朝時代の円筒印章の図柄には、女神の顔は正面を向いていて、両肩に武器を背負い、時には足下にはライオンを随えたイシュタル女神の姿が見られるようになる。地母神とネコ科の動物の結びつきについてはすでに序章で触れたが、イナンナ女神の随獣はライオンであった。

マリ遺跡から出土した、前一八世紀頃の王宮の彩色壁画では、豊饒の風景を背景にして、画面中央で、ジムリ・リム王（在位前一七七五―前一七六一年頃）がイシュタル女神から王権の象徴を伝授されている。武器を背負ったイシュタルの右足はライオンの背に置かれている。イシュタルは豊饒の女神にして、戦闘の女神であるからこそ、王が祀るにふさわしい神であることが表現されている。

後代の新アッシリア帝国時代の、カルフ市から出土した前八世紀末の浮彫には、戦闘直後におこなわれた戦勝祝賀の場面があり、ライオンの皮をかぶって、イシュタルを讃えている。また、古代西アジアの別の地域でおこなわれていたイシュタルの祭礼では、人々がライオンの皮を身につけたり、ライオンの仮面をかぶったりしたことが、文献に記されている。こうした動作が元祖「獅子舞い」であったかもしれない。

なお、動物頭の神々が祀られていた古代エジプトには、牝ライオンの頭をしたセクメト女神と猫頭のバステト女神が祀られていた。セクメトは戦争の女神で、愛と恐怖の女神バステトはセクメトと習合されている。

『イナンナ女神の冥界下り』

イナンナ女神はいくつもの神話に登場するが、慈愛に満ちた、心優しい女神とはほど遠い女主人公《ヒロイン》である。中でも、よく知られているのが『イナンナ女神の冥界下り』で、かいつま

2—7　**武器を背負うイシュタル女神**　アッカド王朝時代の円筒印章印影図

2—8　**ジムリ・リム王に王権を授与するイシュタル女神**　マリ王宮壁画部分、前18世紀、ルーヴル美術館蔵

2—9　**戦勝祝賀の場面**　前730—前727年頃、カルフ出土、高さ82cm、大英博物館蔵

んで紹介すると、次のようになる。

物語はイナンナが冥界を支配することを目論《もくろ》んだことからはじまる。イナンナは冥界へおもむくが、冥界の女主人エレシュキガル女神の逆鱗に触れ、死んでしまう。エンキ神の助力で、イナンナは復活するが、イナンナの地上への帰還は条件つきで、身代わりを冥界へ送らねばならなかった。当然のことながら、身代わりは死ぬことになる。

結局、イナンナの喪に服さずにいた夫のドゥムジ神を、激怒したイナンナが身代わりに指名する。ドゥムジは義兄にあたるウトゥ神の助力を得て逃げまわったものの、行方を知られてしまう。物語はその最後で、ドゥムジと彼の姉ゲシュティンアンナ女神が半年ずつ交互に冥界にとどまることで決着する。

2—10 **セクメト女神座像**（右） アメンヘテプ3世治世、カルナク神殿出土、閃緑岩、高さ2.13m、メトロポリタン美術館蔵

2—11 **猫の像** バステト女神の聖獣、末期王朝時代、サッコラ出土、青銅、宝石、銀の象嵌、耳と鼻輪に黄金、高さ42cm、大英博物館蔵

このような話が前二〇〇〇年紀前半に、シュメル語で四〇〇行を超える長い物語に仕立てあげられた。写本によって物語の内容に若干のちがいがあるが、長く広い範囲で伝えられていた。イナンナの行為を自然界に置き換えれば、人々の倉庫に食物の貯えがなくなってしまう時期、つまり晩冬に豊饒の女神イナ

ンナは死に、それをエンキが「生命の草」と「生命の水」で復活させるとも説明できるという。

2—12　**冥界のイシュタル女神**　姉妹で冥界の女王エレシュキガル女神の可能性もある。鳥の翼をつけ、鳥の足をして、2頭のライオンの上に乗り、ふくろうを随えている。古バビロニア時代、素焼き粘土の額、高さ約49cm、大英博物館蔵

2—13　**裸女像**

『イナンナ女神の冥界下り』は人気のある物語だったことから、『ドゥムジ神の夢』『ドゥムジ神とゲシュティンアンナ女神』などの関連の物語も創作された。イナンナ／イシュタル女神は大女神で、王が祀る神であったが、民衆にも人気があったようだ。先史時代から裸女像はあるが、メソポタミアでは前二〇〇〇年を過ぎた頃からの、正面を向いた裸女の粘土像が多数発見されていて、性愛の女神としてのイシュタルのようだ。具体的な用途は不明だが、民衆に人気があったらしく、大量生産されていたと考えられる。

イナンナ女神とドゥムジ神の聖婚儀礼

『イナンナ女神の冥界下り』に見られるように、イナンナ女神の対偶神はドゥムジ神で、両

神の聖婚儀礼については時期や意図について諸説ある。

初期王朝時代には、都市国家で、都市神とその対偶神との間での聖婚儀礼がおこなわれていた。ラガシュ市ならば、ニンギルス神とバウ女神との婚礼で、前二二世紀半ばのグデア王の像碑文Eには「元旦にバウ女神の祭におこなうべき結納である」として、グデア王からのバウ女神への多数の供物が列挙されている。

イナンナには高位の女神官が、一方ドゥムジには人間の王が扮しての交合、つまり聖婚儀礼は、ウル第三王朝からイシン第一王朝（前二〇一七―前一七九四年頃）にかけておこなわれた。聖婚儀礼は王の即位と関連があったともいわれ、植物、動物そして人間の豊饒と多産を祈念したと考えられている。

前一〇〇〇年紀の新アッシリア帝国および新バビロニア王国では、たとえばバビロン市ならばマルドゥク神と対偶神ツァルパニトゥム女神との間においての象徴的儀式であった。しかも、神像を使用し、寝台も用意されて、神の婚礼がおこなわれた。

2―14　ニンギルス神の膝に腰かけるバウ女神　おそらく聖婚の表現、ギルス地区出土、奉納額断片

イナンナ女神の末裔たち

イナンナ／イシュタル女神と同一の属性を持つ、時に

は習合された末裔とでもいうべき女神たちが古代オリエント世界には多数祀られていた。

前章でエジプトへ旅したシャウシュガ女神像について紹介したが、シャウシュガはフリ系の愛欲と戦争の女神で、ニネヴェ市で祀られていた。アッシリアでイシュタル女神と習合し、イシュタルを意味する表語文字（図2―4③）でしばしばシャウシュガは表された。

また、イシュタルはシリア北部ではイシュハラ女神やアシュタルト女神と習合されることがあった。古代ギリシアの愛と美の女神、アプロディテ女神は比較神話学的にはイシュタルとほぼ同一の神格ともいわれている。

さらに、アプロディテやエジプトのイシス女神などと習合し、金星を司り、農業神にして戦闘神と信じられていたのが、アル・ウッザー女神（終章扉図参照）で、元来は岩石やアカシアの木を神体とするアラビア半島起源の女神である。アラブ系のナバテア王国（前二世紀頃―後一〇六年）の首都ペトラ（ヨルダン南西部の遺跡）でもアル・ウッザーは祀られていた。

かすかに残るアナーヒターー女神

イシュタル女神はメソポタミアの東方、イラン高原に定住したペルシア人が祀った女神とも習合している。長く移動生活をしていたペルシア人には神像を祀る習慣はなかった。だが、前で話したように、アケメネス朝のアルタクセルクセス二世は、アナーヒター女神の神殿を建立し、女神像を祀った。アナーヒターはアルドウィー・スーラー・アナーヒターと称され、その意味は「湿潤にして強力かつ汚れなき者」の意味であって、河を本体とする水神である。水神にして、豊饒神である他に、イシュタルの影響を大いに受け、戦闘神にして、金星としても祀られていた。また、同王治世にアナーヒター信仰は西方へ拡大し、サルディス市で祀られていたことが確認されている。

アナーヒター信仰は「ジャーヒリーヤ（アラビア語で「無明」の意味）時代」つまりイスラーム化する以前のサーサーン朝時代まで続き、サーサーン朝時代のアナーヒターの図像がターゲ・ボスターン大洞に残っている。イスラーム化以後にもアナーヒターの名残は見られ、ナーヒードの呼称で、金星を指している。

2—15 「ノウルーズ」の飾り

さらに、アナーヒターの名残は「ノウルーズ」の祝祭に見られる。現在のイランは国名イラン・イスラーム共和国が表すように、イスラーム教を国教とする国だが、春分の日を元旦とするイラン暦（太陽暦）が今でも使われている。元来はゾロアスター教の祝祭であった「ノウルーズ」はペルシア語で「新しい日」の意味で、春分の日およびそれに続く数日が祝われている。「ノウルーズ」の飾りはホテルでもしつらえられ、観光客も見ることができる。テーブルの上には、現在はイスラーム教を国教としていることから『コーラン』が置かれ、鏡、芽を出した麦、彩色した卵などとともに、赤い金魚の泳ぐ金魚鉢も置かれている。この金魚はアナーヒター女神の象徴であるともいう。

なお、インド世界の河の神、サラスヴァティー女神はアナーヒター女神と同起源で、仏教の弁財天につながるという。だからこそ、弁財天は水辺に祀られているのである。

玉座の神格化イシス女神

メソポタミアのイナンナ女神のような強力な地母神は、エジプトでは発達しなかったようだ。エジプトでは多数の女神が祀られていたが、オシリス神の妹にして妻で、ホルス神の母になるイシス女神の名がまずあげられるだろう。

イシスは「オシリス神話」（一七五頁参照）では、良妻賢母として描かれているが、そのはじまりは地母神ではない。イシスの名は古王国時代（前二六八二―前二一九一年）まで遡ることができ、元来「座」「場所」を意味するエジプト語の普通名詞で、オシリスが腰掛ける玉座が神格化されたともいう。だから、イシスは玉座を頭上にのせた姿で表現されている。

エジプトでも神々の習合がよく見られ、イシスは新王国時代（前一五五〇頃―前一〇七〇年頃）以降に、「偉大な牝牛」として牛の姿をとることもあるハトホル女神と習合されている。

ローマで祀られたイシス女神

エジプトの衰退とともに多数の神々が消え去ったが、女性としての普遍性を十分に示しているイシス女神に対する信仰は生き残った。ヘレニズム世界やローマ世界へと引き継がれ、広がっていった。ヘロドトスはイシスをギリシアの穀物を司るデメテル女神と習合している(『歴史』巻二、五九)。また、母イシスが幼いホルスを膝に乗せている姿が彫像、壁画に頻繁に表されていたが、こうした姿は後代の聖母マリアと幼子イエスの姿に重なる。

アレクサンドリアで船乗りたちが守護神としていたことで、イシスはローマへもたらされ、ヘレニズム化されたオシリス神である対偶神セラピスとともに祀られた。

ローマ帝政期の文学者アープレーイユス(一二三年頃—没年不詳)作の伝奇小説『黄金《おうごん》の

2—16 頭上に玉座をのせたイシス女神 ホレムヘブ王墓壁画

2—17 牝牛の角と日輪をいただくハトホル女神 ホレムヘブ王墓壁画

驢馬《ろば》』は、魔術でロバに変えられた主人公ルキウスがさまざまな人間の手にわたって苦難を経験するも、最後にイシスによって救済される話である。

この中で、イシス自らが各地で、ミネルウァ、ウェヌス、プロセルピナ、ユーノーと、異なる名で呼ばれていると語っていて、つまりさまざまな女神たちと習合しているのである。そして、「最も古い人類の種族プリュギア人は私を神々の母ペシヌンティアと呼び」（呉茂一・国原吉之助訳『黄金の驢馬』）と記されていて、このペシヌンティア女神こそが次節で話すキュベレ女神である。

2—18　**悲しみのデメテル女神**（右）

2—19　**ホルス神に授乳するイシス女神**　頭上の角の日輪からハトホル女神と習合したイシス、青銅製、ルーヴル美術館蔵

2—20　**イシス女神像**（右）　女神官説もあり。右手にはイシスの持物（アトリビュート）シストラムを持つ。2世紀、ハドリアヌス帝の大別荘出土、カピトリーノ美術館蔵

2—21　**セラピス神頭部像**　頭上に穀物計量用の枡をのせている。2世紀、大英博物館蔵

3　クバウ女王、クババ女神そしてキュベレ女神

唯一人のクバウ女王

『シュメル王朝表』は初期王朝時代の各王朝名、王朝に属す王名およびその治世年数などを列挙している。ウル第三王朝時代に編纂され、後にイシン第一王朝がつけ加えられた。天から下った王権が都市を次から次へと移っていく。各都市では、個々の王名と治世年数および合計の王の数と治世年数が列挙されている。王たちは男性だが、唯一の例外がキシュ第三王朝のクバウ女王で、次のように書かれている。

キシュ市で、「ぶどう酒の婦人」クバウ、キシュ市の基礎を固めた者がルガルとなり、一〇〇年支配した。

一王が一〇〇年支配した。

キシュ市は武器で討たれた。その王権はアクシャク市に運ばれた。

「ルガル」はシュメル語で「王」を意味する称号で、支配者の妻つまり后妃の称号は「ニ

ン」がしばしば使われていて、「ニン」を「女王」と訳すこともある。ところが、クバウは女性ながらも「ニン」ではなく、「ルガル」を称した唯一の人物で、厳密には「クバウ王」と訳すべきところだが、女性なのでクバウ女王と訳している。

さて、『シュメル王朝表』ではクバウ女王一代でキシュ第三王朝はおわって、王権はアクシャク市に移り、六王が九九年支配したが、武器で討たれた。そして、その後に王権はキシュに戻ってくる。これがキシュ第四王朝で、「キシュ市で、クバウの子プズル・シンが王になり、二五年支配した。プズル・シンの子ウルザババが四〇〇年支配した」と書かれている。クバウの子、プズル・シン王がまず支配した。母から息子への王位継承になる。プズル・シンの父親、つまりクバウの夫についてはまったくふれられていない。プズル・シンの後はその子、ウルザババ王が王位を継承した。クバウの孫にあたるウルザババにサルゴンは「酒杯官」として仕え、やがて独立し、アッカド王朝を興すことになる。

ぶどう酒の婦人

クバウとは、シュメル語で「バウ女神の銀（の輝きなり）」の意味とも考えられていて、バウについてはすでに述べた。

クバウ女王は「ぶどう酒の婦人」と書かれている。シュメル語でぶどう酒を意味するクルンの語が使われていて、クルンはシュメル語のある辞書に「甘口の赤ぶどう酒」と出ている。ぶどう酒には「強い」「あまい」「二級」「牡牛の目の色」そしておそらく最高級品であるだろう「王の飲み物」など、さまざまな種類があった。

シュメル地方では大麦がよく実ることから、酒といえばぶどう酒よりも、ビールであった。また、なつめやしがよく実るので、なつめやし酒もあった。一方で、シュメルはぶどうの栽培には適さない土地で、初期王朝時代末期ラガシュ市のウルイニムギナ王（前二三四〇年頃）の王碑文には、「彼（ウルイニムギナ）は彼（ニンギルス神）のために、ぶどう酒醸造所を建て、そこに山からぶどう酒がはいったかめをいれた」と書かれていて、ぶどう酒は山岳地方から持ってこられている。

伝説に生きるクバウ女王

クバウ女王は直訳すれば「ぶどう酒の婦人」と説明されているが、この呼称は「居酒屋の女将《おかみ》」あるいは「酌婦」とも訳されている。『ハンムラビ「法典」』第一〇八―一一一条は居酒屋ないしは居酒屋の女将について扱っているが、具体的にあげられている酒はビールである。また、標準版『ギルガメシュ叙事詩』第一〇書板に登場するシドゥリも「酌婦」と呼ばれている。シドゥリには神を示す限定詞がついていて、ある神名表ではイシュタル女神と同

―と記されている。

現時点ではクババ女王の実在を証明する王碑文や円筒印章などの一等史料はない。『シュメル王朝表』によれば、クババの孫にあたるウルザババ王の代にサルゴン王が登場することから、仮にクババが実在したとすると前二四世紀のはじめ頃になるだろう。だが、クババ女王が実在したか否かよりも、むしろ注目すべきはクババ女王の伝説が広まっていたことである。

『エサギル年代記』のクババ女王

クババ女王の名前は『エサギル年代記』(『ワイドナー年代記』ともいう)にも見られる。この作品は実在したバビロン第一王朝アピル・シン王(在位前一八三〇―前一八一三年頃)にあてた、イシン第一王朝のダミク・イリシュ王(在位前一八一六―前一七九四年頃)が書いた手紙の形式になっている。バビロン市のエサギル神殿に祀られているマルドゥク神を軽んじたことから、数多くの王たちが不幸に見舞われたことが書かれていて、クババがやはり女性でただ一人登場している。前三〇〇〇年紀に実在したナラム・シン王やシュルギ王(前二〇九四―前二〇四七年頃)などの名前があげられているが、登場する王たちすべての実在は証明されていないし、第四章で扱うが、前三〇〇〇年紀にはバビロンもマルドゥクも有力ではなかった。

また、アッカド語で書かれた「占卜文書」には、「異常な出産で生まれた子が男女両方の生殖器を持っていたら、それは国を支配したクバウの予兆である」、つまりその両性具有の子が生まれた王の国は荒廃するとの占いの卦《け》である。これは後代の人たちがクバウの孫ウルザババ王がサルゴン王に王権を簒奪された話を知っていたことを意味するだろう。

クバウ女王の伝説は『シュメル王朝表』が編纂されていた頃、つまり前三〇〇〇年紀末にはかなり流布していたと思われる。

カルケミシュ市のクババ女神

前二〇〇〇年を過ぎると、クババ女神を史料から確認できる。一説には、クバウ女王の伝説が広い地域に流布していて、メソポタミア北部やシリア北部のフルリ人の居住地域でヘバト女神（図序―11下）と習合した。ヘバトはヘパトともいい、フリ人やヒッタイト人が祀っていた女神で、ハラブ市の都市神であった。

ハラブを首都としていた大国ヤムハド国（はじまりは不詳―前一五九五年頃）の宗主権下にあったのが、前一八世紀頃のカルケミシュ市である。カルケミシュはユーフラテス河中流に位置し、近代のカルケミシュはベルリン、イスタンブルそしてバグダードを結ぶバグダード鉄道がユーフラテス河をわたる戦略上重要な地点であったが、古代においても軍事、交易の要衝の地であった。

カルケミシュの名は前二四世紀頃の「エブラ文書」にすでに見られ、「カミシュ神の港」の意味で、元来は名祖《なおや》となったカミシュ神がおそらく都市神として祀られていたはずである。ところが、都市神に祀られた時期は特定できないものの、前一八世紀にはクババが都市神として祀られている。

クバウ女王とクババ女神を結ぶ接点は

クババ ^{d}*ku-ba-ba* 女神はクバウ（クババ）ku_3-^{d}ba-u_2 女王と楔形文字の綴《つづ》りはちがうが、音が同じである。漢字と同様に、楔形文字には同音異字が複数あって、宛字《あてじ》を使うことも可能である。だから、文字がちがっていることだけを理由に、別の神とは断定できないのである。

現時点で、クバウ女王とクババ女神とを直接結びつけるような証拠はない。だが、両者をまったく無関係と断定してしまうこともためらわれる。楔形文字が書かれた粘土板を史料とする古代オリエント研究の総称をアッシリア学というが、この分野で最も権威ある事典『アッシリア学事典』第六巻（一九八〇―八三年）も「クババ女神」の項目で、現時点では結びつかないと断りながらもクバウ女王についてふれている。

なお、クババの語源については諸説あり、たとえば、アナトリア起源の女神と考えると、クババの語根は立方体を意味するクベないしはクバで、英語のキューブに対応する。アナトリアでは隕石や立方体の石が神体として祀られていたという。

クバウ女神を都市神に祀っていたカルケミシュ市のぶどう酒はバビロニア地方へも輸出された。前一七〇〇年頃の商人の手紙によれば、カルケミシュからユーフラテス河を下ってシッパル市にいたり、ここからバビロン市などに運ばれていた。ぶどう酒を醸造していたカルケミシュは、先進文明地帯バビロニア地方とはぶどう酒の交易を通して結ばれていたことになる。行き交うのはぶどう酒だけではなかったはずである。他でもない「ぶどう酒の婦人」クバウ女王の話がカルケミシュに伝えられた可能性は否定できないと思う。

クババ女神の広がり

カルケミシュ市を前一七七〇年頃に支配していたのがアプラハンダ王である。この王の名は、アッシリア王家出身でマリ王となったヤスマハ・アッドゥ（在位前一七九六—前一七七六年頃）とその後のジムリ・リム王治世に属す「マリ文書」に見え、アプラハンダ王が上物のぶどう酒をヤスマハ・アッドゥ王に提供したことがわかっている。

アプラハンダはマリ市やバビロニア方面だけでなく、アナトリア方面とも交易関係を結ん

2—22　マトルンナ王女の円筒印章印影図　赤鉄鋼、高さ2.4cm、メトロポリタン美術館蔵

でいて、この関係を物語るアプラハンダの印章印影図がアナトリア中央部のアジェム・ホユック遺跡から出土している。アジェム・ホユックは古代都市ブルシュハンダ市とも推測され、同市にもアッシリア商人の居留区カールムが置かれていた。

また、アプラハンダの娘マトルンナ王女の円筒印章がウガリト遺跡から出土している。古バビロニア時代に流行していた棍棒を持つ王と嘆願の女神が向かいあう図柄で、アッカド語で「マトルンナ、アプラハンダの娘、クババ女神の端女《はしため》」と書かれている。クババはカルケミシュの都市神であったから、王女は謙遜して端女と称している。

前二〇〇〇年紀のはじめには、クババはカルケミシュ以外でも知られていて、古アッシリア時代の文書が「クババ女神のクムリム神官」に言及し、アララク市でもクババが知られていた。

ところで、前一三世紀頃のマリの墓やメソポタミア北部のカラナ市の神殿から、彩釉フリット（珪石《けいせき》を多く含んでいる粘土）製の女性の頭部を表現した、装飾品と考えられる「仮面」が発見されていて、この「仮面」は豊饒女神の顔を表しており、中でもクババ女神信仰と結びつけている研究者もいる。

「仮面」はメソポタミア南部から東方はエラム、西方はパレスティナおよびキプロス島まで と、広範囲に分布していて、器量望みの女性目当てに神殿で販売あるいは貸し出したかもしれないという。

ヒッタイト新王国のカルケミシュ市支配

アプラハンダ王の時代から約四〇〇年後、前一四世紀になるとカルケミシュ市はヒッタイト新王国のスッピルリウマ一世に征服される。

スッピルリウマ一世はシリアの諸都市を見張るために息子ピヤッシリをカルケミシュの王に送り込んだ。ピヤッシリ王にはじまる王朝のイニ・テシュブ王（前一三世紀中頃）の印章印影が、ウガリト市ならびにエマル市から出土した粘土板文書に見られ、「イニ・テシュブ、カルケミシュ市の王、クババ女神の下僕《しもべ》、サフルナワの息子、シャルリ・クシュフの孫、偉大な王にしてハッティ国の王である英雄スッピルリウマの曽孫」と書かれている。イ

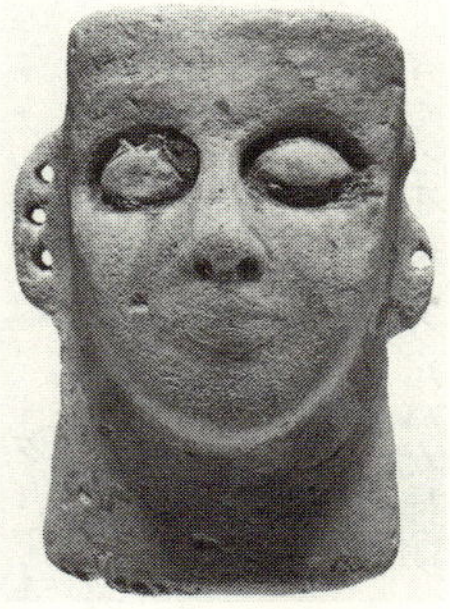

2—23　装飾品の「仮面」　女性被葬者の胸に置かれていた。前13—前12世紀頃、マリ出土、高さ 9 cm、ルーヴル美術館蔵

2—24　イニ・テシュブ王の円筒印章印影図

ニ・テシュブはヒッタイト本国との縁続きを強調したかったようだが、カルケミシュの王であるから都市神クババの下僕と記している。カルケミシュは前一二〇〇年頃に「海の民」の攻撃で滅亡した。その後は新ヒッタイト（後期ヒッタイトともいう）（前一二〇〇―前七〇〇年頃）に支配された。

ざくろを持つクババ女神像

新ヒッタイト時代にも、クババ女神は祀られていて、浮彫像（本章扉図）が作られていた。同時代の別のクババ女神浮彫像もカルケミシュから出土していて、アナトリア文明博物館に展示されている。すでに紹介したように、ライオンはイナンナ／イシュタル女神の随獣であった。女神は高い背もたれのある椅子に腰かけ、その椅子はライオンの背にのっている。女神は長いヴェールのたれたポロスをかぶっていて、ポロスにはロゼット文が見える。ロゼット文はイナンナの象徴である。右手に鏡、左手にざくろを持っている。鏡は魔術を象徴するとも、あるいは運命の女神であることを表すともいう。

ざくろは種子が多いことから、一般に豊饒の象徴である。仏教では子供と安産の守り神鬼《き》子母神《しもじん》像が、多産と豊饒の象徴である吉祥果ざくろを持つ。ギリシア神話では春の女神プロセルピナの象徴となり、さらにキリスト教ではイエスの復活の象徴となった。

クババ女神からキュベレ女神へ

少し時間を前に戻すが、前述のカルケミシュ市滅亡以前に、クババ女神はアナトリアで確認できる。つまり、新王国時代のヒッタイトにクババはすでに出現していた。ヒッタイトの都ハットゥサ市から出土した「ボアズキョイ文書」の中に、神々への供物奉献の記録があって、クババの名前が見える。ただし、ヒッタイト人はクババを祀ってはいたが、高位の女神の扱いではなかった。

ところが、前一二〇〇年頃にヒッタイト新王国が滅亡した後の時代に、クババの祭儀はアナトリアで拡大していった。そして、クババはフリュギア王国においてキュベレ女神へと変容したのである。

2―25　**ライオンの上の玉座に座るクババ女神**　玄武岩、アナトリア文明博物館蔵

キュベレの名前は楔形文字で書かれた史料には見られず、ギリシア語、ラテン語の史料に見られる。ローマで崇拝された「大母神《マグナ・マーテル》」とはキュベレのことである。また、キュベレはアナトリアでは「山の母神《メーテール・オレイア》」として、山に祀られたりした。

フリュギア王国時代のクババ＝キュベレ女神の石像がハットゥサ遺跡で、ヒッタイト時代より新しい地層から出土している。この女神像は頭にかぶっているポロスなどからカルケミシュ出土のクババ女神像と、そして縁《へり》が折り込まれたスカートなどからギリシア彫刻との関連、つまり東西の影響が見てとれる。女神の左手はざくろではなく、りんごを持っている。両脇に随えられた少年たちは楽師で、右側の少年は笛を吹き、左側の少年は竪琴《たてごと》を奏でている。

なお、ヘロドトスはかつてのリュディア王国（前七世紀―前五四六年）の首都サルディス市内にあった土地の氏神キュベベの神殿が焼き討ちされたこと（『歴史』巻五、一〇二）にふれていて、キュベベとはキュベレのことで、こちらの方がリュディア語の発音に近いという。

2―26　**ハットゥサ遺跡出土クババ＝キュベレ女神像**　前6世紀中頃、石灰岩、高さ126cm

きっかけはポエニ戦争

キュベレ女神はアナトリアにとどまってはいなかった。ギリシアへはいって、レア女神と習合された。レアは神々の大母神といわれ、オリンポス一二神の最高神ゼウスの母神である。

さらに西方、ローマ世界に迎えられることになるが、そのきっかけはポエニ戦争（前二六四—前二四一、前二一八—前二〇一、前一四九—前一四六年）であった。

ポエニ戦争は地中海世界の覇権をめぐっての、ローマとカルタゴの三次にわたる激しい戦争である。中でも第二次ポエニ戦争（前二一八—前二〇一年）は、獅子奮迅の働きをしたカルタゴの将軍ハンニバル（前二四七—前一八三年）の名をとって、一名「ハンニバル戦争」ともいわれている。戦史上で屈指の戦い、カンナエの戦い（前二一六年）で、ローマはハンニバル率いるカルタゴ軍に大敗した。なんと、約八万のローマ軍が半数のカルタゴ軍によって包囲、殲滅《せんめつ》されたのである。

ローマ人は大敗の原因を祀るべき神への信仰を怠った故ではないかと、当時霊験あらたかと信じられていた巫女《ふじょ》シビュラに伺いをたてたところ、祀るべきはキュベレとの託宣があった。そこで、前二〇四年に、キュベレの神体の聖石、黒い隕石がペルガモン王国内にあった総本山ペッシヌスからローマの外港オスティアに到着し、大歓迎を受けた。ローマの中心街パラティヌスの丘に安置され、今も祭礼の跡が残っている。

女神の到着後、ローマ軍は反撃に転じ、ハンニバルはアフリカへ追われ、やがてザマの戦い（前二〇二年）で、ローマは大勝する。となれば、キュベレの加護ということになるであろう。なんといっても、キュベレの祖型イナンナは戦闘（戦勝）の女神である。

ローマへ勧請されたキュベレ女神

キュベレ女神像がローマに持ち込まれたのは四月一二日で、この日は祭日として毎年、ローマから遠くないテヴェレ河支流のアルモン河の流れで、神々の母ベレキュンティア（ペシヌンティアともいう。キュベレの別名）像を浄める祭があった。

その起源は不明だが、二世紀から牡牛と牡羊との儀式的殺害をともなう血腥《ちなまぐさ》い儀式がおこなわれるようになった。殺害された獣の血を浴びることで、信者は二〇年間神聖な人生を送ると信じられ、この期間が過ぎれば、同じことを繰り返すことになる。

キュベレがローマに勧請されてから約五〇〇年後、ローマは三八〇年にキリスト教を国教

2—27 **レア女神** 翼を持ち、ライオンを随えている、前7世紀のメリテーの陶器

2—28 **キュベレ女神を祝う行列** キュベレのローマ到着を祝い、毎年等身大の女神像が台に乗せられ行列した。1世紀、アボンダンツァ通りの壁画、ポンペイ

とし、次いで三九一―三九二年に、一連の立法によって異教禁止令が出される。教父アウグスティヌス（三五四―四三〇年）は『神の国』の中で、「神々の母キュベレの祭りがあって、そのさいに美しい青年のアッティスはこの女神によって愛され、女性の嫉妬のために去勢され、そしてガルリとよばれる去勢された人々の不幸によっても嘆き悲しまれる」（服部英次郎訳）と、キュベレを卑猥《ひわい》と罵《ののし》っている。

息子で、恋人アッティス神

アウグスティヌスの非難のように、キュベレ女神にまつわる恋愛はみだらな印象を受ける。キュベレ女神の対偶神は同格ではなく、格下である。息子のアッティス神で、恋人としてフリュギア王国やリュディア王国の時代から現れる。伝説によれば、両性具有神アグディスティス（キュベレのこと）の切り取られた生殖器の血から木が育った。その木の実がナナ王女を妊娠させ、王女はアッティスを出産したが、捨ててしまう。長じて美青年となったアッティスはキュベレと恋をするも、やがて破局する。狂乱したアッティスは自宮（自分で去勢）し、死んでしまった。あとになってアッティスは復活したとも、松の木に変容したともいうが、ア

2―29　牡牛の儀式的殺害

ッティスの死は乾季の不毛を、キュベレとの恋愛は豊饒を象徴しているという。

クババ＝キュベレ女神は東方からアナトリアへやって来たが、アナトリア西部サルディス市では三柱のアルテミス女神が祀られていた。

2―30　キュベレ女神とアッティス神　バティカン丘、フリュギア神殿の祭壇

三柱のアルテミス女神

第一は、ギリシア起源の古く、野生的なアルテミス女神である。アルテミスの名前はミケーネ文明時代の「ピュロス文書」に見られ、ポトニア・テーローン（「百獣の女王」の意味）としてギリシアの壺絵などに表現されているアルテミスは簡素な衣服に弓矢を携えた、処女と純潔の守り神にふさわしい姿をしている。ギリシアからアナトリアへわたり、リュディア王国で祀られていた。

本来のアルテミス神殿は、前七〇〇年頃にキュベレ女神の神域に建てられ、小さかった。女神たちの地位の逆転は前四〇〇年頃の奉献浮彫に見られ、ライオンを抱いたキュベレよりも、鹿を抱いたアルテミスの方が大きく表現されていて、像の大きさに女神の地位が反映されている。

第二は、エフェソス市から勧請され、サルディスで祀られていたアルテミス女神である。

数学者で旅行家のフィロン（前三世紀—前二世紀頃）が「世界七不思議」の一つにあげたエフェソスのアルテミス女神神殿はヘレニズム時代に拡張された神殿である。

エフェソスのアルテミスは豊穣を司る地母神で、エフェソス博物館には「大きいアルテミス女神像」と「美しいアルテミス女神像」の、名高い二体の像が展示されている。ともに下半身はライオン、牡牛、山羊などの頭で飾られ、胸にはぶどうの房のような多数の球体があり、一説にはこれらは乳房とも、別の説では人間あるいは犠牲獣の睾丸《こうがん》であるともいう。いずれにしても、かなり奇怪な姿をしていることになる。現在、これらの女神のレプリカ小像は観光土産として売られ、人気があるようだ。

2—31　**アルテミス女神**　女神の水浴を垣間見たアクタイオン殺害の場面

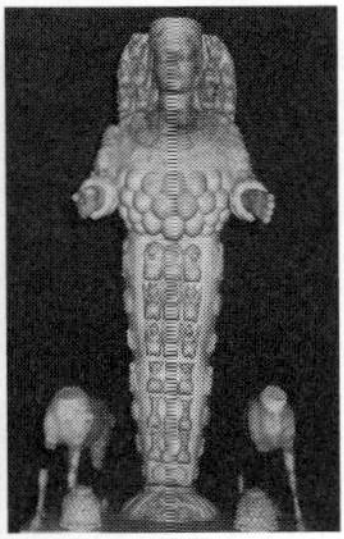

2—32　**大きいアルテミス女神像**（左）　1世紀、エフェソス出土、大理石、高さ292cm、エフェソス博物館蔵

2—33　**美しいアルテミス女神像**　2世紀、エフェソス出土、大理石、高さ174cm、エフェソス博物館蔵

第三が、コロエのアルテミス女神で、サルディス郊外のコロエ湖（ギュゲス湖ともいう。『歴史』巻一、九三）にアルテミスの神域があった。これに隣接してリュディア王国時代の王墓があることから、このアルテミスは墓守の女神とも推測されている。

コンバボス物語

さて、話はキュベレ女神とアッティス神の神話に戻るが、おそらくこの神話が反映されたであろう、次のような伝承がある。セレウコス朝初代セレウコス一世（在位前三〇五―前二八一年頃）の後妻ストラトニケ后妃に皇太子、つまり先妻の息子アンティオコス一世（在位前二八一―前二六一年）が恋慕し、結局王は后妃を息子に譲って退位したという。

この醜聞《スキャンダル》に先立ち、ストラトニケ后妃には別の恋愛沙汰があった。その名前がキュベレあるいはギルガメシュに退治されたフンババに由来しているともいわれるコンバボスとの物語で、コンバボスは清潔な美青年として登場する。コンバボスにまつわる物語をローマ帝国最盛期、五賢帝時代（九六―一八〇年）の文人ルキアノス（一二〇―一八〇年頃）が『シリアの女神について』の中で、次のように伝えている。

夢でヘラ女神のお告げを受けたストラトニケは、王命によって美青年のコンバボスをともなって聖地におもむき、神殿の再建に着手した。やがてストラトニケはコンバボスへの恋情を抑えがたくなるも、このことが王の耳に達してしまう。激怒した王によってコンバボスは処刑されることになるが、コンバボスは聖地におもむく前に、自宮し、性器を容れ物に納めて封じておいたので、疑いを晴らすことができた。

その後、コンバボスは神殿を完成し、そこにとどまった。コンバボスの友人たちも彼をなぐさめ、不幸を共有するために、自宮して神殿に仕えた。ルキアノスの時代にもこれが習慣として残り、毎年多くの者が自宮して女装の神官となっているという。

濡れ衣を着せられることを予見して先手を打つという奇妙な物語である。去勢した神官たちはキュベレの神官たち「ガッロス」（「雄鶏《おんどり》」の意味、複数形ガッロイ）に他ならないし、容れ物へ性器を納めることはキュベレの儀式でも見られた。恋多きストラトニケはそもそも地母神の反映であるとも、またコンバボスとストラトニケの物語にはキュベレとアッティスの神話が反映されているともいう。

去勢は儀式としての「王殺し」あるいは「高位の神官殺し」の代用であった。元来キュベレには息子で恋人である、王あるいは高位の神官がいて、彼らは殺されていたようだが、後代には殺される代わりに男性器を切り取られた。男性器が持つ生殖能力はそれが落とされた大地を豊饒にすると信じられていたという。

玄奘が聞いた奇妙な話

セレウコス朝は西アジアほぼ全域を支配したが、同朝から独立した東方のグレコ・バクトリア王国（前三世紀半ば—前一二〇年代）の都市遺跡アイ・ハヌム（アフガニスタン北東部）から、金箔を貼った銀製メダイヨン（大型のメダル）が発見されていて、二頭の牡ライオンにひかせた二輪車上に立っているキュベレが表されていた。キュベレは西方ローマ帝国のみならず、はるか東方バクトリアまで確実に伝わっていたのである。

さらに時間が過ぎて、ルキアノスが伝えるコンバボスの物語と似た話が、約五〇〇年後の西域で流布していた。玄奘三蔵《げんじょうさんぞう》（六〇〇／六〇二—六六四年）が屈支《くちゃ》（亀茲）で長老たちに聞いた奇妙な話を『大唐西域記』巻一・六の中で、次のように伝えている。

屈支の王が遠方にある仏陀の聖跡を参拝しようと思い立ち、弟に後事を託した。兄王の命

2—34　**ガッロス（去勢神官）浮彫**　2世紀中頃、アッピア街道出土、カピトリーノ美術館蔵

2—35　**キュベレ女神円盤**
前3世紀、アイ・ハヌム出土、銀、鍍金、径25cm、ライオンにひかせた二輪車上のキュベレ女神。車を御しているのはニケ女神。上空には太陽神ヘリオスと三日月、星、向かい側の祭壇では神官が儀式をおこなっている

令を受けるや、弟は男根を切り落とし、金の函《はこ》にいれ封じて王に献上しておいた。はたせるかな讒言《ざんげん》があったものの、弟は潔白を証明できた。やがて去勢されようとした五〇〇頭の牛を助けた慈善により、弟の男根は回復する。王は奇特なことだと思い、伽藍《がらん》を建てて美事を表彰し、美談を後の世に伝えた。

このように、玄奘が聞いた話では、女神はまったく消し去られ、抹香《まっこう》臭い話に仕立て直されている。

古代オリエント世界では地母神が祀られていたが、地母神の対偶神は力強い男神ではなく、若く弱い男神であって、その多くは植物神だが、この神については次章で扱う。

第一章で紹介したように、地母神信仰はローマ帝国で異教禁止令が出され、その後消滅していく。だが、地母神の属性でもあった豊饒を招く儀礼は残ったことを次節で話そう。

4　ブランコ奇譚

奇妙なテラコッタ像

長い時間が過ぎていく中で、異教の神々はいつの間にか忘れ去られたものの、信仰としてでなく、儀礼だけは楽しさの故か、風俗習慣として残っていることもある。こうした儀礼の一つでブランコが使われ、農耕社会を伝播していった。

話の発端になるのはマリ遺跡の第六次発掘（一九三八年）で、前三〇〇〇年紀中頃まで遡る、シュメル起源の地母神ニンフルサグ神殿第三層から、奇妙なテラコッタ（素焼き粘土）小像が出土したことである。高い背もたれのある椅子に座った小像で、頭部は欠損していたが、着衣から女性像と思われ、椅子には二つの穴が貫通していた。小像を発掘したフランスの考古学者アンドレ・パロ（一九〇一―八〇年）は椅子の穴にひもを通し、壁にぶら下げてみた。小像は「ゆさぶられる」ように設定されていて、豊饒女神ニンフルサグの聖域でのブランコを使った、季節的な古い豊饒儀礼と関係があるとパロは推論した。

それというのも、マリではカプタルの名で知られ、交流があったクレタ島からブランコに座った小像が出土していたことや、ギリシア本土にもブランコを使った儀礼があったことをパロは知っていたからである。

ブランコに乗る女性小像

クレタ島のイラクリオン博物館には、島内のクノッソス宮殿などから出土したミノア文明（前三〇〇〇―前一二〇〇年頃）の遺物が多数展示されている。「ファイストスの円盤」「パリの女」など、よく知られた展示物には見学者が集まっている。だが、この博物館に展示されている「ブランコに乗る女性小像」は前一六世紀頃の作品で、アギア・トリアダ遺跡から出土しているが、興味を持つ人が少ないようで、どこにあるかと探さないとなかなか見つからない。

小像の頭部は欠損しているが、座板に座った女性像で、素材は粘土である。像の両端に柱が立っていて、柱の上には鳥がとまっている。彩色されていて、柱には褐色の縞模様が残っていて、柱から下げられた紐でブランコをつるしている。ブランコは子供の遊具ではなく、宗教儀礼で使われていて、クレタ島だけでなく、ギリシア本土にもあったことが陶器に描かれた絵から知られている。

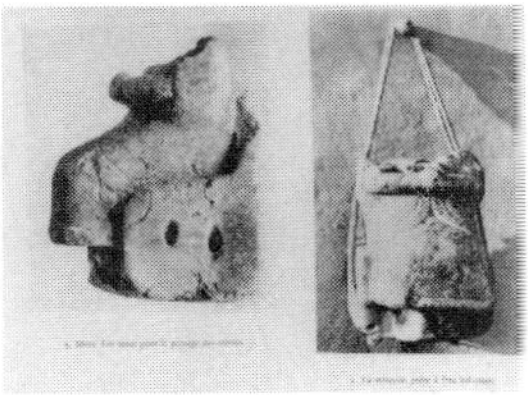

2—36　マリ出土小像

2—37　ブランコに乗る女性小像

ブランコの画家

ブランコが描かれたいくつかのギリシア陶器が残っていて、中でも「ブランコの画家」の名前で呼ばれる画家の作品は、一点はボストン美術館に、別の一点はルーヴル美術館にある。

ルーヴル美術館収蔵の黒像式アンフォラ（二つ把手のある壺）画面中央に「ブランコに座った女性」が描かれている。女性の前後には儀式ばった様子の二人の男性が立ち、ブランコの下には大人を小さくした姿で描かれている奴隷の子が、両手で座板の下に出ている棒の一本をつかむ仕草をしている。ブランコを押しているのか、それとも止めているのかは意見が分かれるところだが、補助の役を担っていた。

女性がブランコに座ったのは「アンテステーリア祭（花月の祭）」での、豊饒儀礼の一環であった。

「アンテステーリア祭」

「アンテステーリア祭」は早春（現代の二月か三月頃）に催された祭で、歴史家トゥーキュディデース（前四五五以前―前四〇〇年頃）は『戦史』の中で、「ディオニューソスの社ではアンテステーリオンの十二日にもっとも由緒の古いディオニューソス祭が祝われる」（久保正彰訳『戦史』巻二、一五）といっている。

また、「アンテステーリア祭」については、イギリスのギリシア古典学者ジェーン・E・ハリソン（一八五〇―一九二八年）が『古代芸術と祭式』の中で、この祭を祖先の亡霊《ケーレス》が春の種子の世話をすることを期待しての三日間にわたる豊饒余祝行事と語っている。我が国の盆の行事に相当するだろう。

初日は、「かめ開き《ピトイギア》」と呼ばれ、新しいぶどう酒のかめの口が開かれ、新酒が豊饒のダイモン（ギリシアの神霊、低位の神、ローマではゲニウス）に奉献された。この日に亡霊が帰って来て三日間市中を徘徊《はいかい》すると考えられていた。

二日目は、「杯乾し《コーエス》」で、酒の飲み競べをした。

三日目は、「壺《キトローイ》」といわれ、亡霊たちが立ち去る前には饗応《きょうおう》があって、壺に供物を入れて冥界にいるヘルメース神にも奉献した。

ハリソンの『古代芸術と祭式』では書かれていないが、この三日目に着飾った女性たちによるブランコの儀礼があって、この場面が先ほど紹介したアンフォラに描かれていた。

2—38 「アンテステーリア祭」のブランコの儀礼
黒像式アンフォラ、前520年頃、高さ42.4cm

2—39 ディオニューソス神とその分身イアッコス
赤像式陶器、前5世紀

ぶどうとブランコ

ブランコの儀礼は、人間にぶどう酒がもたらされた際の、次のような陰惨な物語に由来するという。

ぶどうと酒の神であるディオニューソス神からの贈物のために、伝説の郷士イーカリオスは酔った羊飼いたちに虐殺され、娘のエーリゴネーはアテネ市で縊死《いし》する。これがさらにアッティカ地方で自殺の連鎖を招いてしまった。そこで、この連鎖をおわらせるべく、縊死の紐と身体の動きが連想される、ブランコの儀礼がはじめられたという。

少女たちはブランコをこいで、ぶどうの豊作を祈ったのである。嫌な連想だが、首くくりの遺骸やぶどうの房が揺れる様子とブランコが重なるともいう。

なお、このギリシア神話にブランコの起源を見出したのは歴史学者の原勝郎《はらかつろう》（一八七一―一九二四年）で、「鞦韆考《しゅうせんこう》」はブランコの儀礼に死者崇拝と収穫儀礼があることを指摘し、あわせて中国、朝鮮半島そして日本におけるブランコの伝播についても論じている。

インドで続いているブランコの儀礼

一説には、ブランコはインド起源といわれている。これは理由のあることで、インドではブランコを使った複数の儀礼が古くから知られているからである。古代インドのバラモン教の神官が司る「ブレンカ儀礼」は太陽の象徴になる座板と大地の結合で、座板には女性が座る。天父、地母の「聖婚」が一年のはじまりで、農耕の開始を告げた。

ブランコそれ自体をインドでは太陽とみなしていた。女性たちがブランコにのることは「聖婚儀礼」であった。春の祭「ブランコ祭」では、神像をのせたブランコを動かす儀礼もあった。

冬至にも、『リグ・ヴェーダ』の讃歌を唱えるホートリ祭官がブランコにのって、まず地面にふれ、次に太陽に向かって高く舞いあがる。このようなブランコの儀礼によって、衰弱した太陽は大地の女神と交わり、活力が与えられると信じられていた。

2—40 インド細密画のブランコ モンスーンの中ブランコに乗る女性、パンジャーブ、18世紀後半

ロシアでもこがれたブランコ

インドに限らず、ブランコの儀礼は世界各地で見られ、南ヨーロッパのイタリアやスペインでは、冬至祭であるクリスマスに、逆に北ヨーロッパのエストニア人などは夏至にブランコにのった。

ロシアでのブランコについては、イギリスの人類学者ジェイムズ・G・フレイザー（一八五四—

一九四一年）著『金枝篇《きんしへん》』「一時的な王」で、次のように記している。

ブランコはロシアのレット人によっては、作物の成長を助けるというはっきりした意図をもって行なわれているからである。春と、復活祭と聖ヨハネの日（夏至）の間、すなわち初夏の頃、レット人農夫はみな暇さえあれば熱心にブランコをすると言われている。空に高くあがればあがるほど、亜麻はその季節によく育つからである。

（フレイザー著、永橋卓介訳『金枝篇』二）

2—41　ロシアのブランコ

ロシアでは「復活祭に太陽は遊ぶ」と伝えられている。キリスト教の祭と民衆の太陽崇拝や農耕呪術が結合し、ブランコは復活祭の時期に催された儀礼的遊戯であった。ちなみに、復活祭はキリストの復活を祝う祭典で、祭日は春分後最初の満月の後の日曜日である。

ブランコをこぐのは多くは女性で、かたわらの男性が補助をするか、見物する。ブランコにのってゆれる女性の姿がエロティックでもあって、このことが豊作を招くという類感呪術である。類感呪術とは、呪術の一種で、類似の原理にもとづいて、雨乞いのために水をふりまいたり、人を呪うのに藁人形に釘を打ち込むような呪術のことである。
同時に、戸外に出る機会が少なかった当時の女性にとっては、娯楽になっていたようだ。農耕社会の豊饒儀礼は聖と性が綯《な》い交《ま》ぜになって、時に猥雑《わいざつ》な印象を与えることがある。

「身代わり王」が眺めるブランコ

ブランコの儀礼と「身代わり王」（「一時的な王」「偽王」「モック・キング」などともいう）とが結びついた話も『金枝篇』に伝えられている。「身代わり王」とは、王に災厄が及びそうな状況に応じて、一時的に身代わりをたてることである。「身代わり王」のさまざまな例が『金枝篇』「一時的な王」に集められていて、シャム（現在のタイ）に「一時的な王」つまり「身代わり王」の制度があったという。シャムで最も寒い季節である第二月にブランコの儀礼があって、この「身代わり王」はブランコの儀礼を眺めたという。

ブラフマンたちが九十フィートもあろうという二本の棒の間にさげられたブランコに乗って、空たかく跳ね上るのを眺めている。（略）
一時的な王に委任された農作物育成の仕事は、未開社会において王たちが果たすと一般に考えられている呪術的職能の一つなのである。（略）

類感呪術あるいは模倣呪術の原理によって、祭司たちが高く揺れば揺るほど稲は丈高く成長すると考えられたであろう。
（フレイザー著、永橋卓介訳『金枝篇』二）

2—42 **バンコク市内の高いブランコ** ワットスタット寺院前の朱塗りのブランコ

九〇フィートは換算すると約二七メートルにもなり、七階ないしは八階建ての建造物の高さになる。バンコク市内の王宮近くに、修復された大ブランコの枠組みだけが現在も残っていて、本来のものよりも低いが、全高約二一メートルにもなる。落下事故が多く、ブランコにのることは禁じられたという。とにかく、高いブランコを女性ではなく、男性がこぐことで、シャムでは稲の豊作を祈願した。

キリスト教徒も、仏教徒も、農作物の豊作を自分たちの神仏に祈っているが、さらにブランコを使った儀礼、つまり呪術によって豊作をより確実にしようとした。大人が一所懸命にブランコをこぐことにあきれかえる人もあるだろうが、一方でその呪力を信じる人もいる。他者に危害を加えることはなく、娯楽をかねた呪《まじな》いである。

中国の鞦韆

ブランコを使った儀礼は東アジアでも見られる。中国では、ブランコは革部の難しい漢字を使い、鞦韆《しゅうせん》という。

中国では「一陽来復」の冬至後、一〇五日目（陰暦三月はじめ）に火を断ち煮炊きすることをせずに冷食する節日を寒食祭《かんじきさい》といい、この日に鞦韆（ブランコ）の競技があった。元来は春の太陽の甦りを促す改火習俗であるという。そして、寒食祭から二日後が清明節《せいめいせつ》にあたり、種蒔きをする。

一説によれば、春秋時代（前七七〇―前四〇三年）に斉の桓公（在位前六八五―前六四三年）が北方の異民族と戦い、その際に伝わった遊戯が鞦韆だという。六朝時代（二二〇―五八九年）になると鞦韆は女性専用のものになった。唐（六一八―九〇七年）の詩人、王維《おうい》（七〇一―七六一年）の七言律詩「寒食城東即事」では、蹴鞠《けまり》とともに鞦韆が詠われていて、この頃から詩や小説に鞦韆に乗る女性がしばしば描かれるようになる。

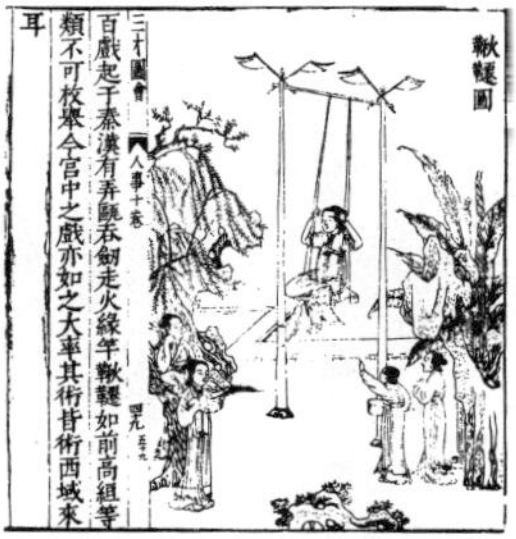

2―43　中国のブランコ
『三才図会』人事10巻の鞦韆図

春夜に詠われる鞦韆

鞦韆が詠われた漢詩で、ことに名高いのは北宋（九六〇―一一二七年）の政治家蘇軾《そしょく》（号は東坡《とうば》、一〇三六―一一〇一年）

の七言絶句である。蘇軾は文人としても名高く、我が国でもよく知られている。蘇軾の「春夜」には次のように鞦韆が詠われている。

春宵一刻直千金
花有清香月有陰
歌管楼台声細細
鞦韆院落夜沈沈

第一句「春宵一刻直千金」はあまりにも有名で、作者が誰か知らなくても、春ともなればマスメディアでよく使われている。春の宵のすばらしさは一刻《ひととき》が千金に値するほどだ。第二句は、花は清らかな香気を放ち、月はおぼろにかすんでいる。第三句は、高殿から歌声や管弦の音がかすかに響いている。そして、第四句にブランコが出てくる。人気のない中庭にはブランコがひっそり下がり、夜はしんしんとふけていく。

北宋時代に、ブランコは女性がのる遊具であった。春になって暖かくなった昼間、娘たちが衣服の裾を軽やかにひるがえしながら、にぎやかにこいでいたのだろう。昼間のにぎわいを思うと、夜の静けさが際立つことになる。
明代（一三六八―一六四四年）に書かれた作者不詳の『金瓶梅詞話』は、露骨な性描写のために禁書になったが、この中ではブランコを使った性行為が書かれている。ブランコは本来豊饒儀礼の祭具として使われたが、それだけではもったいないとばかりに人間世界の大人の楽しみとしても使われていたようである。子孫繁栄もまた人間世界に大切なことで、豊饒儀礼のブランコが使われたことはむしろ本来の主旨にかなっているともいえて、眉《まゆ》をひそめることは、大人気ないだろう。

鞦韆は春の季語

2―44　韓国の長いブランコ

東アジア文明圏の中心は古来中国であって、先進国中国から周辺国である朝鮮半島の国々や日本には中国の諸制度や習慣、たとえば律令制、漢字などが伝わっている。ブランコも例外ではない。中国の文化は我が国に伝播する際には直接伝わることもあるが、朝鮮半島を経由することもある。
朝鮮半島ではブランコは「クネ」「クネティギ」と呼ばれる。高麗時代（九一八―一三九二年）に中国から伝わり、端午の節句の行事となった。

女性はブランコをこぎ、男性は韓国相撲をとる。田植え、種蒔きが終わる五月に、山の神、地の神に祭祀をおこない、その年の豊作を祈願する一方で、端午には悪鬼や災厄を追い払う風習があって、現代まで残っているようだ。

我が国へのブランコの伝播の経路および時期は正確にはわからないが、少なくとも一二〇〇年ぐらい前には伝わっていたことは、ブランコを詠んだ漢詩からわかっている。平安時代（七九四―一一八五／一一九二年）初期の勅撰漢詩文集『経国集《けいこくしゅう》』（二〇巻、天長四年〔八二七年〕に成立）で、現在は六巻しか残っていない。この中に嵯峨《さが》天皇（在位八〇九―八二三年）と公卿で漢詩人の滋野貞主《しげののさだぬし》（七八五―八五二年）が寒食節の鞦韆を詠んだ二首が収められている。

嵯峨天皇の御製「鞦韆篇」は中国の寒食節での行事にもとづいた、各句の字数が一定していない雑言体《ざつげんたい》の長い漢詩である。冒頭の六句を次に引用する。

幽閨人　　幽閨《ゆうけい》の人、
粧梳早　　粧梳《しょうそ》すること早し。
正是寒食節　　正に是れ寒食の節、
共憐鞦韆好　　共に憐《あわ》れぶ　鞦韆の好きことを。

長縄高懸芳枝
窈窕翩翩仙客姿

長縄《ちょうじょう》高く　芳枝《ほうし》に懸け、
窈窕翩翩《ようちょうへんぺん》たり　仙客《せんかく》の姿。

奥深いねやのうちの宮女たち、朝早く顔をつくろい髪をくしけずる。
いまこそちょうど寒食のとき、ぶらんこ遊びのよい時だと誰もがみなわくわくする。
たかだかと長い縄を香ににおう花の枝にかけ、しとやかな彼女たちがひらりと飛ぶさまはまるで神女の姿のよう。

（小島憲之編『王朝漢詩選』）

美しい宮女歌姫たちがブランコ遊びをする導入部である。このあとにブランコ遊びの具体的な描写が続き、この日の夕方の様子を描写して結びとされる。ブランコ遊びの具体的な描写は、天皇自身が見たからこそ詠えたのではなかったのか。

貴族だけでなく、庶民もまたブランコを詩作に使っている。俳句では春の季語に鞦韆が分類されている。小林一茶（一七六三―一八二八年）の「ぶらんどや桜の花をもちながら」のような句もあり、ふらんどはブランコのことである。

二種類のブランコ

日本語の「ブランコ」の語源はといえば、ポルトガル語のバランソに由来したという。これには別の説もあって、日本民俗学の創始者柳田國男《やなぎたくにお》（一八七五―一九六二年）は「ブランコの話」で「ブランとさがっているからである」と「ブランコ」の語源を説明していて、新潟県の海岸寄りでは「ブラサゲ」、熊本県の南の方では「ブラサンコ」などと各地の方言を紹介している。「ブランコ」の他に、「ふらここ」「ふらんど」「ゆさわり」ともいう。

さらに、ブランコが二種類あったことを指摘していて、「これはこの遊戯の古いころの形、つなを高いところからブランとさげずに、ただ横に出た木の枝に両手をかけて、からだをゆさぶってたのしむものを、ビンゴサンゴと言っていたのがもとであった。いまでも、大きな木の多い山の村の子どもは、春の節供の日に餅を持って、山へ遊びに行って、この遊戯をしている」といっている。つまり、ここで紹介しているブランコは綱と座板があるブランコではなく、子供が木の枝につかまって、ゆさぶる素朴な遊びのことである。

また、柳田によれば、『和名抄《わみょうしょう》』（『和名類聚抄《わみょうるいじゅうしょう》』）などともいう。承平年間〔九三一―九三八年〕に成立した日本最古の意義分類体の漢和辞書・百科事典）ではブランコをユサハリ（由佐波利）といい、これに鞦韆の文字があてられていることから綱を下げたブランコのことだといっている。

ところで、日本では大正年間まで、端午の節句にブランコを浜辺の帆柱にしつらえ、女子が晴着を着てのる習慣が鹿児島県薩摩川内市では、見られたという。

「人間は遊ぶ存在である」

ユーフラテス河中流のマリ遺跡から、ユーラシア大陸の東の端日本まで、話が大きく振れてきてしまったが、元に戻すとしよう。マリ出土のテラコッタ像がブランコに座る像であるならば、この像がブランコの最古の例になる。となると、ブランコはマリの人々の発明だったかという疑問が生じる。

マリ出土のテラコッタ像が作られた時代よりも後代になるが、ウル第三王朝時代のマリ王家はウル王家と縁組を結び、先進シュメル文明を吸収していた。たとえばマリのジムリ・リム王が最初に建てたと自慢した「氷室」は、実際には約三〇〇年も前にすでにウル第三王朝のシュルギ王が建てていたようだ。ウル王家にはマリの王女が嫁いでいた。政略結婚を通じて、シュメル地方の進んだ文化がマリへ伝わっていたらしい。文化は中心から周辺へ、高い所から低い所へ伝わるのが普通である。

また、シュメル人はブランコの歴史があるインド、ことにインダス河流域をメルーハと呼び、交易関係があった。現時点ではブランコの起源、そしてその後の伝播を証明する証拠はないが、バビロニアにはいまだ発掘されていない遺跡が数多くあり、将来の発掘が楽しみである。

ブランコは元来子供の遊具ではなかった。豊饒儀礼として大人の、多くの場合は女性がこぐものであったことは、とっくに忘れ去られてしまった。

人口減少時代に転じた日本では、現代のブランコのこぎ手であるべき子供の数が減ってしまい、こがれることの少なくなったブランコが公園や学校に見られる。

「人間は遊ぶ存在である」とは、オランダの歴史家ヨハン・ホイジンガ(一八七二―一九四五年)の言葉で、祝祭と遊びの間にはきわめて親しい関係が成り立つ。

第三章

死んで復活する神々

ニンギシュジダ神浮彫像

左端に立つラガシュ市のグデア王の手を引くのがニンギシュジダ神で、グデアの個人神である。ニンギシュジダがグデアを欠損箇所に刻まれているはずのニンギルス神に執り成している場面である。

ニンギシュジダの前に立つ、杖を持つ神は、ラガシュの都市神ニンギルスの家臣シャカンシェグバル神と、またニンギルスの背後に控えるのも家臣キンダジ神と考えられる。

グデア王の碑断片（部分）、テルロー出土（?）、前22世紀中頃、石灰岩、高さ34cm、ペルガモン博物館蔵

◎本章に登場する主な神々

イエス　キリスト教の子なる神
エレシュキガル女神　シュメルの冥界の女王。ニンアズ神の母神
オシリス神　エジプトで最重要視された神。豊饒神、葬祭神
ゲシュティンアンナ女神　ニンギシュジダ神の対偶神。冥界神
セト神　オシリス神を殺害する兄弟神。天候神ともいわれる
ドゥムジ神　シュメルの、死んで復活する神（アッカド語他ではタンムズ）
ニンアズ神　シュメルの、死んで復活する神。ニンギシュジダ神の父神
ニンギシュジダ神　シュメルの、死んで復活する神
ビルガメシュ神　シュメルの冥界神、ギルガメシュともいう

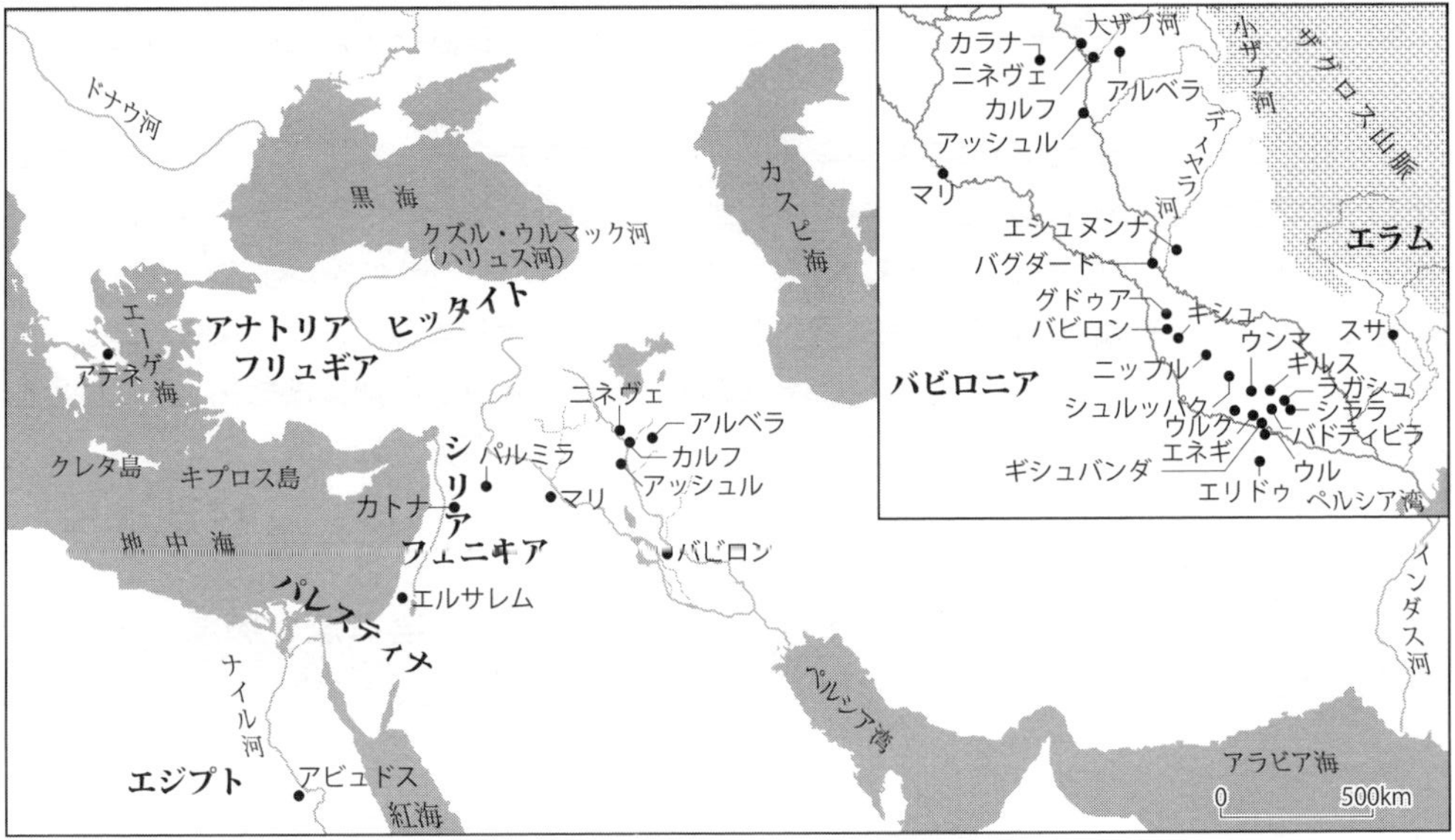
ドナウ河
黒海
クズル・ウルマック河
(ハリュス河)
カスピ海
エーゲ海
アテネ
アナトリア
フリュギア
ヒッタイト
クレタ島
キプロス島
シリア
パルミラ
カトナ
ニネヴェ
アルベラ
カルフ
アッシュル
マリ
バビロン
地中海
フェニキア
エルサレム
パレスティナ
ナイル河
エジプト
アビュドス
紅海
ペルシア湾
アラビア海
インダス河
0
500km
カラナ
ニネヴェ
大ザブ河
アルベラ
カルフ
アッシュル
小ザブ河
ザグロス山脈
ディヤラ河
マリ
エシュヌンナ
バグダード
エラム
グドゥア
キシュ
バビロン
スサ
ウンマ
ニップル
ギルス
ラガシュ
バビロニア
シュルッパク
シララ
ウルク
バドティビラ
エネギ
ギシュバンダ
ウル
エリドゥ
ペルシア湾

1　冥界と冥界神

人はなぜ死ぬか

第一章では天上界に属す太陽神について、第二章ではおもに地上で活躍する地母神たちを紹介したが、本章では冥界の神々について述べるとしよう。

この世に生まれた人間は遅かれ早かれ必ず死ぬ。医学が発達して、寿命がのびても、永遠に生きることはありえない。「人はなぜ死ぬか」「死者はどこへいくか」、こうした疑問に答えることこそ宗教が誕生した理由だろうし、科学が発達する以前はことに宗教が答えるべき重要なテーマの一つであって、古代メソポタミアでは文学作品を通して、死についての考え方を示している。

人間が死ぬことになった理由を記している『アダパ物語』の、中期バビロニア時代（前二〇〇〇年紀後半）のアッカド語写本が、第一章で話したエジプトのテル・エル・アマルナ遺跡から出土した。

物語は、エリドゥ市の伝説のアダパ王が南風の翼を折ったことではじまる。アダパは最高神アヌに呼びつけられた。そこで、常に人間に好意的なエア神がアダパに「死の水」と「死のパン」を出されるが、口にするなと忠告する。ところが、実際に出されたのは「命の水」と「命のパン」だったが、アダパはエアの忠告に従って口にしなかった。このことをもって、人間は死ぬことになったと説明されている。

死者のおもむく先

死の問題を正面から扱った作品といえば、『ギルガメシュ叙事詩』である。友人エンキドゥが死んだことで、ギルガメシュは不死を求めることになるが、得られないことを悟るにいたる。

アッカド語楔形文字を導入した古代オリエント世界の国々では、アッカド語で書かれた『ギルガメシュ叙事詩』も受容していて、エラム語、ヒッタイト語そしてフリ語に翻訳されている。また、ギルガメシュと友人エンキドゥの活躍ぶりはよく知られていたようで、円筒印章などの図柄に採用されている。当然、死について

3―1　**ギルガメシュとエンキドゥ**　武器を振りあげるギルガメシュとフワワののどに刀を突きたてるエンキドゥ。素焼き粘土の額、古バビロニア時代

の考え方にも共感していたのであろう。

一般論として、死者は生者の世界である顕界《げんかい》つまりこの世にはとどまれない。だとすればどこへいくか。答えはあの世、つまり冥界へいくことになる。理念の上で、冥界を設定することは古代人には必要であった。一般に冥界は顕界から水平方向に、あるいは垂直方向に遠く離れた所に設定されたようだ。

『ギルガメシュ叙事詩』が伝える死者が一律におもむく先の冥界は「そこでは塵が彼らの糧食、粘土が食物なのだ」（月本昭男訳『ギルガメシュ叙事詩』標準版、第七の書板、第四欄、三七行）と記されていて、陰鬱《いんうつ》な場所と信じられていた。冥界は仏教やキリスト教の地獄のような生前に犯した罪のゆえにいく場所ではなく、死者が一律にいく世界であった。

メソポタミアでは、冥界ははるか彼方で、近づきがたい所に位置すると想定されていたが、一定ではなく、時代によってちがっていた。冥界についてのシュメル語の呼称はいくつか知られている。クルはよく使われる名称で、山や外国も意味することから、沖積平野に住むシュメル人はシュメルの境界外の遠い山岳地方に冥界を位置づけていたようだ。

アッカド王朝時代になると、末期のウンマ市のルウトゥ王の王碑文で、その名前が文字どおり「冥界の女王」を意味するエレシュキガル女神を「日没する所の女王」と形容していることから、西方に冥界を位置づけていたと考えられる。

古バビロニア時代に、標準的な冥界の呼称となったキには、シュメル語で「地」「場所」の意味もあり、冥界は地面の下のどこかにありうることになった。エレシュキガルの名前に見られるキガルも、「大きな場所」すなわち「冥界」の意味になるが、この語はあまり使われていない。

ウルガルあるいはイリガル（「大きな都市」）は、冥界が都市のイメージで想像されたことを示唆するが、「墓」の意味もあり、墓地を連想させる。

冥界神ドゥムジが羊を放牧していたアラリはバドティビラとウルクの間の草地を指し、ここでドゥムジが死んだことから、冥界を意味するようになったという。

冥界と顕界との往来

死者は冥界に下ると、二度と顕界に戻ることはできず、生者と死者との間の接触は不可能だが、親族が供養をすること、具体的には食物や飲物を定期的に供えることで、死後の生活が少しはましなものになると信じられていた。

冥界に居住するのは人間の亡霊だけではなく、神々や悪霊もいる。神々と亡霊との間の接触を記した史料はほとんどない。

死んだ神々や人間が冥界におもむく『ウルナンム王の死（と冥界下り）』『ドゥムジ神の死』

『ビルガメシュ神の死』などの物語は、葬送儀礼を背景に成立したようだ。ウル第三王朝初代ウルナンム(ウルナンマともいう)王(在位前二一一二—前二〇九五年頃)の死後間もなく書かれたといわれるこうした神話によれば、人間は冥界から戻ることはできないが、神々は戻ることができた。

ただし、神々にとっては冥界と顕界との往来は、不可能ではないものの、たとえば『イナンナ女神の冥界下り』に見られるように、神々にはそれぞれ自分の領域から、他の領域には踏み込まないという原則的な禁忌《タブー》があった。原則があるということは、もちろん例外もあって、前章で書いたように、『イナンナ女神の冥界下り』では、イナンナが地上に戻るには、つまり復活するには、身代わりを差し出すことが条件であった。

祖先供養にかかわる神ビルガメシュ

冥界神だが、あとで詳しく記す植物神にして、死んで復活する神ではなく、文学作品の主人公として大活躍したのがビルガメシュ神である。ビルガメシュは祖先供養にかかわる神々に属するだろう。

ビルガメシュについては根強い実在説もあるが、現時点でその実在は証明できない。粘土板文書では終始「ビルガメシュ神」と記されている。ビルガメシュの名前の意味は、シュメル語でビルガ「祖先」「長老」「老人」、メシュ「英雄」「若者」から、「祖先は英雄」「老人は若者」と説明できる。

序章で触れたように、先史時代から定住生活をする農耕民は一般に生者と死者の交流を重視することから、祖先を供養し、祖先の加護を願う祖先信仰を持つようで、第二章でギリシアの例を紹介したが、シュメル人も祖先信仰を持っていた。

現在わかっている限りでビルガメシュの最も古い出典は、シュルッパク市出土の「神名表」である。

次に古いのは、初期王朝時代ラガシュ市最後の王ウルイニムギナ治世（前二三四〇年頃）の会計簿になる。「バウ女神の祭」の際に祖先供養がおこなわれ、ビルガメシュ神およびビルガメシュ神の河岸の神殿に犠牲が捧げられていた。ということは、ビルガメシュは祖先供養にかかわる神で、神々の序列のおわりの方に書かれていることから、ラガシュでは高位の神として扱われていなかったことがわかる。

ビルガメシュが祖先信仰にかかわる冥界神と信じられていたことを示す例は、ウルナンム王のある王碑文で、「ビルガメシュ神、エンネギ市の君主《エン》」と書かれていることである。あとで詳しく述べるようにエンネギ（エネギ、キエンギともいう）は冥界への供物を投げ込むための土管のある所である。また、『ウルナンム王の死』でもビルガメシュは「冥界の王《ルガル》」と書かれている。

「ギルガメシュ神の月」

バビロニアの「標準暦」第五月は「アブ月」で、現行太陽暦の七月から八月にあたる。月名アブは死者を供養する「アブ祭」に由来する。麦を収穫したあとの農閑期にあたり、暑い時期である。主要穀物はちがうものの、秋における稲の収穫を前にした日本の盆の行事と似ているところがある。一年で最も大切な供養がおこなわれ、地域や時代によって多少のちがいはあるものの、前三〇〇〇年紀中頃からヘレニズム時代まで変わらなかった。「アブ」とは死者が冥界へおもむく道筋に位置した丘で、ここを通って死者は生者の国へ戻ることができ、一方生者は死者のために供養できると考えられていた。

「アブ月」をアッシリアの『天文書B』は「ギルガメシュ神の月」と記していて、ギルガメシュの伝説的な肉体の強さを讃えて、体育競技が開催された。

また、「アブ月」の死者の祭礼には、冥界から悪霊どもがやって来る。生者を悪霊どもから守るために、マクルゥ（アッカド語で「燃える」の意味）と呼ばれる儀式があって、この儀式ではギルガメシュ像が用いられた。ギルガメシュ像は悪霊によって引き起こされた病気を治すためにも使用されたようだ。

『ギルガメシュ叙事詩』第一二書板の追加

標準版『ギルガメシュ叙事詩』は不死を得られないことをギルガメシュが悟る第一一書板で完結していたが、後になって第一二書板がつけ加えられた。第一二書板は、シュメル語で書かれた『ビルガメシュ神、エンキドゥと冥界』の後半部分をアッカド語に訳して、新アッシリア帝国時代になってつけ加えられた。

その内容は冥界から戻ったエンキドゥが、ギルガメシュに問われるままに、冥界にいるさまざまな死者たちの様子を、問答形式で報告する。さまざまな状況の死者についての一般論であることから、死者へ供物を供える、供養を懇《ねんご》ろにすることの必要性を説いているとも解釈されている。

死者の供養は死者のためにおこなわれるが、実際には死者以上に残された生者の心を安らかにする工夫でもあった。だからこそ、第一二書板が追加されたのであろう。

「家の神」

シュメル人は生前の善行、悪行にかかわりなく、死んだ後は一律に冥界におもむき、冥界での死者の処遇は埋葬儀礼や遺族による供養次第と信じていた。供養された死者の霊は冥界で鎮まり、子孫を悪霊による災厄から守ってくれると信じられていた。一方で、供養されなかった死者の霊は地上を徘徊し、子孫に災いを及ぼすこともある。だからこそ、供養する必要があると考えられていた。そして、死後のことは「家の神」がかかわっていたようだ。「家の神」は一柱とは限らず、複数のこともある。古代ローマで祀られていた家の守護神ラレスの先駆けになるだろう。

ニップル市からは前三〇〇〇年紀はじめ頃の素朴な像が出土していて、これらの像は葬儀や祖先供養の際にも祀られた「家の神」の像であろう。

古バビロニア時代にシュメル語で書かれた文学作品『使者と処女《おとめ》』では、死んだ使者のために処女が執りおこなった葬儀の様子が書かれている。また、同時代に書かれた哀歌『ルリル神と姉妹』にも葬儀の次第がふくまれている。両作品ともに葬儀では像が使われていた。

また、後代の標準版『ギルガメシュ叙事詩』第八書板でも、エンキドゥの葬儀のためにギルガメシュはエンキドゥの金属製の像を作らせている。

「家の神」が祀られていたことは、ウル市の発掘からもわかった。前二〇〇〇年紀初頭の個人住居地区が発掘された。数十軒の家が狭い道路に沿って並んでいて、その中でも比較的大きな家には礼拝室があり、「家の神」が祀られていた。「家の神」は祖先崇拝とつながりがあり、家産の他に家督権を象徴することから、神像は相続の対象でもあった。

古代イスラエル人も、元来は家の守護神像を祀っていたことが、「ラケルは父の家の守り神の像を盗んだ」(『旧約聖書』「創世記」三一章一九節)と記されていることからわかる。実際にエルサレム南部の丘から、前一〇—前八世紀頃の家の守護神像が出土している。

また、古代エジプトの新王国時代の祖先供養でも、小型の祖霊胸部像が祀られていた。

キスプ儀礼

祖先供養では死者との共食もおこなわれていた。我が国では、仏式の供養の際には、僧侶の読経の後にお斎《とき》、精進落としなどと呼ばれる会食をするが、参列者の接待だけでなく、故人との共食の意味もある。

「祖先たち」はシュメル語ではエンエンネネ、アッカド語ではエツェム(・キムティ)と呼

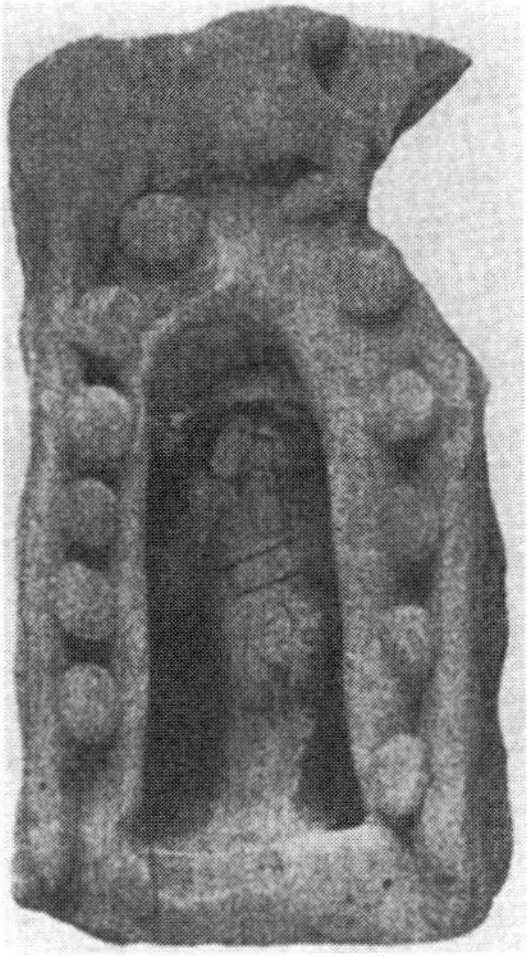

3—2 **家の神か** 祠に祀られた神像、前3000年紀はじめ、ニップル市出土、高さ13cm

3—3 **祖霊胸部像** 前1250年頃、テーベ出土、石灰岩、高さ51cm、大英博物館蔵

ばれ、子孫、ことに家長（長子）は供養に努めた。墓に水を注ぎ、食物を供えた。これをシュメル語でキシガという。「地面に置かれた」の意味で、冥界の使者への供物を意味したようだ。アッカド語ではキスプといい、この語は動詞カサープ「食物を分ける」「共有する」に由来していて、生者と死者が食事をともにすることである。

家の敷地内に「キスプの家」あるいは「一族の霊の翼」と呼ばれた場所があり、おおむね月末にキスプ儀礼をした。太陰太陽暦を使っていたので、月末には月が欠けた。これを月が死んだ時と見なして、供養をした。祖先が招かれ、一族の人々が集まって食事をともにした。必要があれば、祖先だけでなく冥界の神々に対してもキスプ儀礼がおこなわれた。

ユーフラテス河中流のマリ王家では「歴代の王のために」キスプ儀礼が定期的に催されていたことが、「マリ文書」からわかった。

カトナ市のキスプ儀礼

キスプ儀礼については文書から知られていたが、考古学的な証拠がメソポタミアから離れた場所で発見された。二〇〇二年に、シリアのオロンテス河付近のテル・エル・ミシュリフェがカトナ市とわかり、王宮「玉座の間」付近から地下へ続く階段が見つかり、王墓が発見されている。

前一三四〇年頃に、ヒッタイト新王国のスッピルリウマ一世の攻撃が迫る中、カトナのイダンダ王は防壁を固め、多数の青銅の剣を作らせた。その後に、祖先の霊を招き、加護を願って、キスプ儀礼をしたことが、食器などの出土からわかった。残念ながら、祖先の加護を得られなかったようで、カトナは滅亡した。

カトナから出土したさまざまな遺物からはエジプト美術の影響がかなり見てとれるが、死の問題についてはエジプトの考え方をカトナは採用しなかったようだ。

2 『ギルガメシュ叙事詩』よりも『シヌへの物語』

3—4　**カトナ王墓前に置かれた一対の男性像**　玄武岩、ダマスクス国立博物館蔵

3—5　**王墓内の食器**　王墓中央の部屋

イアルの野に住む死者

古代エジプト人は死を生の完全な終焉《しゅうえん》ではなく、一時的な休止ととらえていた。だから、神々へ敬虔《けいけん》な信仰が捧げられ、肉体がミイラで保存されるなどの条件が整えられ

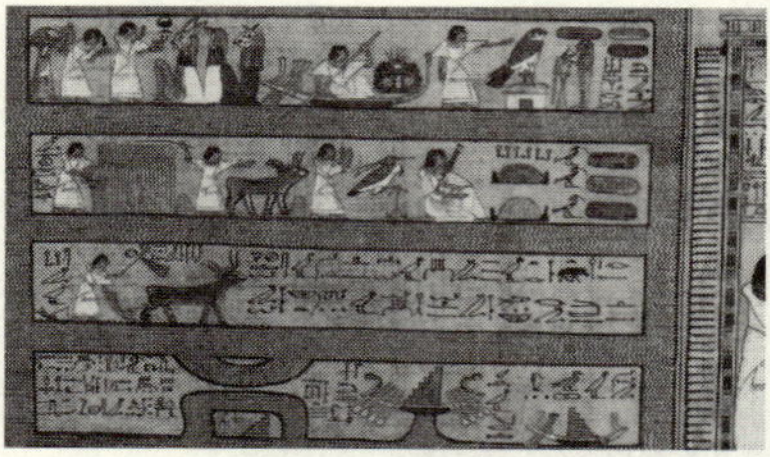

3—6　**イアルの野**　アニの『死者の書』（複製）、パピルス、高さ42.2cm、前1275年頃、テーベ、大英博物館蔵。下段に聖舟と島々、その上では鋤をひく2頭の牛を追うアニ、さらにその上ではアニは亜麻を刈り取り、脱穀場に牛を追いやる。最上段では3柱の神々に供物を奉献している

3—7　**オシリス神像**　前1100年頃、テーベ、木、高さ64.6cm、大英博物館蔵

るならば、永遠の生が保証されると信じていた。

死者のおもむく先については矛盾する記述があり、諸説あるも、イアルの野に住むと信じられていた。イアルの野は葦《あし》の野とも呼ばれ、オシリス神の支配する領土だった。死後の世界として想定されるキリスト教の天国や仏教の極楽は現実とはちがう理想化された世界だが、イアルの野はナイル河が流れ、作物がよく実るエジプトそのものであって、死者はここでよく実る穀物を収穫することになっていた。

豊饒神にして葬祭神、オシリス神

穀物神は農耕社会では普遍的な神で、古代エジプトでも祀られていた。その姿をエジプト観光で土産物の定番といえるパピルス画に見ることができる。パピルスには神々が描かれて

いることが多く、犬、猫、ライオンのような動物頭の神々がいる中で、緑色の人間の顔で、身体は白色に塗られ、一本足をした不思議な姿の神像が描かれていることがある。これが穀物神オシリスである。植物神なので顔は緑色に塗られ、死んで冥界の王となったから、白い包帯で巻かれたミイラの姿をして、包帯から突き出した手に持つ牧杖《ぼくじょう》と穀竿《からざお》は王の象徴である。

オシリスはエジプト最古の神々の一柱であり、毎年新生する穀霊《コーン・スピリット》を神格化した豊饒神である。オシリス信仰が広まるにつれ、各地の最高神と習合していった。

さらに豊饒神と葬祭神の面が組み合わされ、オシリスは復活を司る神となった。少なくとも、第五王朝時代には死んだ王とオシリスが習合されている。

「オシリス神話」

「オシリス神話」は、エジプト人自身の手ではまとまった形に記されなかった。古代エジプト文明が消えつつあったローマ帝政期に、プルタルコスが『エジプト神イシスとオシリスの伝説について』を記している。弟のテュポン（セト）神によってオシリスは殺害されるが、このことは天候神（第四章参照）セト、つまり暴風が、オシリスつまり実った穀物を吹き散らすありさまともいえる。

3—8　**セト神**（右）

3—9　**ジェド柱形護符**　末期王朝時代、出土地不明、ファイアンス、高さ3.2cm、大英博物館蔵

3—10　**アスクレピオス神**　左下に蛇、右下にオムファロス（ヘソ石）

オシリスの植物神としての属性は時代とともに強調され、「オシリスの苗床」と呼ばれる副葬品が新王国時代には採用されていた。これはオシリスの姿をした木枠の中に土をいれ、大麦の種を蒔いたものである。

また、オシリスの象徴は農耕儀礼と結びつけられるジェド柱で、穀物の茎を束ねた形とも、穀物を周囲にしばりつけた竿ともいわれる。ジェド柱を立てる儀式は「ヘブ・セド」と呼ばれ、王の即位三〇年目におこなわれた王位更新祭で、オシリスの復活にちなんで、王の霊力の復活を願う儀式だった。ファイアンス（石英の粉末を固め、色釉をかけた焼物）などで作られた小さなジェド柱は「安定」「永続」を意味することから、護符として使用されていた。

プトレマイオス朝時代になると、オシリス神と聖牛アピスが習合したソラピス神にギリシア神話のゼウス神、アスクレピオス神、ディオニューソス神などが習合したセラピス神が登場する。セラピスは治癒神、豊饒神といったさまざまな属性を持つが、中でも穀物収穫の守護神であることが強調され、このことはセラピスの頭上に円筒形の穀物計量用の枡をのせていることで表されている。前章でも話したように、セラピスは対偶神のイシス女神とともにローマ帝国で広く祀られていた。

オシリス神となって復活するエジプト人

オシリス神は西方の者たち、すなわち死者たちの王と考えられ、葬祭文書「死者の書」では冥界の裁判官として描かれている。古代エジプト人は「死後の生活」を信じ、永遠の生命を願っていた。だからこそ、セト神に殺害されたにもかかわらず、復活して、冥界の王となったオシリスの運命は、エジプト人の復活の手本と考えられていた。

死者は、オシリスのように正しい慣行に従ってミイラとされ、埋葬され、そして供養されれば、オシリスとなって復活し、永遠の生命を獲得できると信じられていた。

死後に、オシリスとなって復活する人は時代とともに拡大していった。古王国時代はオシリスとなれるのは王だけであった。第一中間期（前二一五〇―前二〇四〇年頃）以降、この特権は貴族にはじまって、臣民にも拡大された。さらに、新王国時代には、すべての人がオシリスとなることを期待できるようになったので、死者が必ず復活できるような呪文《じゅもん》が書かれている「死者の書」を棺に納めた。

古代エジプト人はオシリスの聖地アビュドスに参詣することを楽しみにしていた。そのため、第一章で述べたように、アクエンアテン王が率先した、アテン神のみを信仰し死の世界もまたアテンが司るとの考え方を、つまりオシリス信仰を否定する考え方を、支持できなかったのである。


『シヌへの物語』


エジプト人は死を甘受する『ギルガメシュ叙事詩』は受け入れられなかったはずである。アッカド語楔形文字を導入した古代オリエント世界の国々では『ギルガメシュ叙事詩』は受容されたが、エジプトはちがっていた。

人が死ぬことになった理由が書かれている『アダパ神話』や、天上界の神ネルガルが冥界の女王エレシュキガルの夫になった経緯が書かれている『ネルガル神とエレシュキガル女神』は、テル・エル・アマルナからアッカド語楔形文字で書かれた粘土板が出土している。

だが、『ギルガメシュ叙事詩』は出土していない。仮にアッカド語の読める書記が読んでいたとしたら、死者の復活がありえない内容に愕然としたであろうし、到底受け入れがたいことであったにちがいない。

　エジプト人が理想としたのは古代エジプト文学の最高傑作『シヌへの物語』の主人公シヌへの生き方であった。

『シヌへの物語』は断片をふくめて数多くのパピルスやオストラコン（陶片）に写本が残されている。主人公シヌへは第一二王朝時代の実在の人物で、物語はほぼ史実と考えられる。シヌへは廷臣でありながら、アジアへ亡命し、パレスティナ各地を放浪後、土地の豪族の婿となり、富と名声を手にするが、老年を迎えると望郷の念にかられ、帰国する。シヌへは廷臣の地位を回復し、墓所を作ってもらい、生涯を閉じるが、物語の最後は埋葬の準備で締めくくられている。

　異国で死ぬことは、古代エジプト人には耐えられなかった。ナイル河の畔で生まれ、そこで生き、死ぬ。遺体は埋葬され、その後でナイル河の畔での再生、復活をひたすら願っていたのである。エジプトでは、復活とはすべてのエジプト人自身の問題でもあった。

3　死んで復活するさまざまな神々

日本人になじみのない神

古代エジプトのオシリス神は穀霊で死んで復活する神といわれたが、冥界に常住する神で、死者とかかわりのある葬祭神でもあった。

一方、古代メソポタミアのドゥムジ／タンムズ神も冥界神で、死んで復活する神であるが、冥界に常住する神ではない。死んで復活する神は記紀神話に見られない。

たとえば、伊邪那美は火神を出産したことで死に、黄泉国つまり冥界へ下る。夫の伊邪那岐が迎えにいくも、伊邪那美はすでに黄泉国の食物を食べてしまっていて、顕界つまり葦原《あしはら》中津国《なかつくに》へ戻ることはできずに、黄泉津大神《よもつおおかみ》になってしまった。つまり、死んで黄泉国に常住する神になったと考えられている。

このように、冥界神は存在しても、死んで復活する神となると、日本人にはなじみがない。だが、古代オリエント世界に生きた人々は、死んで復活する神々をよく知っており、広い地域で長く祀られ、信じられていた。

穀物霊タンムズ神

古代オリエント世界で、死んで復活する神といえば、まずタンムズ神の名があげられる。アッカド語、ヘブライ語、アラム語でタンムズと呼ばれた神は、元来はシュメル語で「真《まこと》の子」を意味するドゥムジ神であった。

すでにタンムズについては、一八九〇年に初版が出版された『金枝篇』で、植物の死と復活が儀式的に祝われた例として、穀物霊タンムズが扱われている。ドゥムジ／タンムズ神はフレイザーのみならず、多くの研究者に興味を持たれている。いうまでもなく、刑死して三日後に復活したナザレのイエスについて考察すると、歴史を遡って、死んで復活する神ドゥムジにたどりつくからである。他にも死んで復活する神としては、すでに紹介したエジプトのオシリス神、フリュギアのアッティス神およびギリシアのアドニス神などの名があげられ、古代オリエント世界および地中海世界の各地で死んで復活する神が祀られていた。

3—11　**アフロディテ女神とアドニス神**　エトルリアの鏡の図像

現在では研究が進んだ結果、ドゥムジがメソポタミア最古の死んで復活する神ではなく、先行する神々がいて、さまざまな神々が習合していった結果、ドゥムジは成立したと考えられている。

「ニンアズ神の母」エレシュキガル女神

ドゥムジ神は冥界神だが、冥界の王ではない。冥界を支配するのはエレシュキガル女神で、一説には六〇〇柱ものアヌンナキつまり冥界の神々がいると考えられていた。

エレシュキガルは前三〇〇〇年紀には冥界の女王と考えられているが、「ニンアズ神の母」としばしば形容されていることから、ニンアズの方が先行して知名度が高かったようだ。後代に書かれた『ワイドナー神名表』では、ニンアズは「主人冥界」と記されていることからも、元来ニンアズが冥界の最高神であったかもしれない。

前三〇〇〇年紀のニンアズは冥界の神々の中で傑出していて、初期王朝時代のラガシュ市やウル市で祀られていたし、『シュメル神殿讃歌集』の中では、エシュヌンナ市とエネギ市で祀られている。エネギはウル市とウルク市の間に位置していて、同市のエギドダ神殿に祀られた冥界神ニンアズは『シュメル神殿讃歌集』の中で、次のように詠われている。

　エネギ、大いなるアパ、エレシュキガル女神の冥界へのアパ、
　人類が集められるシュメルのグドゥア、
　エギドダ神殿、その地であなたの影はクルの主人《ヌン》たちの上に広がった。

あなたの主人《ヌン》、偉大な君主《エン》の種、偉大な冥界の聖なるもの、エレシュキガル女神によって
産み出されし者、

アパとは、冥界への供物を投げ込むために設置された土管のことである。エネギはシュメルのグドゥア（クタ）市といわれていて、グドゥアはアッカド地方の都市で、冥界神ネルガルが都市神であることからも、グドゥアは「冥界」と同義語として使われている。

冥界神ニンアズの属性

冥界神ニンアズの属性をかいつまんで紹介しておく。ニンアズとはシュメル語で、「主人・治癒者」を意味し、文字通り治癒神である。だが、この名前にもかかわらず、ニンアズは具体的な治癒行為に結びついていないことから、ニンアズの名前を「水を注《テ》ぐ《ズ》主人」と解釈し、夏がはじまる時に死ぬ、春の雨の神との解釈もある。

また、ニンアズは『シュメル神殿讃歌集』の中で、エシュヌンナ市で祀られていて、「偉大な山（エンリル神）とニンリル女神が産みし真の種、エシキル神殿、あなたの王、戦士、ニンアズ神が」と、詠われている。ニンアズがエンリルとニンリルの子神として誕生する経緯は『エンリル神とニンリル女神』（第四章参照）に書かれている。

この神話に出てくるニンアズの美称《エピセット》、ルガル・エシュ・ガン・ギド・ダ「畑の上に測量線を広げる王」は、洪水の後で畑の境界を再画定することと関係があり、ニンアズは耕地の神、つまり農業神にして、豊饒神であった。別の神話の中で、ニンアズと兄弟ニンマダ神が「羊のように草だけを食べていた」未開のシュメル人に、大麦と亜麻をもたらしたと語られている。

「蛇どもの王」

さらに、ニンアズは冥界神としての属性から派生して、アッカド王朝時代には「蛇どもの王」つまり蛇神として知られるようになった。冥界神である蛇神は、植物神でもある。両者の関連については、植物の根が蛇を連想させるからだともいう。こうしたニンアズの属性は他の冥界神にもあてはまることである。

新バビロニア王国時代に、バビロン市のイシュタル門に彩釉煉瓦《さいゆうれんが》で表現され、「バビロンの竜」として知られたムシュフシュはシュメル語で「恐ろしい蛇」を意味する。時代によって、その姿に変化が見られるものの、基本になるのは蛇の首とうろこ状の胴、そして前脚はライオンで、後脚は鳥の合成獣の姿をしている。ムシュフシュは元来ニンアズの随獣であって、子神のニンギシュジダも随獣とした。さらに、後代になって、マルドゥク、ナブ父子神やアッシュル神もムシュフシュを随獣に採用している。

ムシュフシュを採用したのは、冥界神であること以上に豊饒神の眷属であることを、強調したかったのであろう。

3—12　ニンアズ神か　随獣ムシュフシュの上に立つニンアズ神と思われる神

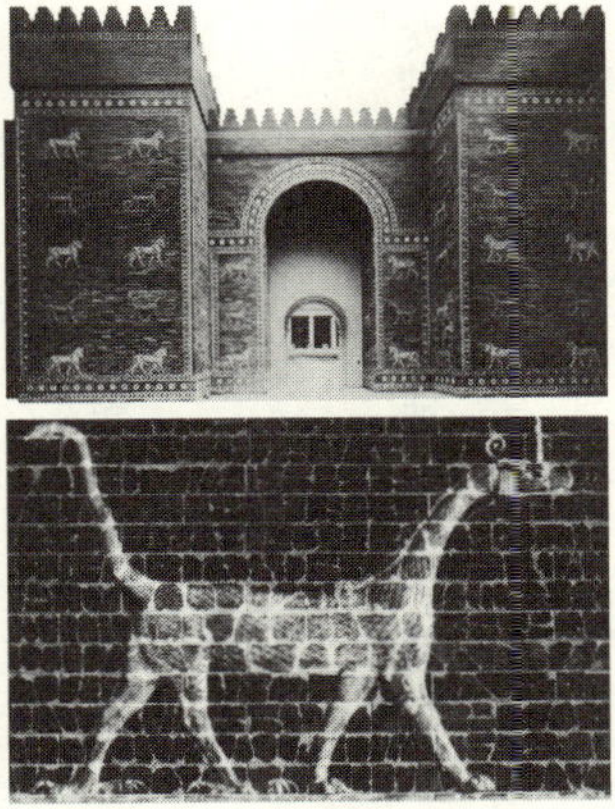
3—13　イシュタル門　前6世紀前半、彩釉煉瓦、ペルガモン博物館蔵（上）／ムシュフシュ

ウルナンム王が供物を奉献した神々

エレシュキガル女神やニンアズ神以外の冥界神についての情報がある。

最古の都市文明が生まれたシュメル地方は灌漑を整備した有畜農耕社会である。こうした社会に生きる人々にとって、重要なことは穀物の豊作や家畜の多産であって、ご利益のある神々、つまり豊饒神を祀っていたが、前章で話したイナンナ女神のように金星を司り、天上界に属す豊饒神もいるが、その多くに前で説明したように冥界神であった。

『ウルナンム王の死』の中に、冥界におもむいた際に供物を奉献する、冥界の神々の名前が次のようにあげられている。なお、下段は美称である。

ネルガル神　冥界のエンリル神
ビルガメシュ神　冥界の王
エレシュキガル女神　ニンアズ神の母
ドゥムジ神　イナンナ女神の最愛の配偶者《ダム》
ナムタル神　すべての運命を宣言する者
フシュビサグ女神　ナムタル神の配偶者
ニンギシュジダ神　勇敢な英雄
ディムピメクグ神　彼（ニンギシュジダ）の傍らに立つ者
ニンアジムア女神　彼（ニンギシュジダ）の連れ合い《ニタムラ》

ここでは、ネルガルやエレシュキガルのような冥界に常住する神々と、ドゥムジやニンギシュジダのように死んで復活する神々が併存している。

哀歌に詠われている神々

死んで復活する神々の名前は、欠損箇所があるものの、三八〇行以上にもなるシュメル語の長い哀歌『エディンナ・ウサグガ』(「平原にて、早い草の傍らで」の意味)の中に見られる。元来この哀歌は早春に平原でおこなわれた祭儀にかかわりがあったようだ。死ぬ神の母は息子を見つけ、連れ戻すことを試みている。古バビロニア時代よりも後の版によると、「平原にて、早い草の傍らで」の繰り返しではじまり、「彼女は夫のための涙の洪水を隠さない、平原にて、早い草の傍らで、女主人は夫のための涙の洪水を隠さない」と嘆いた後で、次のような神々が列挙されている。

若者、戦士ニンアズ神
若者、私の若者、我がダム神、
若者、子供、ニンギシュジダ神、
若者、アルラ神、網の持ち主、
若者、武官、ルガルシュディ神、
若者、輝く容貌のイシュタラン神、
若者、私のルシルアンナ神、
若者、アマウシュムガルアンナ神

若者、ゲシュティンアンナ女神の弟

牧人、君主ドゥムジ神、イナンナ女神の花婿、アラリの主人、牧夫の丘の主人、

ダム神は、冥界神にして治癒神で、ドゥムジ神に習合されていった神である。前一四世紀前半の「アマルナ文書」では、ᵈDA.MU と綴って、アドニスと読まれていた。

アマウシュムガルアンナ神については後で紹介するが、ドゥムジの元来の名前であり、ゲシュティンアンナはドゥムジの姉である。

こうした若い、死んで復活する神々のほぼすべてが、前二〇〇〇年紀になって、ドゥムジに習合されていったと考えられている。

また、この哀歌には、前二四世紀頃のラガシュ市の行政経済文書、つまり会計簿にその名前が見え、王たちの個人神（個人の守護神。後述）と推測されるが、その素性を知る手掛りがほとんどない、メスアンドゥ神の名前も出てきている。ニンギシュジダやニンアズも個人神に選ばれていることからも、個人神のすべてではないものの、その多くが冥界神、中でも死んで復活する神々から選ばれていたようだ。

さらに、この哀歌から、ウル第三王朝や古バビロニア時代の王たちの墓への墓参をふくむ祭儀があったことも推測されている。

4　ぶどうの木の神、ニンギシュジダ神

グデア王の個人神

本章扉図に見られるように、グデア王はニンギシュジダ神を個人神としていた。また、ニンギシュジダの父ニンアズ神もグデアの個人神であって、個人神は一柱ではなかった。

では、個人神とはどのような神かを先に説明しておこう。シュメルでは数多の神々が祀られていたが、エンリル神やイナンナ女神のような大神は恐れ多く、民衆には祀れない。また、個々の民衆を守ることは大神の役目ではないと考えられていた。神々がすべての人間を裁き、運命を宣言するために集まる時、人間の側に立ち、大神に「執り成す」のが個人神であった。個人神自身が絶大な力を持つことはなく、時には人間のために大神に「祈る」神でもある。

「グデア王の碑」および円筒印章印影図には、個人神ニンギシュジダがグデアをラガシュ市の都市神ニンギルスに紹介している場面が刻まれている。

3―14　**グデア王の円筒印章印影図**　前22世紀中頃、グデア王の名前の下にムシュフシュ、その前に両手をあげたラマ女神、剃髪した姿のグデア王とその手をひくニンギシュジダ神、流水の壺を配置されたニンギルス神

執り成し役の神

個人神は文明社会における中間管理職の重要性を、神々の世界に反映させた考え方ともいわれている。階層が分化し、さまざまな職種のある、複雑なシュメル社会を円滑に機能させるには、社会あるいは職種の上下に位置する人々をつなぐ中間の人々の役割は重要だったはずである。こうした考え方が神々の世界に持ち込まれることはありうることで、大神と接する際には個人神を介するという作法をシュメル人は遵守していた。

個人神が大神に上手に執り成してくれれば、何事も成功すると信じられていた。そこで、「成功」にあたる表現は「(個人)神を得た」といい、「自分の(個人)神を持つ者の過ちは消える。自分の(個人)神を持たぬ者の罪は多い」ともいわれた。たとえば、祭祀を怠ると、個人神は怒って人間から去ってしまう。こうなると人間は悪霊に狙《ねら》われることにもなると信じられていた。

個人神は執り成し役を務める低位の神だから、通常名前は書かれていない。それでも、王やその家族の個人神については王碑文などに「彼の(個人)神」に続いて、シュルウトゥル神、ニンギシュジダ神といった名前が書かれていることから、その名がわかるのである。

前二三五〇—前二三三五年頃のラガシュでは、公的祭祀の中に祖先供養の祭があって、この祭礼時の犠牲を支出した后妃の組織の記録には、このような王たちの個人神の名前が見られない。ということは、これらの神々は冥界神であっても祖先供養にかかわる神ではなかったことを意味し、シュメルの個人神は死後のことにはかかわらなかったことになる。

『人とその神』と『ルドルル・ベル・ネメキ』

個人神に人がなにを求めているかを書いた、『人とその神』と呼ばれている、古バビロニア時代に書かれた約一四五行の短いシュメル語文学作品がある。これといった物語が展開されるわけではなく、名前が紹介されていない主人公のほぼ独白《モノローグ》である。

導入部では、個人神がいない人は食物を得ることができないといっている。だから、そうならないように、個人神を讃えようということになる。次いで、名前が語られない主人公が登場する。病気と不幸に打ちのめされた主人公は自分の置かれた状況を「私の(個人)神よ、私を生んだ父である方よ、どうか私に顔を向けて」と訴え、この後も個人神に嘆き続ける。主人公の嘆きと祈りの後で、ようやく願いが聞き届けられる。個人神は主人公の悲しみを喜びに変え、誰でも守ってくれるラマ女神や守護霊を配してくれ、めでたく話が結ばれる。

個々の人間の救済を声高に主張せずに、たとえば都市全体で特定の神々を祀ることで、全体としての安寧や繁栄を得ようとしていた時代に、シュメル人は個人神を得て、人生を全うしようとつとめた。こうした考え方はシュメル人が前三〇〇〇年紀末に歴史の主役の座を去っても、すぐに消滅することはなかったが、個人神についての考え方はあきらかに変わっていった。

おそらくカッシート王朝時代に書かれた『ルドルル・ベル・ネメキ』はアッカド語で「私をして、知恵の主人に祈らせよ」の意味である。主人公シュビシ・メシュレ・シャカンが自らの苦しみとマルドゥク神（次章参照）による救済を独白によって語っている。この作品では、個人神がマルドゥクの意志に従って行動していることから、マルドゥクが人々の処罰と救済で個人神の上に立つという考え方が生まれていたようである。

『人とその神』および『ルドルル・ベル・ネメキ』との関連を指摘されているのが、『旧約聖書』「ヨブ記」である。

義人ヨブの苦難

「ヨブの涙」と名づけられた植物がある。麦粒そのものを食べるよりも、お茶にして飲まれるハト麦はイネ科一年草で、日本各地に自生しているジュズダマと類縁関係にあり、ハト麦とジュズダマはともに学名（ラテン語）*Coix Lacryma-jobi* および英語名 Job's tears は「ヨブの涙」を意味する。たくさん実る小さな粒が、ヨブが辛苦に耐えて流したであろう涙の粒を連想させるということで、命名されたようだ。

「ヨブ記」は義人が苦難にあう不条理と神の正義を扱っていて、次のような話である。

ヨブは族長で信仰にあつい無垢《むく》な正しい人である。神とサタン（悪魔）との間の論争に決着をつけるために、神が許可して、サタンによりヨブは一族と財産を失い、自身も難病に見舞われる苦難が課せられる。それでもヨブは、神への服従をつらぬき、悔い改める。最後にヨブは元の境遇に戻され、財産は二倍にされ、長生きした、と話は結ばれている。この結末から、ユダヤ教でも豊饒は必ずしも否定されない価値であることがわかる。

仲保者イエス・キリスト

「ヨブ記」では、ヨブはヤハウェと直接対話していて、ヤハウェは天地創造の苦労をヨブに語る（「ヨブ記」三八―四一章）。一神教の唯一神にしても、あるいは多神教の大神にしても、畏怖すべき神に対峙《たいじ》することは、できる人と、できない人がいる。できない人間にとって、執り成し役がいれば、精神的に楽である。

第一章で紹介したアケナテン王も、アテン神と民衆との間の仲介者としての役割を強調していて、この役割を持つことによってアメン神官団のような強力な神官団の成立を阻止しようとした。

このような執り成し役を重視する考え方はキリスト教に見られる。キリスト教では神と人との間を仲介する者を仲保者といい、いうまでもなくイエス・キリストが唯一の仲保者になる。アウグスティヌスはダイモンが伝令や通訳として神々と人間との間にあって、地上からは人間たちの願いを伝え、天上からは神々の助けをもたらすと信じてはならないと厳しく批判している。ということは、ギリシア・ローマ世界でも、シュメルの個人神に類するダイモンやゲニウスが信じられていたのである。

ゲニウスとは氏族（ゲンス）の霊の意味で、ローマ人男性の守護神を指す。ゲニウスは命を作り、維持し、すべての個人の誕生を助け、人間の性格を決定する。よき方へとその人の運命に影響を与え、守護神として生涯を通してつき添った。一方で、女性を守ってくれるのは女性の生命を神格化したユノである。

また、当然のことながら、イエスが唯一の仲保者であれば、祖先の仲介、祖先の加護も否定されることになる。

イエスがキリスト（救世主）になっていく神話には、すでに第一章で書いたように、古代オリエント世界の多神教のさまざまな思想が巧みに採用されているのである。

キリスト教の源流であるユダヤ教には仲保者はいないのに、キリスト教は仲保者を採用した。つまり古代オリエント世界や地中海世界で信じられていた多神教の執り成し役の神を巧みに取り込んだのではないだろうか。こうした考え方の採用なしには、ユダヤ教の改革派であるキリスト教が西アジアおよび地中海世界で受容され、そして世界宗教へと発展拡大することはなかったように思う。

なお、カトリック教会では聖母マリアの仲介者性を強調するが、プロテスタントはこうした立場はとらない。

注目されるニンギシュジダ神

個人神の説明が長くなってしまったが、ここからは個人神でもあったニンギシュジダ神についても話すとしよう。ニンギシュジダは古くは前二六〇〇年頃のシュルッパク市出土の神名表に名前があり、ラガシュ市では初期王朝時代末期にまず父神ニンアズが祀られ、遅れてニンギシュジダはグデア王によって祀られたようだ。ニンギシュジダは古バビロニア時代を通して前一六〇〇年頃まで重要な神であり続けた。

ニンギシュジダに注目している研究者は少なくない。第一に、グデア王の個人神だったから、王碑文や円筒印章印影図といった史料が残っている。神の家族、図像、神話などがわかっていることから、研究対象にできる神である。

第二に、後代にニンギシュジダと属性を同じくする神々が出てくるから、こうした神々の始源像を求めて遡った時に、ニンギシュジダにたどりつくことになる。我が国では考古学者江上波夫《えがみなみお》（一九〇六―二〇〇二年）が石製容器の図像の考察の中でニンギシュジダを扱い、次のようにその属性をあげている。

ニンギジダ神は土壌と水と獣畜によって示される自然の生成力を神格化したものに相違なく、「緑樹の神」、「生命の神」、「豊穣・復活の神」としてタンムズ（ドゥムズ）の相手役となっており、それと並称され、また「地下の世界、冥界の神」として竜蛇の姿をなし、「蛇神」の一とも認められ、「身を絡ませた蛇」Caduceusが、その象徴とされている。さらに占卜、除魔を行うものとして、後には水星と合一され、「治療・医薬の神」ともみなされている。

（江上波夫「スーサ出土と伝えられる湅石製容器についての総括的観察
―ニンギジダ神の象徴の成立と変容―」）

ここであげられた冥界神、豊饒神、植物神、蛇神そして治癒神などの属性は、すでに紹介したようにニンギシュジダの父神ニンアズにも見られ、そしてこのような属性を共有する神々は前一〇〇〇年紀も後半になるとギリシア語、ラテン語で書かれた史料に見られるようになる。古代ギリシアのヘルメース神、ディオニューソス神、アスクレピオス神、フェニキアのエシュムン神などがあげられる。そしてこのグループにイエスも連なることになる。

ヘルメース神については第一章で触れたが、神々の使者にして、商業、泥棒などの守護神で、死者の魂を冥界に導く「魂の導者」として知られている。その本源的な姿は蛇身で、豊饒のダイモンであったという。

　また、イエスは治癒神と見なされている。たとえば山形孝夫《やまがたたかお》（宗教人類学者。一九三二年―　）は日本人研究者の視点で、柳田國男『桃太郎の誕生』や石田英一郎《いしだえいいちろう》（文化人類学者。一九〇三―六八年）『桃太郎の母』の「水辺の小《ちい》さ子」を踏まえて、イエスのような治癒神の標徴を処女降誕によって生まれた男神、母子神（「水辺にあらわれる母子神」）にして対偶神、男神は雨季と乾季の交替の中で年ごとに死んで復活する神、そして遊行する神とし、アスクレピオスやエシュムンにも言及している。

3―15　**グデア王の灌奠用鉢展開図**　前22世紀中頃、ギルス地区出土、凍石、高さ23cm、ルーヴル美術館蔵

その名前は「真の木の主人」

　ニンギシュジダ神は異説もあるが、ニンアズ神とニンギリダ女神との間の子で、ニンギシュジダの名前の意味は「真《まこと》の木の主人」と解釈されている。また、ニンギシュジダは、「真の木」を意味するギシュジダ神と記されていることもある。

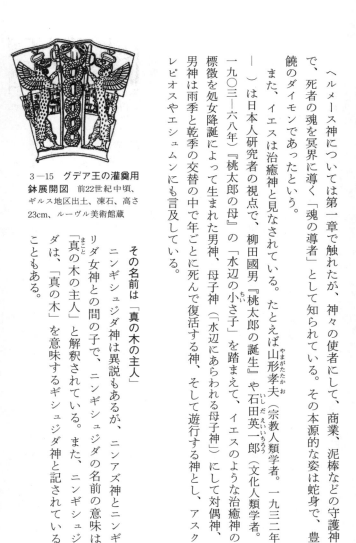

『シュメル神殿讃歌集』で、ニンギシュジダの神殿があったギシュバンダ市はラガシュ市とウル市の間の小さな町で、ギシュバンダとは「小さな木」を意味する。ギシュバンダ市に祀られていたニンギシュジダは、冥界《キガル》の神と詠われている。

ところで、ニンギシュジダは「冥界の椅子運び」の役職にあると、『ウルナンム王の死』の中で書かれている。いいかえれば、役職についているのだから、ニンギシュジダは冥界に定住している神になる。古バビロニア時代にも、ニンギシュジダは「冥界の椅子運び」で、対偶神ゲシュティンアンナ女神は『ウルナンム王讃歌A』では「冥界の書記長《アラリ》」である。

治癒神にして、蛇神

矛盾するが、ニンギシュジダ神は冥界で役職を持つ神だが、若くして死んで復活する神々の一柱でもある。

治癒神であることは冥界神の属性の一つといわれるが、現時点では、ニンアズ神の子、ニンギシュジダについては病気の治癒行為とほとんど結びつかない。だが、後代になると治癒神であるグラ女神（シュメルのニンイシナ女神）の神殿にニンギシュジダが祀られていることからも、治癒神と無関係とはいいきれない。

冥界神は一般論として蛇神で、ニンギシュジダも蛇神といわれる。現時点で残存している文書の上では、ニンギシュジダに蛇や竜とのつながりはあまり見えないが、父ニンアズ神と同様に蛇神と考えられる。なんといっても、ニンギシュジダの姿は両肩から冠をかぶった蛇が飛び出し、ムシュフシュを随えていて、蛇神と無関係とはいえないであろう。

また、アルラ神および「蝮《まむし》」を意味するイパフム神といった蛇神を家臣にしていることも、ニンギシュジダ自身が蛇神であることを物語っている。

対偶神は「天のぶどうの木」女神

ニンギシュジダ神の対偶神は、前三〇〇〇年紀末のラガシュ市ではゲシュティンアンナ女神で、その名前は「天《アン》のぶどうの木《ゲシュティン》」を意味するが、ラガシュ以外では、(ニン)アイジムア女神が対偶神で、この名は「良き(樹)液を育てる(女主人)」を意味する。

ラガシュでは、エンアンナトゥム一世(前二四三〇年頃)の王碑文に「アマゲシュティン女神のために、(エンアンナトゥム一世は)サグブの神殿を建てた」と記されていて、このアマゲシュティンがゲシュティンアンナのことと考えられている。アマゲシュティンとは、「母はぶどうの木」の意味で、後代にドゥムジに習合されたルガルウルブ神の対偶神である。

ゲシュティンアンナは「天のぶどうの木」を意味するが、前で話したように、女神自身は天上界には属さない。冥界で書記の役職を持つ冥界神で、「年長の婦人」にして夢解きの神ともいわれていた。

『ドゥムジ神の夢』では、ゲシュティンアンナはドゥムジの姉として登場している。ということは、ゲシュティンアンナの夫ニンギシュジダとドゥムジは、義理の兄弟ということになる。グデア王はゲシュティンアンナを熱心に祀っていたようで、あまり大きくない自像、少なくとも「グデア王像」三体を女神の神殿に納めていた。これらの像に刻まれている碑文では、「ニンアイジムア（あるいはアイジムアの女主人）であるゲシュティンアンナ女神、ニンギシュジダ神の愛する妻」と書かれていることから、ゲシュティンアンナとニンアイジムアはグデアの時代にはすでに習合していたようだ。

ぶどうの栽培

ゲシュティンはシュメル語で「ぶどうの木」の意味だが、すでに第二章で書いたように、ぶどうはメソポタミア最南部のシュメル地方では育ちにくいという。だが、メソポタミア北部地方は比較的降雨量が多いので、ぶどう栽培に適している。新アッシリア帝国時代のアッシュル・バニパル王（在位前六六八―前六二七年）の浮彫「宴会の場面」には、杯を手にした王の頭上にぶどうの房が下がっていて、アッシリアではぶどうが収穫できた。

また、ゲシュティンアンナ女神の祭儀はメソポタミアで広く見られ、北部のカラナ市に、古アッシリア時代（前二〇〇〇―前一六〇〇年頃）のシャムシ・アダド一世（在位前一八一三―前一七八一年頃）が建立した神殿でも、ゲシュティンアンナは祀られていた。ただし、ここでのゲシュティンアンナの対偶神は天候神で、メソポタミア北部の最高神アダド（次章参照）であった。

ゲシュティンアンナの祭儀は、ぶどうが栽培されているメソポタミア北部で先行し、その後に南部のシュメル地方に勧請されたこと、また、勧請の時期についてはウルク文化期あるいは初期王朝時代とも推測されている。

3―16　**アッシュル・バニパル王の宴会図**　ぶどうの棚の下の饗宴、アッシュル・シャラト后妃と祝杯をあげる王、ニネヴェ出土、アラバスター、全高1.34m、大英博物館蔵

ぶどうの木の神

対偶神が「天のぶどうの木」を意味するゲシュティンアンナだから、「真の木の主人」ニンギシュジダが司る樹木はぶどう以外にありえないだろう。ゲシュティンという文字は、「木《ギシュ》」と「命《ティン》」の組み合わせで、「命の木」の意味になる。

ぶどうは低木で、植物学では低木とは約三メートル以下の木を指す。ということは、ニンギシュジダが祀られていた都市名ギシュバンダ「小さな木」とは、これもぶどうの木を示唆しているのかもしれない。

「真の木の主人」ニンギシュジダは、「命の木」つまりぶどうの木の神であったということになる。ぶどうを司るニンギシュジダはぶどう酒の神でもあった。ウル第三王朝時代のニップル市の祭儀で、「ぶどう酒の家」を意味するエゲシュティン神殿に祀られているニンギシュジダへの犠牲の記録がある。また、ぶどう酒の神であることから、酒全般そしてビールとも無関係ではなく、「ビールを受け取る主人、ニンギシュジダ神」ともいわれている。

『ニンギシュジダ神の冥界下り』

前述のように、冥界で役職についているニンギシュジダは、冥界から解放される必要はないはずである。だが、『ニンギシュジダ神の冥界下り』と名づけられた古バビロニア時代の保存状態の良くない粘土板に書かれている約六〇行の物語では、ニンギシュジダは死んで復活する神である。物語の要点は次のようにまとめられる。

　息子ニンギシュジダ神が冥界に連れ去られ、悲しんだ母ニンギリダ女神は息子の「肖像」を銀で作って、「身代わり」として冥界の女王エレシュキガル女神に贈る。ニンギシュジダ神は冥界から解放され、赤く染めた羊毛のような涙を流した。［……］

「涙を流した」の後は粘土板が欠損しているが、「赤く染めた羊毛のような涙」つまり「赤い涙」についての話が、粘土板の欠けた部分に続いていたはずである。ぶどうの木の神、ニンギシュジダが流す「赤い涙」とはぶどう酒のことであろう。

ぶどうの木であるニンギシュジダは冥界に常住するわけにはいかず、復活するためには、母ニンギリダの助力があった。ニンギシュジダは『シュメル神殿讃歌集』では「主人《エン》ニンギシュジダ神、背に垂れる豪華で、豊かな髪を持つ」と詠われていて、母神ニンギリダの名前の意味が「髪留め（具）の女主人」であることから、母と息子の関係の深さを推測させている。

また、ニンギシュジダの対偶神ゲシュティンアンナは年長の女神と考えられていて、若い神ニンギシュジダとの組合せは母と息子のような印象を受ける。

イエスはぶどうの木

ぶどう酒にせよ、ビールにせよ、飲酒は一般的にいって農耕民の食文化で、古代オリエント世界の遊牧民は元来酒を口にしなかった。「我々はぶどう酒を飲みません。父祖レカブの子ヨナダブが、子々孫々に至るまでぶどう酒を飲んではならない、と命じたからです」（『旧約聖書』「エレミヤ書」三五章六節）のように書かれている。ところが、キリスト教の聖典『新約聖書』では「最後の晩餐」にも登場するぶどう酒は次のように語られ、イエスの血であった。

また、杯を取り、感謝の祈りを唱え、彼らに渡して言われた。「皆、この杯から飲みなさい。これは、罪が赦《ゆる》されるように、多くの人のために流されるわたしの血、契約の血である。言っておくが、わたしの父の国であなたがたと共に新たに飲むその日まで、今後ぶどうの実から作ったものを飲むことは決してあるまい」

（「マタイによる福音書」二六章二七—二九節）

ぶどうはギリシア神話の酒神ディオニューソスの果物でもあったが、キリスト教世界では最も神聖な果物となった。聖母子の絵では、幼児イエスがぶどうを持っていることがあるが、これはイエスが将来、血を流すことを示唆している。また、『新約聖書』「ヨハネによる福音書」一五章一節で、「わたしはまことのぶどうの木、わたしの父は農夫である」と記されている。

イエスは自分が「まことのぶどうの木」であり、すべての人間の魂はぶどうの幹にとどまって実を結ぶべき枝である、と述べている。このことから、ぶどうの木は、最も神聖な木にして、人類の罪を贖《あがな》うイエスそのものの象徴となった。そしてぶどう園は天国を表すこととなった。

なお、ユダヤ教の象徴の木はぶどうではなく、アーモンドである。

門番ニンギシュジダ神

前で江上波夫がニンギシュジダ神は「タンムズ（ドゥムズ）の相手役」といっていることを紹介したが、ギシュジダ（ニンギシュジダ）神とドゥムジ神は一対の神として冥界および天上界に出現している。

『ビルガメシュ神の死』は古バビロニア時代にシュメル語で書かれたビルガメシュ（ギルガメシュ）神の死について書かれた物語で、欠損箇所が多い上に、難解である。関連のことだけ紹介すると、ビルガメシュは他の人間と同様に死んで、冥界に下らねばならなかったが、「ニンギシュジダ神とドゥムジ神のように死者の裁きの場に座る「霊の長」としての特別な地位につくだろう」と語られている。

だが、ニンギシュジダとドゥムジは冥界だけでなく、天上界とも結びついていたことが、前で紹介した『アダパ物語』に語られている。物語の中で、タンムズ神とギシュジダ神は天にあって、アヌ神の神殿の入口で門番の役をしていた。

ニンギシュジダは冥界神でありながら、天空神アヌの神殿の門番になっていた。つまり、冥界に常住する神ではなく、往来できたということになる。

グデア王の円筒碑文Aに「あなたの(個人)神ニンギシュジダ神が太陽のように地平線からあなたの方へ彼とともに昇って来たのです」と書かれている。太陽神は夜間冥界にあり、朝になると冥界から昇って来ると考えられていて、ニンギシュジダも太陽神のように冥界から昇って来ると考えられていたようだ。

天、冥界および深淵《アブズ》への入口は通常は低位の一柱あるいは一対の神々によって守護されていた。守護神たちは「タリメ」と呼ばれた。タリメあるいはタリムとは、アッカド語で「兄弟」の意味である。「タリメ」には、ドゥムジとギシュジダの他には、ルガルイルラ神とメスラムタエア神そしてギルガメシュ神とエンキドゥ神も知られている。

5 真の子、ドゥムジ神

穀物霊ではなかったドゥムジ神

ここまでドゥムジ神に先行し、ドゥムジに習合した神々について紹介した。いよいよドゥムジ自身について話すが、前述のように、ドゥムジは当初からドゥムジとは呼ばれていなかったし、穀物霊でもなかった。

ドゥムジの祭儀では神像が使われていたようだが、実物が残存していないこともあって、ドゥムジの姿は特定されていない。また、前章で話したようにイナンナ／イシュタルの象徴図はロゼット文などであることがわかっているが、ドゥムジ／タンムズについてはクドゥルにも象徴図はなく、特定されていない。

ドゥムジの名は初期王朝時代の王碑文には見られない。

一方で、前二四世紀後半に属すラガシュ市の后妃の経営体のある会計簿にドゥムジアブズ「アブズの真の子」を名乗る神が見られるが、この神は女神である。また、ドゥムジ神やドゥムジをその名にふくむ神名も見られるが、前述のようにドゥムジは「真の子」といった、ある意味でありふれた名前で、まちがいなくイナンナの対偶神のドゥムジと特定するに足る史料がない。

前二四〇〇年頃のラガシュ市のエンメテナ王の王碑文によれば、同王が建立したバドティビラ市のエムシュ神殿にはイナンナ女神の対偶神としてドゥムジではなく、ルガルエムシュ神が祀られていた。約六〇年後に編纂された『シュメル神殿讃歌集』に、バドティビラのエムシュ神殿が登場し、「清らかなイナンナ女神の夫である君主《エン》、ドゥムジ神、エムシュ神殿の王《ルガル》」と記されていて、ルガルエムシュとドゥムジとの習合が確認できる。

牧夫あるいは漁師

ドゥムジ神はウル第三王朝時代に編纂された『シュメル王朝表』に見られる。王権が天から下された後、バドティビラ市の王ドゥムジ神は「牧夫」である。その後、大洪水があって、再度王権が下って、エアンナ（ウルク）に王権が回ってきた時には、「ドゥムジ神、漁師、その都市がクアラ（後述）である者の治世は一〇〇（あるいは一一〇）年である。彼はエンメバラゲシを独力で捕らえた」と記されている。

このように、ドゥムジは牧夫あるいは漁師で、さらに、近年明らかにされた粘土板に「彼（ドゥムジ）はエンメバラゲシを独力で捕らえた」と記されていたことから、キシュ市の王エンメバラゲシはメバラシの名で実在したと考えられるようになったことでもあり、ウルクのドゥムジについても実在の王との説も出されている。

また、序章で紹介したように、イナンナ女神の夫としてどちらがふさわしいかを競うシュメル神話『ドゥムジ神とエンキムドゥ神』でも、ドゥムジは農夫ではなく、牧夫であった。

なつめやしの木の神、アマウシュムガルアンナ神

後代にドゥムジ神と呼ばれるようになる神の元来の名前は、アマウシュムガルアンナと考えられ、なつめやしの木の神であった。

ドゥムジの名前はシュルッパク文書のような初期の文書に見られないが、アマウシュムガル（アンナ）は見られる。アマウシュムガルアンナの名前の解釈については諸説あるが、アマはシュメル語の「母」の意味ではなく、エン「主人」の古拙的綴りが訛ったのではないかと、つまり「主人《アマ》は天《アン》の竜《ウシュムガル》」の意味とも解釈されている。ドゥムジとアマウシュムガルアンナの名前は、古バビロニア時代およびそれ以降の時代の文書の中で、入れ替わっていく。

ドゥムジ神の泣哭儀礼

ウル第三王朝時代には、「ドゥムジ神の祭」がウンマ市などで催され、ドゥムジ神像が近隣の都市を訪ねる儀礼があったようだ。

だが、なんといっても、ドゥムジに関する重要な祭儀は、聖婚儀礼とともに、泣き叫ぶことで死者を悼む泣哭《きゅうこく》儀礼である。前者はウルク市から、後者はバドティビラ市から由来したと推測されている。聖婚儀礼については前章で話したので、ここでは泣哭儀礼について話そう。

ドゥムジのための泣哭儀礼は、前二〇〇〇年紀初期の「マリ文書」の中にあったヤスマハ・アッドゥ王にあてたある手紙から確認された。これが現時点で最古の例で、この頃には、ドゥムジの殺害と復活の儀式はよく知られていたことがわかった。つまり、ドゥムジは殺害されるだけでなく、復活すると信じられていたのである。儀礼は第四月（あるいは第五月）、現行太陽暦の六月から七月に、イシュタル女神とドゥムジ神の神像を浄め、泣き女たちが泣いた。ドゥムジが姿を消すこと、つまりその死は、暑い季節が乾燥した土地を不毛な土地とした時期を象徴し、家畜小屋の搾乳が季節的に停止することと一致していた。

ドゥムジ文学の編集と標準化は古バビロニア時代後期にはじまった。このような作品の中で、ドゥムジはダム神やニンギシュジダ神のような植物神に直接関係のある多くの特徴を借用した。ドゥムジの死は、枯れて消滅するものの、種を蒔けば復活する植物に結びつけられるようになった。

前一〇〇〇年紀にもドゥムジの祭儀が毎年あったことを、標準版『ギルガメシュ叙事詩』第六書板四六―四七行が「あなたの若い時の恋人ドゥムジのために、あなたは年毎《としごと》、泣くことを定めたのだった」（月本昭男訳）と伝えている。

アッシュル市、アルベラ市、カルフ市そしてニネヴェ市などでは、ドゥムジ神像が安置され、ドゥムジのための泣哭儀礼があったようである。こうした儀礼は長く後代まで続き、紀元後一〇世紀になっても、つまり西アジア世界がイスラーム教を信じる世界に変わっていった中でも、ハラン市の女性たちはターウズつまりタンムズのために泣く、泣哭儀礼を続けていた。

死んで復活する神とは、植物神であり、中でも穀物神である。米は粒のまま食べることが普通だが、麦は粒よりも、粉にして食べることが多い。麦を砕いて、ひいて、粉にすることを、穀物神の殺害を象徴している儀式と結びつける解釈もある。この解釈によって、同じ穀物であっても、死んで復活する神の神話が、稲作地帯になく、麦作地帯にあることの説明が、できるかもしれない。

「タンムズ（神）月」

ドゥムジ／タンムズ神の死と復活の話はメソポタミアからシリア・パレスティナ方面に流布していった。エルサレムの主の神殿の北に面した門の一つで、「そこには、女たちがタンムズ神のために泣きながら座っているではないか」（『旧約聖書』「エゼキエル書」八章一四節）と、エルサレムの堕落として伝えている。タンムズが地上にいる半年間は植物が繁茂し、動物が成育するが、彼が地下に下るとすべてが停止してしまった。そこで女性たちはタンムズが地上に戻るように激しく哀願していたのである。

「エゼキエル書」はタンムズの祭儀に参加している女性たちを非難しているが、ユダヤ暦にはその忌むべきタンムズの名前が皮肉なことに残っている。ユダヤ暦第四月そしてアラブ人の伝統的暦の第四月は「タンムズ（神）月」である。タンムズ月は現行太陽暦の六月から七月にあたり、麦は収穫されているが、種はまだ蒔かれていない。

シリア砂漠のオアシス都市パルミラにもドゥムジの話は伝わり、第四月は「嘆き悲しむ月」と名づけられていた。

タンムズ神からアドニス神へ

シリア・パレスティナから、イナンナ・ドゥムジの神話はさらにアナトリア、キプロス島そしてギリシアへと流布していったようだ。

タンムズ神話はギリシアにはいってアドニス神話となった。アドニスとはセム語の呼格形アドーナイ「我が主よ」が訛った名前といわれ、タンムズを呼び戻すために女性たちが泣きながら発した叫び声が伝わったという。

アプロディテ女神が愛した美少年アドニスを冥界の女王ペルセフォネ女神に預けたところ、ペルセフォネはこの子を返したくなくなってしまった。神々の王ゼウスが裁定し、アドニスは一年の三分の一は単独で暮らし、他の三分の一はアプロディテと、残りの三分の一はペルセフォネのもとで過ごすことになったという。

女性たちの信仰

第一章で記したように、ミトラス教は男性しか入信できない宗教であった。一方で、キリスト教は女性と奴隷の宗教といわれることもある。ここでは奴隷の問題はさておき、死んで復活する神を特に女性が信じていた長い歴史があったことを紹介しておこう。

前一〇〇〇年紀の「ドゥムジ文書」はおもにエメサルで書かれている。エメサルとはシュメル語で「女の舌」の意味で、女言葉が使われているということである。ということは、ドゥムジの哀悼はおもに女性によって、そして多分去勢歌手であるガラ神官によって、おこなわれていたようだ。

『旧約聖書』はタンムズ信仰を嫌悪しているが、ドゥムジ／タンムズに先行する神々、そしてその後に連なる、死んで復活する神の信仰が古代オリエント世界に広く根づいていて、この信仰がキリストの物語に影響を与えた可能性は否定できないだろう。キリストもまた刑死し、三日後に復活した。

ドゥムジ神話がそっくりそのままイエス・キリストの物語になったということではないが、長く広く流布していた死んで復活する神々の神話が下敷きになっていたからこそ、イエスの死と復活の物語は受け入れられたのではないだろうか。

古代社会では、生まれた子が成人する割合が現代に比べて低かった。成人しない子は少なくなく、たとえ成人したとしても戦争で命を落とす若者も少なくなかった。子を失った母の嘆きこそが、死んで復活する神への信仰が広く、長く続いていった理由の一つであろう。

第四章

神々の王の履歴書

マルドゥク神像

（左上）クドゥル浮彫　カッシート王朝　メリ・シパク王のクドゥルに彫られたマルドゥク神像。足下にムシュフシュを随える。上方に鋤、下方に稲妻の象徴図。出土地不詳、大英博物館蔵

（右下）円筒印章印影図　ひどく傷んだラピス・ラズリ製円筒印章（ペルガモン博物館蔵）に刻まれていた。高さが19センチメートルもある。バビロン王マルドゥク・ザキル・シュミ１世（在位前854—前819年）がマルドゥクに奉献した。

◎本章に登場する主な神々

アダド神　メソポタミア北部の最高神で、天候神
アッシュル神　アッシリアの最高神。アッシュル市の神格化
エンリル神　シュメル・アッカドの最高神
アン神　エンリル神の父神で、エンリル以前の最高神といわれる。「暇な神」
エル神　ウガリト市やカナンの最高神
バアル神　ウガリト市やカナンの天候神で、豊饒神
ゼウス神　ギリシアの最高神。オリュンポス一二神の家長
ダガン神　ユーフラテス河中流域の最高神で、天候神
ニンギルス神　ラガシュ市の都市神。戦闘神で農業神。対偶神はバウ女神。ニップル市ではニンウルタ神
マルドゥク神　バビロニアの最高神
ヤハウェ　イスラエルの神

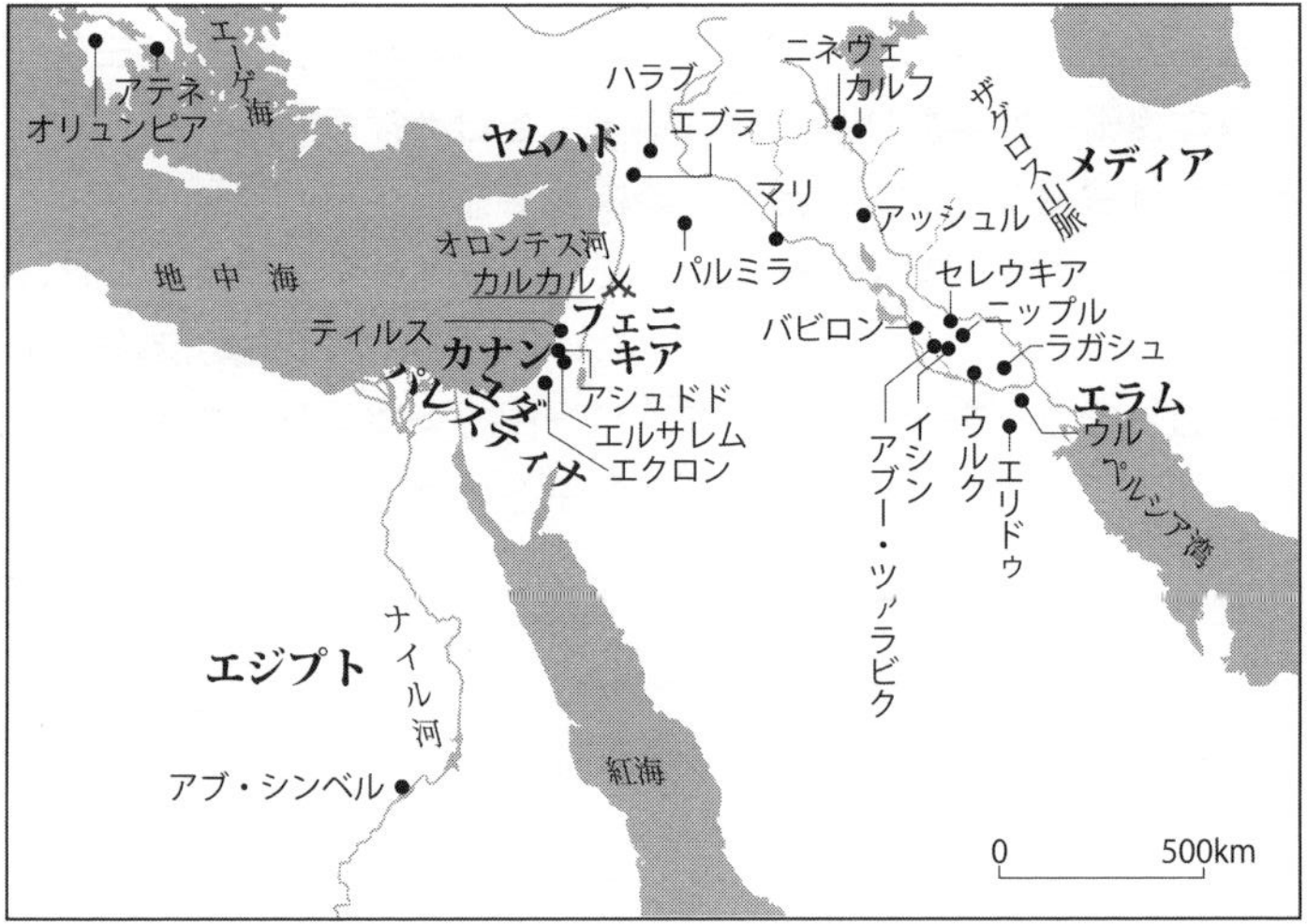
エーゲ海
アテネ
オリュンピア
地中海
ヤムハド
ハラブ
エブラ
マリ
パルミラ
ニネヴェ
カルフ
アッシュル
ザグロス山脈
メディア
オロンテス河
カルカル
フェニキア
ティルス
カナン
ユダ
パレスティナ
アシュドド
エルサレム
エクロン
バビロン
セレウキア
ニップル
ラガシュ
エラム
ウル
ペルシア湾
イシン
アブー・ツァラビク
ウルク
エリドゥ
エジプト
ナイル河
アブ・シンベル
紅海
0
500km

1　神々の王とは

最高神ゼウスの祭典

本章では古代オリエント世界の神々の王について扱う。

世界の神話の中で思い浮かぶ神々の王といえば、文学、美術その他を通してよく知られているギリシア神話の最高神ゼウスであろう。

ゼウスを祀っていたオリュンピア市に、ギリシア世界各地のポリス（都市国家）から市民たちが集い、ゼウスを讃える民族的祭典競技会が前七七六年から四年ごとに開催された。前二世紀にローマ領に組み込まれたものの、継続されていた競技会は宗教行事だから、三九一年に異教禁止令が出されるにおよんで、三九三年の第二九三回大会を最後に中止せざるをえなかった。

この民族的祭典競技会に倣って、近代オリンピックはフランスの教育者ピエール・ド・クーベルタン（一八六三—一九三七年）によって基礎が築かれたことはよく知られている。

ところで、オリュンピアの神殿に祀られていたゼウス神座像はフィロン（前三世紀—前二世紀頃）の「世界七不思議」の一つに数えられていた。ギリシア彫刻といえば、石像あるいは青銅像と思われがちだが、黄金象牙像《クリューセレファンティノス》であった。黄金象牙像とは、木製の骨組みの上に、肌の部分は象牙、着衣の部分は黄金を貼った彫像を指し、フェイディアース（前四六五？—前四二五？年）によって、像高約一三メートルのゼウス像は前四三五年に完成した。

ゼウスの図像では、手に雷霆《らいてい》ケラウノスを持ち、鷲を随えていることが多い。雷霆は悪竜テュポンと戦うために、鍛冶神ヘパイストスが鍛えた武器であった。

オリュンポス一二神の家長

4—1　ゼウス神座像想像図

ゼウスはギリシア神話の最高神で、ローマ神話のユピテル神と習合する。父神クロノスに飲み込まれていた兄弟たちを救い、父たちのティタン神族と戦って支配権を獲得した。こうした神々の世界での世代交代の戦いはメソポタミアの創世神話『エヌマ・エリシュ』（後述）に遡れる話で、オリ

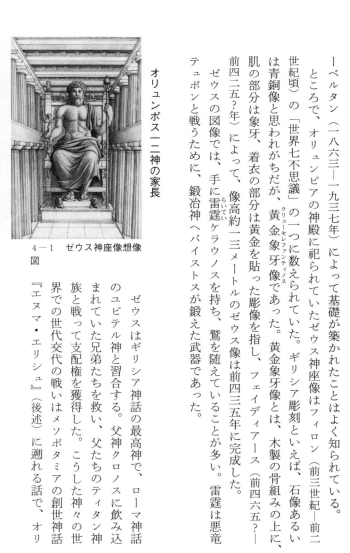

エントの影響を受けたと考えられている。

ゼウスの名は語源的には「天空」を意味することからも、自らは天空を、兄弟神ポセイドンは海、そしてハディスは冥界と世界を三分した。

ギリシア神話の世界は、神々を祀る人間世界を反映して、男性中心の家父長制社会で、「神々の父」ゼウスはオリュンポス山の山頂に住まうと信じられていたオリュンポス一二神の家長で、姉ヘラ女神を正妻とした。だが、他に多くの妻を持ち、神々や民族の始祖、および英雄たちの父となった。それというのも、ギリシアの地では先住民たちによって地母神たちがあつく信仰されていた。そこで、新来のギリシア人はゼウスを神々の王に据え、地母神たちをゼウスの妻、愛人などとする系譜を編成したという。

「雲を集める神」ゼウス

ゼウスは全能の神であって、その武器は雷霆で、「雲を集める神」「しめりをもたらす神」「雨の神」のようにも呼ばれていて、天候神としての属性を示している。神々の王がいます場所としては天空がふさわしく、天体そのものよりも、変化する気象現象によって神意が表されると、古代人は感じたのであろう。

ゼウスだけでなく、神々の王が天候神としての属性を持つことは少なくなく、仏教の帝釈天にあたる古代インドのインドラ神や北欧神話のオーディン神についてもいえることである。

天候神の呼称は我が国ではあまりなじみがなく、天候を司る神々は風神、雷神のように分けている。「風神・雷神図」屛風といえば、俵屋宗達《たわらやそうたつ》（?—一六四〇年頃）の傑作を多くの日本人は知っている。この傑作を尾形光琳《おがたこうりん》（一六五八—一七一六年）が模写し、その後も描かれ続けている。一般に風神は風袋を持ち、雷神は連ねた小太鼓を背負い、ばちで打つ姿をしている。

風神、雷神は神道の神々ではなく、仏教の二十八部衆である。二十八部衆とは、千手観音《せんじゅかんのん》の眷属、つまり従者で、護法にあたる二八種の善神ないし鬼神を指し、風神・雷神一対で表された例は、古くは敦煌莫高窟《とんこうばっこうくつ》二四九窟（六世紀前半）に見られる。

天候神とは

古代ギリシアや古代インドのみならず、古代オリエント世界でも、雨、(暴)風、雷などをほぼ一括して司る男神、つまり天候神が祀られていた。嵐神、暴風神とも呼ばれている。天候、つまり自然現象の脅威は洪水、嵐のような破壊をもたらすが、一方でその創造、恩恵は豊饒多産をもたらすという、自然の両面性を神格化した神で、最高神はすべてではないものの、天候神から選ばれていたようだ。

4―2　**アダド神か**　両手に稲妻を持ち牡牛の上に立つ、アルスランタシュ出土、玄武岩、高さ1.35m、ルーヴル美術館蔵

ただし、エジプトの最高神アメン・ラー神およびゾロアスター教の最高神アフラ・マズダー神については序章で触れたが、前者は太陽神、後者はゾロアスターの改革で前面に押し出された神で、天候神と直接関係はない。

天候神の属性を持つ神々は古代オリエント世界で古くから祀られていたが、エジプトだけは一年中晴天のこともあって、天候神を祀ることは発達しなかったようだ。

さて、天候神は図像では、序章で記したように先史時代から力の象徴でもある牛、特に逞《たくま》しい牡牛そのもので表現されることもあり、また牡牛の背に立つあるいは牡牛のひく戦車にのる姿で表現されている。手には稲妻や武器を持つ。

メソポタミア北部の天候神にして、最高神アダドの随獣の牡牛は、メソポタミア南部の最高神マルドゥク神の随獣のムシュフシュとともに、新バビロニア王国時代のバビロンのイシュタル門に彩釉煉瓦で表現されている。イシュタル門はバビロンの北側の大城塞の一部でもあって、神々の栄華を誇る一方で、敵を威嚇する意味もあったようだ。

なお、イシュタル女神の随獣のライオンはイシュタル門を通る行列道路の側壁に彩釉煉瓦で表現されている。

2　ニンギルス神―ラガシュ市の都市神

戦闘神にして、農業神

ラガシュ市の都市神ニンギルスは理念上のラガシュの王であった。雨嵐を司る天候神そのものとしての属性は強調されていないものの、二つの面、つまり自然の破壊的な面が戦闘神そして創造の面が農業神で豊饒神でもあることが強調されている。

戦うニンギルスの姿はラガシュの「エアンナトゥム王の戦勝碑」断片に、その姿が刻まれている。エアンナトゥムが敵と戦う場面の裏面に、人間の王の戦いに呼応すべく、左手に霊鳥アンズー、右手に棍棒を握って、戦う姿が表現されている。

また、すでに第三章で紹介したように、グデア王の円筒印章印影図では、豊饒を象徴する流水の壺へガルを両手、足の下などに配置された大神は、農業における豊饒を司る神ニンギルスであろう。ニンギルスは初期王朝時代最末期におけるラガシュの王碑文の中では「エンリル神の戦士」つまりシュメル・アッカドの最高神エンリルの臣下に位置づけられていたが、後代には「エンリル神の子」とも呼ばれるようになり、エンリルおよびニンギルスの父子神は属性をかなり共有している。

『ルガル神話』の主人公

ニンギルス神が主人公であった神話が『ルガル神話』で、全文七二六行にもなる、シュメル語で書かれた最も長い作品の一つで、物語はラガシュ市で、グデア王時代よりもあまり遅くない頃に現在の形に整えられたようだ。

主要な写本が「ルガル」とはじまることから、『ルガル神話』（『ルガル・エ神話』ともいう）と呼ばれている。ルガルとはシュメル語で「王」のことで、英雄神ニンウルタ神を指す。『ルガル神話』は物語の内容から『ニンウルタ神の功業』とも呼ばれている。だが、本来の物語では、主人公はニンウルタではなく、ニンギルスであった。

ニンギルスと習合された、ニップル市で祀られていたニンウルタは、つづめた片仮名表記ニヌルタ神の方がよく知られているが、正式にはニンウルタで、「大地《ウルタ》の主人《ニン》」を意味するという。アッカド王朝時代には、ニンギルスとニンウルタの習合は進んでいたが、同王朝時代初期に編纂された『シュメル神殿讃歌集』では別々の神として記されている。

物語は山に住む悪鬼アサグの退治、ティグリス河の治水・灌漑および「石」どもの裁きの、三つの話から組み立てられている。本来、別々の話であったが、後代に一つの物語に組み込まれ、その後で前後に讃歌がつけ加えられたようだ。ニンウルタの活躍によってアサグを征伐し、ティグリス河を利用した灌漑を整備することで、農業を中心とする豊饒な世界の秩序を確立する経緯が語られている。

このように、戦闘神にして、農業神という、主人公ニンウルタつまりニンギルスの二つの属性が、『ルガル神話』の中で、矛盾なく説明されている。

エンリル神の誠実な農夫、ニンウルタ神

ニンウルタ神には戦闘神にして農業神という、破壊と創造の両方にかかわる対照的な面が見られ、これはニンギルス神にも認められる属性である。農業神は農業での豊作をもたらす豊饒神でもあり、灌漑農耕社会のシュメル地方では最も重要な神である。ティグリス河、ユーフラテス河下流の肥沃な土壌にただ依存しただけでは、豊作は得られない。シュメル人は農作物、ことに穀物の収穫を増やすために知恵をしぼって、骨惜しみせずに働き、なおかつ農業神に加護を願うことも忘れなかった。

こうした考え方は『農夫の暦』からわかる。『農夫の暦』は前一八―前一七世紀頃の写本で、シュメル語で書かれた全文一〇九行のすぐれた農業技術書である。中核となる話はウル

第三王朝時代の耕地管理文書で、考え抜かれた、合理的な農作業をしていたことがわかる。文書は「年老いた農夫がその息子に教えた」とはじまり、この「年老いた農夫」とはニンウルタを指している。現行太陽暦の四月から五月にかけての両河の増水時から翌年春までの一年間の農作業が、灌漑と排水、犂耕《りこう》と播種《はしゅ》、収穫と脱穀などが簡潔に書かれていて、最後は「エンリル神の息子、ニンウルタ神の教え。エンリルの誠実な農夫、汝を讃えることは良きかな」と、ニンウルタへの讃歌で結ばれている。

アッシリア王が祀ったニンウルタ神

ニンウルタ神は雷雨の神でもあって、春期の激しい洪水もニンウルタの司るところで、アッカド語で書かれた大洪水神話『アトラム・ハシス物語』では、ニンウルタは大洪水を実行する神々の一柱である。こうした激しい性格からグデア王の時代やウル第三王朝時代になるとニンウルタの戦闘神としての属性が強調されることになったようだ。

戦闘神ニンウルタを熱心に祀ったのはアッシリア王たちだった。中期アッシリア時代以降、ニンウルタは畏怖すべき英雄神と注目され、新アッシリア帝国時代になるとニンウルタ信仰が興隆し、神話にもとづいた祭儀劇が演じられている。

アッシュル・ナツィルパル二世(在位前八八三―前八五九年)は新首都カルフ市にニンウル

タ神殿を建てた。神殿正面入口の両側壁面を飾った石板浮彫に表現されたのは、異説もあるが、雷雨の神であることから、両手に稲妻を握った有翼のニンウルタがアンズー鳥を打ち負かしている場面である。追いかけられるアンズー鳥はライオンの身体に、猛禽類の翼とかぎ爪を持った姿をしている。

ニンウルタがアンズーを追う場面は円筒印章の図柄としても好まれたようで、武器として弓矢を使っていることもある。カルフの浮彫も円筒印章の図柄上も、ニンウルタの両足は開いていて、走る姿を表しているが、これには理由がある。

怪獣退治の英雄

4―3　ニンウルタ神のアンズー鳥退治

前一〇〇〇年紀のアッシリアでは、現行太陽暦の一一月から一二月にあたる「キスリム月」に国中の神殿で「リスム」と呼ばれる徒競走が開催された。これはニンウルタ神のアンズー鳥退治にちなんだ祭儀であった。この徒競走がニンウルタ神殿正面の入口を飾った浮彫の主題である。稲妻を両手に握ったニンウルタが、アンズー鳥を追いかけて走っている姿である。

また、『アン・ギン神話』にちなんだ祭儀劇も演じられ、別名

『ニンウルタ神のニップル市への凱旋』が示唆しているように、アッシリア王自らが戦車にのって凱旋するニンウルタの役を演じた。このように、ニンウルタの勝利は徒競走あるいは戦車での凱旋の二種類の方法で象徴的に表現された。

アッシリア王の「ライオン狩り」も同じ意味で、王に退治されるライオンはニンウルタに退治された怪獣(合成獣)と同じ意味になる。つまり、王は魔を退治し、宇宙の秩序を整えるニンウルタの写し身であった。

あとで紹介する創世神話『エヌマ・エリシュ』の中で、マルドゥク神が神々の王になるためには、宇宙の秩序を乱す象徴の怪獣を退治する英雄の地位につく必要があったが、マルドゥク神以前にこの地位にあったのが、エンリル神の子ニンウルタであった。

3　エンリル神—シュメル・アッカドの最高神

「暇な神」アン神

シュメル・アッカドつまりバビロニアの最高神として名前があげられるのは、アン(アッカドのアヌ)神、エンリル神およびマルドゥク神であり、一方アッシリアの最高神はアッシュル神になる。

アンを意味する表語文字は、シュメル語で「天」「神」を意味し、神を表す際に必ずつける限定詞ディンギルがつかない唯一の神がアンである。しかもシュメルのアンはアッカドのアヌのこととはじまる『アン・アヌム神名目録』のように、神名表は普通アンではじまる。こうしたことからも、古くは天空神アンが最高神であったと考えられている。

アンが祀られていたウルク市の繁栄についてはすでに第二章で書いた。活発な交易活動の担い手は神殿であって、ウルクではシュメル・パンテオンの重要な二柱の神々、アンは白神殿のある「アヌのジグラト」地域に、イナンナ女神はエアンナ聖域に祀られていた。「エアンナ」とは「アン神の家」あるいは「天の家」の意味である。

古くはウルクの都市神はアンであったが、デウス・オティオースス（「暇な神」）となり、代わってアンの娘、妻あるいは「聖娼」といわれるイナンナが都市神になったとも考えられている。ただし、その時期や理由はわからない。

アン／アヌは神々の父に位置づけられているが、主人公として活躍するような神話は現時点ではないものの、ほぼ全時代にわたって、メソポタミアの神々の中で最も権威のある神であった。具体的な神の姿は表現されていないが、カッシート王朝時代のクドゥルでは、エンリルとともに角のある冠で表された。

神話で、神々の会議となると、アンが指導者であって、「運命を決定する七柱の神々」が発言した。会議の終わりに「採決。神々の会議の約束。アン神とエンリル神の命令」と決議され、エンリルが執行した。

アン神からエンリル神への政権交代

エンリル神こそが前三〇〇〇年紀のシュメル・アッカドの最高神で、前二〇〇〇年紀末にマルドゥク神に完全に交代するまで、その地位にあった。

エンリル神については、その原初の姿はわからないものの、ニップル市の都市神で、歴史時代にはシュメル・アッカドで「神々の王」と認識されていたが、エンリルが「神々の王」になった経緯を一等史料から説明することはむずかしい。

だが、神話では、次のようなアン神からエンリルへの政権交代が説明されている。シュメルのいくつかの文学作品から、以下のような「天地創造」の過程が推測される。

最初に存在したのは「原初の海」ナンム（ナンマともいう）女神で、ナンムを表す楔形文字は表語文字で「海」を意味し、女神は「海」そのものであった。この「原初の海」が天と地を一つに結合している宇宙的山を生んだ。

神々は人間と同じ姿をしていて、「天」アンは男神、「地」キは女神であった。アンとキの結婚が大気の神エンリルを生み、エンリルは次に天を地から分離した。天を運び去ったのは父アンであったが、エンリル自身が、母であるキ、すなわち地を運び去った。そしてエンリルが母なる地と結合したことが、宇宙の生成、人間創造、および文明樹立のための舞台を用意することになったという。

エンリルは大気、風を司るが、キも支配する。キは「地」である。シュメルの神々の中にはその名前が「地の主人」を意味するエンキ神がいるが、エンキが掌握するのは「地」ではなく、地の下にあるアブズ「深淵」であった。

二〇世紀を代表する、ルーマニア出身の宗教学者ミルチャ・エリアーデ（一九〇七―八六年）は神々の世界での政権交代を、天界の至上神は未開社会に認められるが、進歩した社会では忘れられ、農業の発達が神の階級組織に根本的変化をもたらし、母なる女神とその対偶神が浮上してくると説明している。この説明はキの対偶神エンリルの地位の浮上ということで、納得できる説明になる。

「主人・風」

エンリル神はシュメルの神々の中で、アン神とともにその姿が表現されていない代表的な神である。早くに「暇な神」となっていたアンは、その図像がなくてもしかたがないといえるが、エンリルの図像はなぜないのだろうか。

エンリルとはその名前が「主人・風」を意味し、大気、風を司る神で、広い意味で天候神にふくまれるだろう。深淵を司るエンキ神には流れる水をあしらい、太陽神ウトゥ神は肩から光線が出るというように、属性と結びついた姿が円筒印章などに具体的に表現されている神々もあるが、エンリルが司る大気とか風は図像として表現しにくいかもしれない。

また、あるシュメル語の作品では、他の神々はエンリルの「メラム」を目にすることさえできなかったとされている。「メラム」とは神の身体を包む一種の霊気のことである。神の姿を目にできないことはいうまでもなく、その周囲の「メラム」もあまりに恐れ多くて見えなかったということであろう。

なお、前述のカルフのニンウルタ神殿壁面浮彫に刻まれたアンズー鳥は怪鳥であったが、前三〇〇〇年紀のアンズーは霊鳥で、ニンギルス神に随う鳥と解釈されている。だが、ニンギルスではなく、エンリルの霊鳥と解釈する説もあり、アンズーによってエンリルの存在を間接的に表したかもしれないという。

「主人豊饒」

エンリルは灌漑農耕社会のシュメルで、豊饒を招来する最高神であった。まさにこのことを伝えているのが、『エンリル神とニンリル女神』神話である。この神話は古バビロニア時代などのシュメル語で書かれた写本から復元された。全文一五四行と短いが、その内容は次のようになる。

エンリルは若く、しかも淫らな神で、あろうことか、エンリルがニンリルをレイプ（強姦）することが、物語の発端になる。ニンリルは月神スエン・アシムバッバル神を受胎してしまう。この行為によって、エンリルは追放処分となるも、そのエンリルをニンリルが追いかけ、ニンリルは、月神を天上に昇らせるために身代わりの三柱の冥界神、ネルガル・メスラムタエア神、ニンアズ神およびエンビルル神を受胎させられる。

エンリルとニンリルとのゲームのような交合が繰り返された後で、物語は「亜麻を大きくする主人、大麦を大きくする主人です。あなたは天の主人、主人豊饒、大地の主人です」と、農業での豊饒を招来する神とエンリルを讃えて、結ばれている。

4―4　**ニンリル女神か**　右端で穀物の山に座る

風神の暴力

ニンリル女神がエンリル神の暴力にさらされるのはそれなりの理由がある。エンリルは大気を司り、「荒れ狂う嵐」「野生の牡牛」と呼ばれ、嵐や力を象徴する神である。

物語の中で、ニンリルは大麦を司る女神の娘であることから、ニンリル自身も穀物にかかわる女神と考えられ、レイプは風が穀物を散らす様子を象徴しているようだ。

このような神話が成立した背景には、エンリルを祀ったエクル神殿からニップル市外のニンリルのトゥンマル聖所へと、年ごとに豊饒を促すためにエンリルとニンリルが船で詣でる祭儀があり、その際に、神話に書かれているような、聖なる場所で交合するような祭儀があったかもしれないという。

エンリル神に奉仕する義務

エンリル神は王権授与の神にして、個々の都市国家の上に君臨する「国々の王」であった。シュメル人の統一国家ウル第三王朝時代には、ウル王家本来の支配地域、シュメル・アッカドの諸都市は、ニップル市に祀られている最高神エンリルに奉仕する勤番「バル」の義務を負っていた。「バル」とは、シュメル語で「交替」「順番」などを意味する。ここでの「バル」は、王が一定期間エンリルに奉仕する勤番のことで、宗教儀式費用を負担し、具体的には大麦、パン、ビール、魚などを貢納することであった。

ただし王都ウル、エンリル神の聖都ニップルそして伝統のある古都ウルクの三都市はバル勤番に加わらず、特別扱いであった。

都市を越えてあつく祀られていたエンリルは農業での豊饒をもたらす一方で、都市を破壊、滅亡に追いやることもあった。

アッカド王朝を滅ぼしたエンリル神

破壊的な力を司る風神エンリルの所業とされているのが、『アッカド市への呪い』『ウル市滅亡の哀歌』に見られる、異民族の侵攻による国家の滅亡である。

アッカド王朝創始者サルゴン王は「国土の王サルゴンにエンリル神は敵対者を与えない。エンリル神はサルゴンに上の海（地中海）から下の海（ペルシア湾）まで与えた」と、王碑文（古バビロニア時代の写本）にエンリルによる加護を記している。実際には、アッカド王朝による「上の海から下の海まで」の支配を完成したのは、サルゴンの孫で、四代目のナラム・シン王と考えられている。

祖父サルゴン以上の実力者ナラム・シンは、傲慢と見られていた。だからエンリルの怒りをかってしまい、グティ人が侵攻し、アッカド王朝が滅亡したのだとする文学作品が、前二〇〇〇年頃にシュメル語で書かれた『アッカド市への呪い』である。

実際にはナラム・シンはエンリルの怒りをかうことはしていないが、誇り高い文明人であるシュメル人やアッカド人にとっては、グティ人のような蛮族風情に敗北することなぞは認めがたいことで、エンリルのご意志ならば仕方がないと自らを納得させたのであろう。

ウル第三王朝も滅ぼしたエンリル神

アッカド王朝のみならず、前二〇〇四年頃にエラムの侵攻でウル第三王朝が滅亡した時も、滅亡を主導したのは、エンリル神であった。

滅亡後すぐに書かれたといわれる四三六行にもなる長いシュメル語の文学作品『ウル市滅亡の哀歌』は、エンリルがニップル市から去り、「彼の羊小屋は空になってしまった」、つまり都市が荒廃したとその冒頭で書かれている。なぜエンリルが去ったか、その理由は明記されていない。他の神々も立ち去り、その上エンリル自身が暴風の主キンガルウッダを送り込んでウルを破壊したので、ウルは瓦礫と化してしまったと記されている。

ただし、滅亡のままで終わるのではなく、神々へ帰還を願うことで哀歌は終わっていて、ここに敗北した人間たちのかすかな復興への希望がある。

古代オリエント世界では、恒常的に戦争があり、常に勝つとは限らなかった。人々の思想や願望などを具現したのが神であるならば、負けた時に、敗者が祀る神々の敗北を認めることは、神のみならず敗者自身の全否定につながり、とうてい認めがたいことであった。むしろ神の罰と考えることで、再生への道が開けると考えたのであろう。

ウル第三王朝の滅亡から約一五〇〇年後の前五三九年に、アケメネス朝のキュロス二世が新バビロニア王国を滅ぼすべく、バビロン市に進軍してきた。「キュロス・シリンダー」には、キュロスを呼び寄せたのはマルドゥク神自身と書かれている。その理由は序章で話したように、新バビロニアのナボニドゥス王の行為にマルドゥクが立腹したからであった。

このような最高神が本来庇護すべき国や国民を、逆に滅亡に追いやるとする考え方は、『旧約聖書』にも見ることができる。新アッシリア帝国によって、前七二二年にイスラエル王国は滅ぼされ、ユダ王国も攻撃されたが、『旧約聖書』「列王記」下一七章七―二三節では、両王国へのアッシリアの攻撃、掠奪はヤハウェの許可を得ていて、人々がヤハウェに不従順であることへの罰と考えられている。

4―5　ナボニドゥス王の碑上部

4　天候神―天水農耕地帯の最高神

メソポタミア北部の最高神アダド

農耕社会であっても、天水農耕社会のメソポタミア北部やシリアで、最高神として祀られていた神は天候神であった。すでに序章で述べたヒッタイトの最高神だったテシュブはフリ人の天候神であった。他に、アダド神、ダガン神およびバアル神の名があげられ、前二〇〇〇年紀から前一〇〇〇年紀前半にかけて、信仰を集めていた。

元来天水農耕が採用されていたメソポタミア北部の最高神は、天候神アダドであった。神名は雷鳴音に由来するという。シュメルではイシュクル神、シリアではアッドゥ神あるいはハダド神と呼ばれた。アッシリアは地理的にはメソポタミア北部に位置するが、アッシュル神を国家神としていたので（後述）、マルタイの浮彫にも見られるように、アッシリアではアダドはアッシュルよりも下位にならざるをえなかった。

天候神の聖地として、古バビロニア時代の列強の一国、ヤムハド王国の首都ハラブの名があげられ、ここではアダドやテシュブなどが祀られていた。

ユーフラテス河中流域の最高神ダガン

ユーフラテス河中流域の天候神にして豊饒神は、その起源についてはよくわからないダガン神（ヘブライ語ではダゴン神）で、マリ市やエブラ市では重要な神であった。

この地域を南東のバビロニアからシリアへ通じる道が通っていて、ダガンが守護すると信じられていたことから、西方への侵出を狙っている、メソポタミアの王たちはダガンに祈願し、犠牲を捧げた。

アッカドのサルゴン王は「ダガン神はサルゴンに杉の森（アマヌス山脈）と銀の山（タウルス山脈）までの上の国、つまりマリ市、イアルムティ市そしてエブラ市を与えた」と、ダガンの加護が得られたことを、誇らしく王碑文に記している。

後代には、ペリシテ人がダガンをダゴンの名で最高神として祀っていた。ペリシテ五都市の一つ、アシュドド市にダゴンの神殿があり、神像が安置されていたと『旧約聖書』「サムエル記」上五章二―五節が伝えている。

4―6　**馬上のシャマシュ神**　左端はセンナケリブ王、そこから順にアッシュル神、ムリッス女神、エンリル神（あるいはシン神）、シン神（あるいはナブ神かアヌ神）、シャマシュ神、アダド神そしてイシュタル女神、前7世紀はじめ、マルタイの岩壁の浮彫、高さ1.85m

「打ち負かす神」バアル神

ダゴン神あるいはエル神の息子と見なされたのがバアル神である。『旧約聖書』の中では、天候神であること以上に、豊饒神の代表格ともいえるのがバアルで、異教の神の代名詞としても登場している。敵対勢力のカナン人が祀っていたバアルをイスラエルは目の敵にした。英和辞典でバアル Baal を調べると、「一、バール神（古代セム人の神）、（時にフェニキア人の主神で）太陽神、二、（一般に）邪神（false god）、偶像（idol）」（『研究社 新英和大辞典』第四版、一九六〇年）と説

4―7　ダゴン神殿の契約の箱　ペリシテ人の神ダゴン神殿内の壁画、神像は床に倒壊し、契約の箱は車に積まれ、神殿を離れようとしている。245―246年、ドゥラ・エウロポス出土、ユダヤ教会堂のフレスコ画、ダマスカス博物館蔵

4―8　エル神座像　エルにウガリトの王あるいは神官長が奉献している場面、ウガリト出土、蛇紋岩、高さ47cm、アレッポ国立博物館蔵

明されている。言葉は文化であって、辞典を見ればその言葉を使っている人々の思想や歴史がわかる。英語を使う人たちの多くはキリスト教あるいはユダヤ教を信じているからこそ、こうした説明になる。

エルがウガリトのみならずカナン全域での最高神であった。エルとは元来「神」を意味する普通名詞だった。アシェラ女神との間に神々を誕生させたエルの生産力を象徴するのが種牛であって、これはバアルの随獣でもあった。

ウガリト語で、バアル「主人」と呼ばれた神は天候神ハダドのことといわれている。嵐および雷鳴をともなう稲妻が豊饒をもたらすと信じられていたことから、バアルは稲妻を握って、振りあげている「打ち負かす神」の姿勢でしばしば表現されている。この姿勢は前三〇〇〇年頃のエジプト統一の様子を浅浮彫で表した「ナルメルのパレット」に見られるナルメル王（前三〇〇〇年頃）の姿が最古の例で、あきらかにエジプト美術の影響だが、角のある冠はメソポタミアの伝統であり、長く垂れた巻き毛はヒッタイト美術の影響を受けている。

バアルはウガリトだけでなく、カナン各地で祀られ、バアルと地名が組みあわされた。これもペリシテ五都市の一つ、エクロン市では、バアル・ゼブブ神が祀られていたと、『旧約聖書』「列王記」下一章二節に記されている。

また、バアルと習合したと考えられるのが、前章で紹介した穀霊オシリス神を殺害したセト神で、天候神の属性を持つとも考えられている。

なお、バアルには「雲に乗る者」の美称がつけられることがあり、この美称は『旧約聖書』「詩編」六八章五節では「雲を駆って進む方」と、ヤハウェにも使われていて、ヤハウェも嵐の神の属性を持つ。

5　ヤハウェ―イスラエルの神

エル神を信仰

ヤハウェはイスラエルの歴史の最初から登場する神ではなく、後から導入された。

イスラエルの初出はエジプト第一九王朝メルエンプタハ王（在位前一二一三―前一二〇三

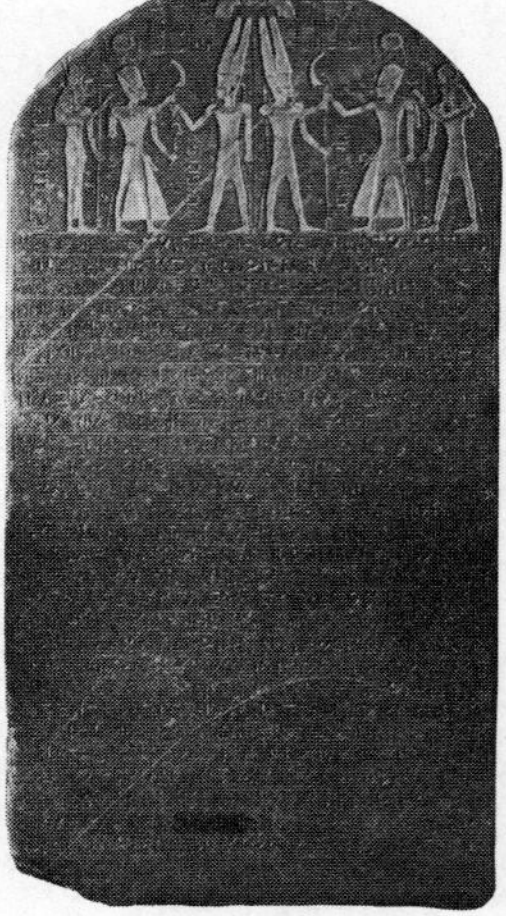

4―9　**メルエンプタハ王の戦勝碑**　前13世紀末、テーベ出土、花崗岩、高さ318cm、カイロ博物館蔵

年）の「戦勝碑」（「イスラエル碑」）で、非定住の部族集団としてその名前が出て来る。

イスラエルとは、「エル神、戦い給う」あるいは「エル神、支配し給う」の意味で、イスラエル人はウガリトやカナンで祀られていたエルを信じていた。

のちにヤハウェの信仰が導入され、エルと習合されて、ヤハウェが「イスラエルの神」（「士師記」五章三―五節）とされたのである。

ウガリトではエルの対偶神で、シリア・パレスティナでも祀られ、神々の母だったアシェラ女神は、イスラエルの民間ではヤハウェの対偶神と信じられ、女神の象徴である樹木や木柱が立つ聖所で祀られていた。

神々を捨て去る

イスラエルを構成する諸集団はその起源が多様で、当初は集団ごとにさまざまな神々が信じられていたという。『旧約聖書』には、イスラエルに属す人々が伝来の神々を捨てた話が複数記されている。

たとえば、「あなたたちの先祖が川の向こう側やエジプトで仕えていた神々を除き去って、主に仕えなさい」（「ヨシュア記」二四章一四節）と記されていて、古くから信じていた神々を捨て去っていた。

「主ひとりのほか、神々に犠牲をささげる者は断ち滅ぼされる」（「出エジプト記」二二章一九節）、「他の神々の名を唱えてはならない」（「出エジプト記」二三章一三節）と、他の神々の礼拝が禁止されていて、ヤハウェは他の神々の崇拝を禁じる排他的な性格、すなわち一神教的な特色をおそらく最初から、持っていたようだ。

南方の嵐の神

ヤハウェの語源は不明で、元来ヘブライ語でなかった可能性もある。

また、ヤハウェはカナン起源の神ではない。前九世紀以前の聖書外史料にも、この神の名は知られていない。もともとパレスティナ南方の荒野の山を聖地とする嵐の神であったようだ。元来ケニ族によって崇拝されたミディアン人の神とする説をはじめ、南方の遊牧民と結びつける説が有力だが、決定的ではない。

伝承では、ヤハウェはモーセに自分の名を啓示し、イスラエルの民をエジプトから導き出し、シナイ山で民と契約を結んだ。

イスラエルとカナン人都市国家群との戦闘を記す「デボラの歌」では、ヤハウェが「シナイにいます神」と呼ばれ、嵐や豪雨を引き起こしながらカナンの地まで、イスラエルの戦いを支援するためにやって来る様子が書かれている（「士師記」五章四—五節）。

戦闘神ヤハウェ

「デボラの歌」に見えるように、初期の伝承でのヤハウェは戦闘神としての姿が目立っている。「主こそいくさびと。その名は主」（「出エジプト記」一五章三節）と呼ばれており、先住民や周辺民族とイスラエルの戦いを記した「ヨシュア記」や「士師記」の伝承の多くは戦いの物語で、ヤハウェは奇跡的な勝利をもたらす神である。

ヤハウェは強く、万能な戦いの神であるが、イスラエル人は必ず勝つとは限らない。敗北した際には、前述のように、ヤハウェが敗北したのではなく、ヤハウェの意志でイスラエル人は敗北させられたと解釈している。

否定されるアハブ王とイゼベル后妃

イスラエルで前一〇〇〇年以降に王政が採用されると、近隣諸国との政略結婚で外国から嫁いできた后妃たちや貿易関係者によって、カナン伝来の神々がもたらされた。神殿の中には、ヤハウェの対偶神とも考えられていたアシェラ女神や、人面あるいは獣面で翼のある合成獣ケルビムのような、ヤハウェ以外の神々の像が置かれた。王たちの多く、そして民衆は多神教徒であった。それでも少数の預言者たちが一神教を死守していた。

前八五三年、シャルマネセル三世（在位前八五八—前八二四年）率いる新アッシリア帝国軍は、オロンテス河流域のカルカルで反アッシリア同盟軍と会戦した。同盟軍の中で、最多の二〇〇〇両もの戦車を率いて参戦した北王国イスラエルのアハブ王（在位前八七一—前八五二年）はよく戦い、アッシリア王は決定的勝利をあげることなく、引きあげざるをえなかった。他国ならば、非難されることはなかっただろう。だが、『旧約聖書』の記者はちがっていた。アハブの活躍は伝えず、むしろティルス市出身のイゼベル后妃がバアル信仰や偶像崇拝を持ち込んだことをめぐり、預言者エリヤが非難し、『旧約聖書』ではアハブを北王国史上最悪の王としている。

また、ヤハウェを信じる人々と対立し、惨たらしく殺されたイゼベル Jezebel を英和辞典で引くと、「一、イゼベル（イスラエル王アハブの邪悪な妻）（略）、二、邪悪な女、毒婦、恥知らずの女」（『研究社 新英和大辞典』第四版）と書かれている。神像を祀ることは他の国では普通におこなわれていたことで、イゼベルも他の国に嫁いでいたら、これほどまでも貶められることはなかったはずである。

6　マルドゥク神、最高神に成長

バビロン市のマルドゥク神

マルドゥク神は天候神とはおそらく無縁の出自からはじまり、バビロニアの最高神になった神である。しかも、前三〇〇〇年紀のシュメル人、アッカド人が活躍していた時代からの最高神ではなかった。バビロン市の都市神マルドゥクが確認できるのは、バビロン第一王朝のハンムラビ王治世からである。ハンムラビのある王碑文では、「マルドゥク神、偉大な主人（ベル）、神々に豊饒を与えしお方」と記され、ハンムラビ自身は「マルドゥク神を満足させる牧人」「マルドゥク神の愛する牧人」と称している。

ハンムラビ治世晩年に編纂されたといわれる『ハンムラビ「法典」』序文には、マルドゥクが高められたことを物語る重要な証言がある。

アヌム、崇高なる方、アヌンナック諸神の王（および）エンリル、天地の主、全土の運命を決定する方が、エアの長子、マルドゥクに全人民に対するエンリル権（王権）を割当て、彼（マルドゥク）をイギグ諸神のなかで偉大なる方とし、バビロンをその崇高なる名で呼び、四方世界でそれを最も優れたるものとし、その（バビロン）ただなかでその基礎が天地の（基礎の）ごとく据えられた永遠の王権を彼のために確立したとき、

（中田一郎訳『ハンムラビ「法典」』）

シュメル・アッカドの最高神であるアヌ神とエンリル神がマルドゥクとバビロンに世界の支配を委ねたと書かれている。だが、ハンムラビ治世におけるマルドゥクは神々の世界でのまだ成りあがり者にすぎず、神々の王としてバビロニア全土で広く認知されるには、なお数世紀の時間を要することになる。

アサルルヒ神との習合

マルドゥク神はシュメル語で「太陽の若き牡牛」を意味するアマルウトゥ神がその履歴のはじまりで、この名前からアッカド語形の名前マルドゥクが派生した。古代のエレシュ市と同定されるかもしれないアブー・ツァラビク遺跡から出土した前二六〇〇年頃に書かれた神名表の断片には、アマルウトゥが見え、これが最古の例になる。シュメル神話では、マルド

ゥクが主人公として活躍するような神話は今のところ伝わらず、無名であった。アッカド王朝時代以降マルドゥクは複数の神々と習合したが、中でもアサルルヒ神（アサル神などともいう）との習合が出世への決め手となった。アサルルヒはシュメルの古い神で、雨の神ともいう。この段階で、広い意味の天候神の属性が加わったといえるだろう。

アブー・ツァラビク出土文書の中にあった『ザミ讃歌』に、アサルルヒの名前が見られる。アサルルヒは水神エンキ（アッカドではエア）が祀られているエリドゥ市南方のクアラ市に祀られていた。『シュメル神殿讃歌集』でも、「アブズの子、アサルアリムヌンナ神はクアラ市に神殿を持ち」と詠われていて、アサルは「アブズの子」つまりアブズを司るエンキの家系に属している。

祓魔儀礼を司る神

低位の神アサルルヒと習合したマルドゥク神だったが、アサルルヒは大神エアの息子であったので、マルドゥクもエアの息子といわれるようになる。習合は前二〇〇〇年紀初頭にははじまっていて、ハンムラビ王の治世晩年には確立された。マルドゥクは父神エアとともに、祓魔儀礼《ふつまぎれい》を司ることになる。古代人にとって、祓魔儀礼を司るアサルは災厄から身を守るために重要な神であった。呪術、占卜などはユダヤ教では否定されるが（「申命記」一八章一〇一三節)、他の古代オリエント世界の宗教では認められていた。

また、父神となったエアは大神ではあるが、人間を滅ぼすために大洪水を送るエンリル神のような畏怖すべき大神ではなく、逆に大洪水が来ることを人間に教えてくれる、親切なありがたい神にして豊饒神と知られていた。人間に親切なエアの子になったことで、マルドゥクも人々から親しまれる神になっていったと考えられる。古バビロニア時代後期には、マルドゥクをふくむ人名が、シン神に次いで多くなっていたとの研究もある。

7　移動するマルドゥク神像

捕囚される神像

マルドゥク神像はバビロン市中心部のエサギル神殿に祀られていたが、しばしばこの神殿から異国に捕囚され、その後奪還されることが繰り返されている(次頁の年表参照)。神とは神像と考えられていたこともあり、ここでは神像についてまとめて話しておこう。

ヒッタイト古王国(前一六八〇―前一四五〇年頃)のムルシリ一世(在位前一六二〇―前一五九〇年頃)は、アナトリアから長駆遠征し、バビロン第一王朝を前一五九五年頃に滅ぼした。この時、征服の証しとしてバビロンからマルドゥク神像と対偶神ツァルパニトゥム女神像を

前　年頃	マルドゥク神関連事項
2600	アマルウトゥ神、アサルルヒ神がアブー・ツァラビク文書に登場
2334-2154	アッカド王朝　『シュメル神殿讃歌集』　アサルルヒ神
2000	マルドゥク神とアサル神が習合
1792-1750	ハンムラビ王治世、マルドゥク神に神々の王権が与えられる（『ハンムラビ「法典」』）
1595	ムルシリ1世のバビロン征服、マルドゥク神像はヒッタイトへ捕囚
1500-1155	カッシート王朝　マルドゥク神を最高神とする信仰が浸透 アグム（2世?）がマルドゥク神像を奪還か 『ルドルル・ベル・ネメキ』創作
1243-1207	トゥクルティ・ニヌルタ1世がマルドゥク神像をアッシリアへ捕囚か
1155	エラムの侵攻で、マルドゥク神像はエラムへ捕囚
1125-1104	ネブカドネザル1世がマルドゥク神像をエラムから奪還 その後、『エヌマ・エリシュ』編纂
689	センナケリブ王のバビロン侵攻、マルドゥク神像をアッシリアへ捕囚
680-669	エサルハドン王　マルドゥク神像ほかを新造
668	アッシュル・バニパル王、マルドゥク神像返還、約5メートルの長さの寝台を作り直して返還
667	マルドゥク神像がバビロンに帰還
648	兄弟戦争でバビロン炎上、マルドゥク神像焼失か
604-562	*「ダニエル書」　ネブカドネザル2世がドラに約27メートルの金の像を制作*
559-530	*「ダニエル書補遺」　ダニエルの証言ではベル神像は内側は粘土、外側は青銅で、ダニエルが破壊*
486-465	クセルクセス1世がマルドゥク神像熔解か
485-425	ヘロドトスの証言、マルドゥク神の巨大な黄金座像と約5メートルの高さの純金像（クセルクセス1世が手に入れる）
331	アレクサンドロス大王バビロン入城、マルドゥク神殿再建命令

マルドゥク神についての記事と推定される事項は、斜体で記した

奪い去ったという。二体の神像はタウルス山脈を越えて、はるばるアナトリアへと捕囚されていったことになる。

神像を取ったり、取り返したりする行為を現代人は一笑に付すだろうが、古代人は真剣であった。前述のように古代人にとって都市国家の「真の王」とは人間ではなく、理念上は都市神で、目で見える形で表現されたのが神像であった。だからこそ、戦争に勝利すれば、その証しとして「敗軍の将」である神像を捕虜として持ち帰り、勝者もまた神像を大切にした。現代のイスラーム原理主義者のように偶像破壊そのことを目的とすることはなかった。

また、持ち去られた神像の代わりに、新しい像を制作して神殿に安置すればそれで済むとは考えていなかった。神像が持ち去られたということは、前述のように神がその都市を見放したことを意味した。そこで、神像を捕虜にされた敗者は、神に戻っていただくという意味で、神像をなんとしても奪還しなければならなかったのである。

4—10　**神像の捕囚**　ティグラト・ピレセル３世の兵士たちが神像を捕囚する場面、４体の神像のうち、後方の像は斧と稲妻を持つアダド神、前８世紀後半、カルフ出土、石膏、幅2.34m、大英博物館蔵

神像はあったか

ところで、これまでの発掘で、メソポタミアの神殿の内陣に安置されていたはずの、本尊にあたる神像は出土していない。

そこで、シュメルでは神像ではなく、なんらかの象徴を神殿に安置したのでないかとの説もある。

我が国の神社では、神像はないことが多い。禁止ではないが、恐れ多いとの理由で姿を表現しない。姿を描いても白い紙で覆ってしまうこともある。一方で、仏像は発達し、尊像を大切にする長い伝統がある。神社では鏡を安置するが、これは神の依代《よりしろ》で、そこに神が顕現すると考えられていた。

偶像崇拝を禁じるユダヤ教では、他宗教における神像に近い機能をはたしていたのが、アカシアの木で制作された契約の箱である。契約の箱にはモーセがシナイ山から持って来た十戒を書きつけた石板が納められ、ソロモン王が完成した神殿に安置されたことになっている。契約の箱は神が会見する時の足をのせる台と見なされていて、その場所に神が現れるので、必然的に神の顕現の象徴と考えられていた。このように、神像が安置されない神社や神殿も他国にはある。

第二章で触れたように、ウルク文化期に作られた「ウルク出土の大杯」の図像から、イナンナ女神像は確認できない。だが、前二五〇〇年頃のラガシュ市のウルナンシェ王は、神(像)を「産んだ」つまり「作った」と王碑文に書いていて、遅くともメソポタミアではこの頃からずっと神殿には神像が安置されていたはずである。また、ウルナンシェから一五〇年ぐらい後の后妃の経営体の会計簿によると、祭礼時に神々に衣服や装身具などを奉献することもあり、神像には衣服を着せ、装身具で飾っていたようだ。

神像の素材

古バビロニア時代、あるいはそれ以前の時代については木像の例は見られず、むしろ金属製の神像の可能性があり、特に都市神の像については金属、中でも銅製の像がふくまれている可能性を、そして前二〇〇〇年紀後半以降の高位の神像は原則として木材を本体として、表面を金銀で覆って、目や口、髪には貴石が使われていたと、松島英子『メソポタミアの神像―偶像と神殿祭儀』が指摘している。

前述のごとく、古代ギリシアでも神像の骨組みには木材を使用していた。木製ならば、戦火による焼失あるいは土中に埋もれて腐食して、出土しないことの説明はつく。

また、エジプトでは神殿や墓の壁面などに、神々の姿がよく刻まれている。だが、神殿の本尊であったと考えられる神像となると、前述のアメン、ラー神像など残存数が少ない。大きい像とはいえず、神像の素材に黄金や銀が使われている。

前九―前八世紀頃にアッカド語で書かれた、疫病を司るエラ神によるバビロン市破壊について書かれた『エラ神の神話』の中で、「神々の肉であり、すべての王の飾りである［……］

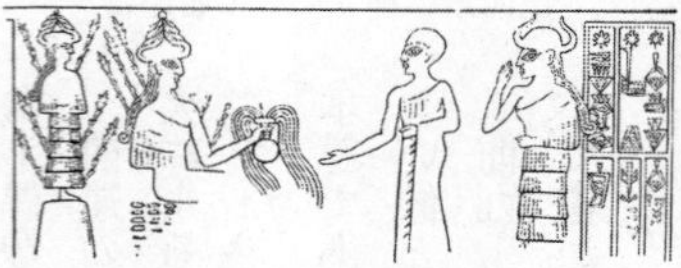

4—11　料理人の円筒印章印影図

メースという名の木はどこにあるか」と書かれていて、神像が木材であったことを伝えている。メースが具体的にいかなる木を指すかは不明だが、前一〇〇〇年紀のエサギル神殿に祀られていた大きなマルドゥク神像は、『祭礼手引書』によればメースの木で制作されたという。

また、メースの他にも、神像の制作にはポプラの木やタマリスク（御柳《ぎょりゅう》）が使われた可能性がある。沖積平野のバビロニアでは素材となる木材のみならず、鉱石にも恵まれず、材料は輸入せざるをえず、いずれにせよ高価だった。

大きくなかった神像

神像は移動可能だったことから、元来大きくなかった。このことを証言する円筒印章印影図がある。アッカド王朝のナラム・シン王に仕えた料理人の円筒印章印影図で、欠損した箇所もあるが、図柄全体がほぼわかる。「流水の壺」を握っている豊饒女神は想像図であって、女神の背後には実際の女神立像が安置されている。現実と空想が入り混じった図であるが、女神像が大きかったら大きく表現したはずで、女神立像は礼拝者よりも小さい。神像は大きくなかったからこそ、移動できたのである。

また、すでに紹介したように、新アッシリア帝国時代のカルフ市から出土した浮彫には、四人一組のアッシリア兵が輿に載せられた神像を捕囚していく場面があり、四体の神像はいずれも兵士たちよりも小さい。

マルドゥク神の姿

本章扉に円筒印章に刻まれていたマルドゥク神の姿を紹介した。円筒印章は黄金の装身具にはめられ、エサギル神殿のマルドゥク神像の首から下げられていたと碑文に書かれていた。実際の印章は陰刻だが、この印章は実用ではないので、陽刻つまり浮彫である。

ところで、マルドゥクが主人公であるバビロニアの創世神話『エヌマ・エリシュ』(後述)が伝えているマルドゥクの姿は尋常ではない。父神エアがマルドゥクに二倍の神性を付与したので、次のような姿であった。

目は四つ、耳は四つだった。
唇は動くと火がもえ上った。
耳は四つともそれぞれ大きく、
それら同様目も森羅万象をことごとく見つくす。

かれは神々の中でもっとも背が高く、
かれの容姿は群をぬいていた。
かれの四肢はことのほか長く、
丈は上半身だけ群を抜いていた。

（後藤光一郎訳『エヌマ・エリシュ』第I粘土板九五―一〇〇行）

仏像では、千手観音や十一面観音のような多面広臂《ためんこうひ》の変化観音などが知られているが、ひるがえってバビロニアでは、『エヌマ・エリシュ』の記述どおりの四つ目、四つ耳のマルドゥク神像が制作された可能性はなかったようで、マルドゥク神像は本章扉のような姿をしていたと考えられている。

マルドゥクは丈の高い冠をかぶり、足下には随獣のムシュフシュを随えたバビロニアの最高神にふさわしい姿である。円筒印章に刻まれた神の姿が、実在した神像とまったくちがっていたとは考えにくく、同じ姿をしていたと推測されている。そこで、マルドゥクの図というと、この図がよく使われている。

ただし、この後で詳しく述べるが、マルドゥク神像は「神々の中でももっとも背が高く」の記述どおりに、つまり像高が高く作られるようになった可能性はある。

8　「ベル」マルドゥク神

マルドゥク神信仰の浸透

神像の話が長くなったが、ここからはヒッタイトに持ち去られたマルドゥク神像のその後から話すとしよう。

バビロン第一王朝滅亡後、海の国第一王朝（前一七四〇—前一四七五年頃）による短期間の支配を経て、バビロン市を支配したカッシート王朝時代の第八代か第九代の王がマルドゥク神および対偶神二柱の神像をヒッタイトから奪還したと後代の写本が伝えているが、このできごとが史実かは未確認である。

カッシート王朝は外来民族の王朝だが、歴代の王たちは王朝前期にはシュメル以来のバビロニアの最高神エンリル祭祀の、そして後期にはバビロンの都市神マルドゥク祭祀の最高祭主として、バビロニア王としての地位と権限を宗教的に正当化していた。この王朝時代に作られたクドゥル（本章扉図）での、マルドゥクの象徴は三角形の頭をした鋤（本章扉図）であることから、農業神と認識されていたことになる。

また、同王朝時代の円筒印章には、短い祈りとともに利益、福祉そして救済などの願いが書かれているものがある。こうした印章約一五〇の中、六〇以上がマルドゥクに祈願している。この頃、バビロニアのパンテオンの最高神はまだエンリルであったものの、マルドゥクも「創造主」「天と地の主人」として、しばしば祈られていることから、最高神はマルドゥクとする考え方が個人の信仰のレベルまで浸透していったようだ。

なお、マルドゥクは英雄神としての面だけでなく、前章で書いたように、カッシート王朝時代に書かれたと思われる『ルドルル・ベル・ネメキ』に見られるように、救済神としての面が強調されるようになっていた。

エラムからの帰還

前一一五五年頃、カッシート王朝はエラムの侵攻で滅亡し、マルドゥク神像と対偶神像は今度は東方のエラムへ捕囚されてしまった。そこで、カッシート王朝に次いでバビロニアを支配したイシン第二王朝ネブカドネザル一世はエラムを攻略し、マルドゥク神像と対偶神像とを約三〇年ぶりに奪還した。神像を奪還したことは王の大功績と評価され、『ネブカドネザル一世叙事詩』では、このことが大いに讃えられている。

叙事詩では、ネブカドネザル一世の前任者の治世に「良きことが去り、悪しきことが普通のこととなり、主人が怒った」ので、主人つまりマルドゥク自身が自らの捕囚をエラムに命じたのだと、そしてネブカドネザル一世の祈りを聞き届けられ、マルドゥクがバビロンに戻ることに同意したのだと、記されている。単に「ベル」つまり「主人」といえばマルドゥクを指すようになるのは、この神像奪還の頃からである。

「諸国のベル」マルドゥク神

エラムに対するネブカドネザル一世の勝利およびマルドゥク神像帰還の後に編纂されたのが、創世神話『エヌマ・エリシュ』である。『エヌマ・エリシュ』とはアッカド語で「上では……時に」の意味で、新バビロニア王国時代にはバビロン市の「新年祭」の四日目に、バビロニアの最高神にして、バビロン市の都市神であるマルドゥク神に捧げて朗誦された。

『エヌマ・エリシュ』のエピローグに、「ティアマト女神を敗北せしめ、王権を得たマルドゥク神の歌」と内容が総括されている。マルドゥクが神々全員の賛同を得て最高神になったのは、ティアマトが神々を滅ぼそうと企てた時に、マルドゥクが神々を救ったと説明されている。マルドゥクはティアマト自身とティアマトが創造した「一一の怪

4―12 **ティアマトと戦うマルドゥク神** あるいはアッシュル神、円筒印章印影図、新アッシリア帝国時代

獣」の軍団と戦って、敗北せしめ、ティアマトの死体から天地を創造する。そして従来エンリル神が占めていたバビロニアの最高神の地位は、新しい覇者マルドゥクに与えられたのである。

マルドゥクを神々の王に据えるには、世界の秩序を乱す象徴の怪獣を退治する英雄の地位につける必要があったのである。前述のように、この英雄の地位にあったのは、エンリル神の子、ニンウルタ神であった。

世界の秩序を象徴するのが、マルドゥクがティアマトの眷属から奪った「天命の粘土板」である。この粘土板には世界に起きるできごとが記され、最高神のもとに保管された。最高神が「天命の印」を捺《お》すことで、書かれていることが有効になるので、マルドゥクは奪い取った「天命の粘土板」に「天命の印」を捺して胸につけたと、『エヌマ・エリシュ』に書かれている。

マルドゥクは複数の神々と習合した結果、さまざまな属性を持つことになる。習合された神々が『エヌマ・エリシュ』では、マルドゥクに贈られた五〇の名前として記されていて、早くに習合したアサルルヒ神もふくまれている。また、メソポタミア北部の最高神にして、天候神のアダド神も習合されている。本章扉図のクドゥルにはアダド神の象徴である稲妻も刻まれている。ちなみに五〇には意味があって、五〇はエンリルおよびニンウルタの聖数だから、マルドゥクは後継者との意味が示されている。

こうして、天地の秩序を確立したマルドゥクは神々の王となって、「諸国のベル（主人）」「神々のエンリル神（最高神）」と讃えられることになったのである。

9　アッシュル神―アッシュル市の神格化

土地の神格化

マルドゥク神が前二〇〇〇年紀末にはバビロニアで最高神の地位を確固たるものにしていたが、メソポタミア北部のアッシリアはちがっていた。

アッシュル神は「アッシュル市は王なり」といわれ、アッシュル市そのものの神格化だった。アッシリアの領土と勢力が拡大するにつれ、アッシュルは新アッシリア帝国の最高神となった。都市アッシュルを神とみなす考え方だから、戦争は神の敵を排除する神聖な共同体の行為であり、王は聖戦を指揮するアッシュル神の代行者であった。

こうした出自もあってか、敵国に何度か捕囚されたマルドゥク神像とちがいアッシュル神像が捕囚されたとの記録はない。神像がなかったということではなく、アッシュル神がアッシュルという土地と同一であるとすると、連れ去りようがなかったともいえる。

アッシュル神はアッシリアに対しての王権の授与など、一切の権限を握っていると考えられていた。アッシリア王はアッシュル神の大神官で、地上における代理人との考え方から、王名には、アッシュル・ウバリト（アッシュル神は生かしたもう）、アッシュル・ダン（アッシュル神は裁判官である）、アッシュル・ナツィルパル（アッシュル神は後継者を守る）、アッシュル・ニラリ（アッシュル神は我が救い主）およびアッシュル・バニパル（アッシュル神は息子の創造者）などと、アッシュル神の名をよくいれている。

また、王碑文では、アッシュル神こそが真の王との考え方から、アッシュル神に遠慮して、王は自らを「副王」と称している。

4―13　アッシュル・ナツィルパル２世像　数少ないアッシリア王の丸彫像、前９世紀前半、カルフ出土、砂岩、高さ1.02m、大英博物館蔵

バビロニアの神々との習合

アッシリアが発展し、バビロニアとの文化的な接触が増加すると、アッシュル神をバビロ

ニアのパンテオンの主要な神々と習合する傾向があった。前一三〇〇年頃から、アッシュルとエンリル神を習合することが試みられ、神々の王としての役割をアッシュルに割りあてる意図があったようだ。対偶神のいなかったアッシュルには、エンリルの対偶神ニンリル女神をあて、ムリッス女神とアッシリアでは呼んでいた。また、アッシュルの随獣にはマルドゥクの随獣ムシュフシュを採用し、象徴はアヌ神およびエンリルと同様に、角のある冠によって表された。

センナケリブ王の宗教政策

新アッシリア帝国時代には、マルドゥク神の地位はその時々のアッシリア王の宗教政策によって左右されたが、中でも特筆すべきはセンナケリブ王である。前六八九年にバビロン市に侵攻し、「死骸で私はその都市の広場を満たした」との記録を残している。エサギル神殿を破壊し、マルドゥク神像をアッシリアへ捕囚した。マルドゥク神像はセンナケリブ治世の八年間と息子で次王エサルハドン（在位前六八〇―前六六九年）治世の一二年間、合計二〇年間アッシュル市に捕囚されていた。

この間、バビロンでは「新年祭」は挙行されなかったが、アッシリアではセンナケリブがアッシュル市郊外に「新年祭用神殿《ビト・アキティ》」を新築し、アッシュル神を主役として「新年祭」を挙行した。また、センナケリブの意向にあわせ、「罪人」マルドゥクがアッシュルに裁かれる筋書きの物語が創作されたこともわかっている。

センナケリブが国家神アッシュルをバビロニアの最高神マルドゥクよりも上位に位置づけようと画策した結果、皮肉にもマルドゥクにかかわる神話や祭儀などがアッシュルに結びつけられ、マルドゥクに似てしまったのである。

前六〇九年、新アッシリア帝国は滅亡し、アッシュルはもはや国家神たりえなくなったものの、祭儀は紀元後三世紀までメソポタミア北部に残っていたという。

10　大きくなったマルドゥク神像

アッシュル・バニパル王による返還

話がアッシリアの滅亡まで進んでしまったが、時間を少し前に戻して、センナケリブ王によってアッシリアに捕囚されたマルドゥク神像のその後を紹介していこう。

前六八一年にセンナケリブが暗殺されるや、後継者エサルハドン王は父王の行き過ぎたバビロン敵対政策を是正すべく、エサギル神殿を再建し、マルドゥク神像の返還を計画した。エサルハドンはマルドゥクを中心とするバビロニアの祭儀を尊重することで、バビロニアの平穏を保とうとした。マルドゥクに長寿祈願を意図したラピス・ラズリ製円筒印章をエサルハドンは奉献し、以後のアッシリア王たちはバビロニア王への書簡に「我が神々であるアッシュル神とマルドゥク神」のように、マルドゥクの名前も並べている。

アッシリアに捕囚されたマルドゥク神像と対偶神像はどうなったかというと、補修され、父王のバビロン市復興計画を継承したアッシュル・バニパル王治世初年（前六六八年）に、なんとか返還された。ということは、マルドゥク神像は動かせる大きさであり、重さであったということになる。

ところで、アッシュル・バニパルはマルドゥク神と対偶神のために聖婚儀礼用の寝台を作り直してバビロンに返しているが、この寝台は小さいとはいえない豪華な寝台で、長さ六と三分の二キュービット（一キュービットは約七五センチメートル、換算すると約五メートル）、幅三と三分の二キュービット（約二・七五メートル）の大きさだという（松島英子著『メソポタミアの神像―偶像と神殿祭儀』）。神像と不釣合いな大きさの寝台は作らないと考えると、寝台と釣り合う五メートル近い

4―14　**エサルハドン王の戦勝碑**　縄につながれた2人の捕虜はエジプト王タハルカあるいはその息子とシドンの王アブディ・ミルクティ、前7世紀、サムアル出土、玄武岩、高さ318cm、ペルガモン博物館蔵

4—15　**前7—前6世紀頃のバビロン市想像図**　手前は石橋がかかるユーフラテス河、エテメンアンキ神殿（ジグラト）とエサギル神殿

像高の神像があったということになるかもしれない。五メートルとは、身近なところで、歩道橋の高さが道路法で下端が四・八メートルに決まっているので、これよりも少し高くなる。

さて、ようやくバビロンに戻ったマルドゥク神像だが、エサギル神殿に平穏に安置された状態は続かなかった。前六四八年に、アッシュル・バニパルは兄のバビロニア王シャマシュ・シュム・ウキン（在位前六六七—前六四八年）との間に「兄弟戦争」を勃発させ、バビロンを攻撃し、炎上させてしまう。この戦争でマルドゥク神像は焼失したとも考えられる。

前六二七年、エジプトまで支配したアッシュル・バニパル王が没すると、アッシリアの凋落《ちょうらく》は早かった。前六一二年には首都ニネヴェ市がメディア（前八世紀後半—前五五〇年）と新バビロニアの連合軍の攻撃で陥落し、事実上新アッシリア帝国はおわった。

ネブカドネザル二世のバビロン市

新アッシリア帝国の王たちにより破壊されたバビロン市を復興させたのは新バビロニア王国の王たちで、ネブカドネザル二世（在位前六〇四—前五六二年）治世はバビロンが最も繁栄した時期であった。この時期のバビロンを「バビロニア捕囚」で連行されてきたユダヤ人たちが目にすることになる。

ネブカドネザル二世は二度にわたって地中海沿岸のユダ王国（前九二二頃—前五八七年頃）を攻撃した。前五九八年にはエルサレムを包囲するも、ヨヤキン王（在位前五九八—前五九七年）がすぐに降伏したので、エルサレムを破壊することはとどまった。それでも神殿を荒らし、王以下約一万人がバビロニアへ連行された。これが第一次「バビロニア捕囚」である。

この時ネブカドネザル二世はゼデキヤ王（在位前五九六—前五八六年）を後継者に任命し、王国を存続させたが、エジプトの支援により反旗をひるがえす。またしてもネブカドネザル二世は親征し、前五八七年にエルサレムを包囲し、翌前五八六年には城壁を破壊し、王国を滅ぼす。そして、生き残った住民の多くを強制的に連行した。これが第二次「バビロニア捕囚」である。

ここでもまたユダ王国の滅亡は、王と民との背教に対してのヤハウェの罰との考え方が示されている。『旧約聖書』「列王記」下二四章一九—二〇節には「彼はヨヤキムが行ったように、主の目に悪とされることをことごとく行った。エルサレムとユダは主の怒りによってこのような事態になり、ついにその御前から捨て去られることになった」と、記されている。ここでの彼はゼデキヤを指す。

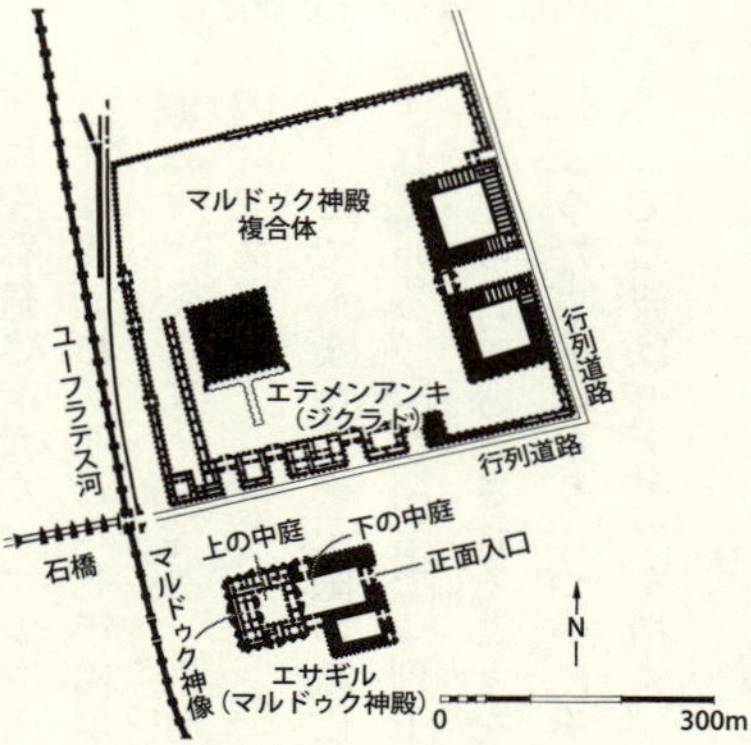

4—16　エサギル神殿平面図

強制的にバビロンに連れてこられた人々はバビロンの繁栄を目の当たりにしたが、好意的に見ることはできず、憎しみの眼差しを向けることとなり、バビロンといえば悪しき都市の代名詞となった。

遥拝できたマルドゥク神像

当然のことながら捕囚民は「ベル」マルドゥク神像も好意的に見ることはできなかった。だが、マルドゥクの祭儀は新バビロニア王国時代に最盛期を迎えていて、こうした状況がアケメネス朝の滅亡まで続いた。壮麗に修築されたエサギル神殿にはマルドゥク神像が対偶神像とともに祀られていた。

ところで、王や神官だけでなく、民衆も神像を見ることができたようだ。新バビロニア王国時代には、月例祭のおりに神殿にはいることを許されていたという。

また、マルドゥク神像が祀られていたエサギル神殿の正面入口はほぼ東方を向いていた。この入口をはいると、長さ約六五メートルの中庭（下の中庭）があって、その先に一つの部屋そして約二八メートルの別の中庭（上の中庭）を経て、建造物に突き当たる。この建造物の二つ目の突き当りの部屋が一説にはマルドゥク神像が安置された至聖所ともいわれる。正面突き当りが至聖所とすると、扉が開け放たれていれば、正面入口からマルドゥク神像まではほぼ一直線になり、神像がある程度の大きさであれば、約一〇〇メートル先の神像を、ありがたく遥拝できたことになる。

前で触れたように、アッシュル・バニパル王治世には五メートル近い高さであった可能性がある。高さ一九センチメートルの円筒印章をぶらさげてもおかしくない大きさの像であったようだ。

以下で紹介するように、メソポタミアの史料よりも、『旧約聖書』とヘロドトス『歴史』が、つまり外国人たちがベル神像が大きかったことを伝えている。

ネブカドネザル二世が制作した金の像

「ダニエル書」は金の像をネブカドネザル（ネブカドネツァル）二世が制作したと伝えている。

ネブカドネツァル王は一つの金の像を造った。高さは六十アンマ、幅は六アンマで、これをバビロン州のドラという平野に建てた。ネブカドネツァル王は人を遣わして、（略）自分の建てた像の除幕式に参列させることにした。（略）

「諸国、諸族、諸言語の人々よ、あなたたちに告げる。角笛、横笛、六絃琴《ろくげんきん》、竪琴、十三絃琴、風琴などあらゆる楽器による音楽が聞こえたなら、ネブカドネツァル王の建てられた金の像の前にひれ伏して拝め。ひれ伏して拝まない者は、直ちに燃え盛る炉に投げ込まれる」

(『旧約聖書』「ダニエル書」三章一―六節)

※一アンマ=約四五センチメートル　六〇アンマ=約二七メートル

「ダニエル書」は物語の歴史性はないといわれ、主人公ダニエルの実在は証明できない。偶像を否定する立場で貫かれている「ダニエル書」では、「金の像」を拝まない者は罰せられることが強調されているが、国王が主催する神像の盛大な除幕式は国家の一大事業で、バビロン市の民衆は遠くからであっても喜んで見物したにちがいない。

似たような例を、我が国の古代社会でも目撃できたはずである。第一章でも紹介した「奈良大仏」は聖武天皇(在位七二四―七四九年)治世、天平一五年(七四三年)の「発願《ほつがん》の詔《みことのり》」で造営が開始された。詔は大仏造営に民衆の参加を呼びかけていて、約二六〇万人もの人々が参加した。当時の人口が約六〇〇万から七〇〇万人と考えられ、約四割の人が参加していた。精錬した銅だけでも約四九九トンを調達し、一二年かかって、像高約一六メートルの大仏を完成させた一大国家事業であった。

前述のように、開眼供養には伎楽も演じられた。和辻哲郎が「一般の民衆も、たとい式場にはいることはできなかったにしても、この大供養の見物に集まって来なかったはずはない」（『古寺巡礼』）と推測している。大仏造営は現代社会のオリンピックや万国博覧会のように、国力発展の喜びを分かちあい、民衆にも参加する楽しみを与えたようだ。

同じようなことが、バビロンで神像が作られた際にも、いえるだろう。

大きな神像は存在したか

「ダニエル書」では、神名は語られていないが、バビロンに祀られた神像で、しかも丈が高いとなればマルドゥク神像のことになるかもしれない。六〇アンマ、換算すると約二七メートルもの高さの金の像があったというが、エジプトのアブ・シンベル大神殿正面の第一九王朝ラメセス二世（前一二七九―前一二一三年頃）の四体の座像は像高にばらつきがあるものの、二一から二二メートルもある巨大な像で、これよりも高いことになる。高い崖でもあれば丈の高い神像もありうるが、バビロニア地方は沖積平野である。

4―17　ラメセス２世座像　アブ・シンベル大神殿

「平野に建てた」ということは「露座の大仏」ならぬ「露座の神

像」を意味するのだろうか。仮に建造物の中に安置された神像だとすると、日乾煉瓦を建築資材として建造物を建てるバビロニアで、約二七メートルの高さの神像を安置できる神殿が建てられたか疑問である。つまり、七階か八階建の高さの建造物を建てることになり、結論からいえば無理であろう。メソポタミアで高層建造物といえば、階段状の聖塔ジグラトである。ウル市の三層からなるジグラトは約二一メートルの高さがあったが、ジグラトの内部に部屋はなく、泥煉瓦の山である。

また、黄金ではなく、青銅製のベル神像つまりマルドゥク神像があったともいう。「ベルと竜」(『旧約聖書続編』「ダニエル書補遺」七節)では、「あれは内側は粘土で、外側は青銅でできていて、飲み食いするわけではございません」と、ベル神像は中空型鋳物であったことを指しているようだが、神像の大きさは語られていない。

バビロンの群衆が拝む神像

ユダ王国の預言者エレミヤは「バビロンでは、金や銀や木でできた神々の像が肩に担《かつ》がれて、異邦の民に恐れを抱かせているのを見るでしょう。気をつけなさい。群衆が神々の像を前から後ろから伏し拝むのを見て、あなたたちまでが異国から来た民に似た者となり、それらを恐れるようなことがあってはなりません」(『旧約聖書続編』「エレミヤの手紙」三―五節)

と、語っている。

エレミヤは神像を拝む者たちを非難しているが、一方でバビロンには神像をありがたく拝む民衆がいたことになる。神像は担がれ、抱えられる重さであって、「戦争や災難が神々の像にふりかかると、祭司たちはそれらを抱えて、どこに隠れようかと論じ合います」（「エレミヤの手紙」四八節）とも書かれている。非常時には神像を持ちだそうと祭司たちが論じているというが、このことは神像を祭祀の中心に考える宗教では当然のことになる。

「天平《てんぴょう》の美少年」のニックネームを持つ阿修羅像（天平六年〔七三四年〕制作）は重量が約一五キログラム、像高約一五三センチメートルと、軽く、大きくないこともあって、興福寺の僧たちによって非常時に持ち出されたので、約一三〇〇年の時間を生きのびた。

阿修羅像は脱乾漆技法《だつかんしつぎほう》で作られ、中が空洞で軽い。脱乾漆技法とは木や粘土で型を作り、麻布などを漆で貼り重ねて成形した後、背中を切り開いて型を取り除く方法である。阿修羅像を守った僧たちのことをバビロンの神官たちが知ったら、共感するであろう。

「エレミヤの手紙」の中では「鋳型に流し込まれたときも」（二三節）と神像が鋳造と考えられる記述があるが、他は「金や銀や木でできた神々の像」（三節）のような、木像を金銀で覆っていたと考えられる記述が繰り返され、さらにさびや虫くいができることや、紫の衣などを着せていたことも、語られている。『旧約聖書』の記述は偶像崇拝を否定する立場であるが、神像が複数の素材で制作されていたことも伝えている。

救済神マルドゥクの大きな像

エレミヤは非難するものの、「口の利けない者を見つけると、ベル神の前に連れて行き、ベル神なら聞き届けてくれると信じ、彼の口が利けるようになることを願っています」（「エレミヤの手紙」四〇節）と記されていることから、ベルつまりマルドゥク神像の前で祈願し、救済を求める人々がバビロンにはいたのである。

マルドゥクは最高神であるが、『ルドルル・ベル・ネメキ』に書かれていたように、救済神の面が強調されるようになっていた。「エレミヤの手紙」ではベル神像の大きさについては特に語られていないが、前で話した『エヌマ・エリシュ』の記述とともに、人々を救済する神像は小さい像であるよりも、人々が仰ぎ見る大きい像の方がふさわしいだろう。

ところで、仏教では、遠い未来にこの世に下降し衆生《しゅじょう》を救済する仏は、弥勒菩薩《みろくぼさつ》になる。第一章で述べたように、弥勒菩薩は西方世界と無縁ではなく、ミスラ／ミトラ神が成立を促したとも考えられている。

我が国では、中宮寺や広隆寺の弥勒菩薩半跏像《はんかぞう》がよく知られ、ともに国宝で若々しく美しい仏像と人気が高い。ただし、前者については如意輪観音《にょいりんかんのん》説もある。

ところが、弥勒は中国などでは大きく作られた。それというのも、理由があって、弥勒がこの世に下生《げしょう》する未来の世では弥勒は背が高く、人間世界には五穀豊穣がもたらされ、人間の寿命がのび、背ものびるという。『弥勒下生仏経《みろくげしょうぶつきょう》』では弥勒の身長千尺、換算すると約三〇〇メートル、『弥勒大成仏経《みろくだいじょうぶつきょう》』では身長三二丈、換算すると約九六メートルになる。

東方世界で、衆生救済の弥勒菩薩像を大きく作るように、マルドゥク神の大きな像が作られていたとしたら、その理由は救済神の面を強調するにいたったことにあるのではないだろうか。

ヘロドトスの証言

マルドゥク神像が大きかったことを記しているのが、アケメネス朝支配下のバビロンにやって来たヘロドトスである。クセルクセス一世（在位前四八六―前四六五年）とほぼ同時代の人で、次のことを記している。

このバビロンの神域には、下手にもう一つ神殿があり、ここにはゼウス（ベル）の巨大な黄金の坐像が安置され、かたわらには黄金製の大テーブルが置かれ、足台も椅子も黄金製である。カルデア人のいうところでは、これらは合計八百タラントンの黄金を用いて作られているという。この神殿の外に金製の祭壇があるが、さらにもう一つ大祭壇があり、ここでは成長した家畜が供えられる。黄金の祭壇ではまだ乳離れしない幼獣以外は供えてならぬことになっているからで、この大祭壇では毎年この神の祭礼の時、千タラントンの乳香を焚くことになっている。

この神域内にはまた、十二ペキュスもある純金の像が、その（キュロス遠征の）当時にもまだあった。ただしこの像は私自身見たわけではないので、カルデア人のいうところをここに伝えるだけである。ヒュスタスペスの子ダレイオスはこの像を狙っていたけれども、手に入れる決心が遂につかなかった。しかしダレイオスの子クセルクセスはこれを手に入れ、像を動かすことを制止した祭司を殺したのである。

（松平千秋訳『歴史』巻一、一八三）

※一タラントン＝二九・一九六キログラム（アッティカ単位）

八〇〇タラントン＝二三三五六・八キログラム

一ペキュス＝四四・四センチメートル　一二ペキュス＝五・三二八メートル

ヘロドトスはゼウスつまりマルドゥク神の巨大な黄金の座像は見たが、純金の像は見ていないといっている。ヘロドトスのバビロン訪問については疑問視する向きもあるが、外国人のヘロドトスが神殿内に安置されている神像を見られたことになる。ヘロドトスはギリシア人なので、似た属性の神々をギリシアの神々の名前で呼んでいて、ゼウスはギリシアの最高神だから、バビロニアの最高神となればベル、つまりマルドゥクのことになる。

黄金は「合計」と書いてあることから、神像だけでなく、テーブルなどもふくめて八〇〇タラントンになり、換算すると約二三トンの重さになる。ヘロドトスは黄金のベルつまりマルドゥク神像の像高にはふれていない。

別の一体の純金像は誰の像か、立像かそれとも座像か、ヘロドトスは詳しいことを書いていないが、一二ペキュスの高さの神像は換算すると約五メートルの像高で、この神像をクセルクセス一世がついに自分のものにしたとヘロドトスはいっている。

前四八二年に、アケメネス朝支配下のバビロン市で反乱が二度も起こるや、クセルクセス一世はバビロンを徹底的に破壊した。この時、エサギル神殿を破壊し、マルドゥク神像を熔解したとも、持ち去ったともいわれている。

ただし、クセルクセス一世の乱暴狼藉《らんぼうろうぜき》はギリシア語史料が伝えているもので、実際にはこうした行為に及んでいないとの説も出されている。ヘロドトスの『歴史』は読んで面白いが、真偽のほどが疑わしい話も語られていて、ヘロドトスが語っているマルドゥク神像についても鵜《う》呑《の》みにできないが、この後の時代になるとマルドゥク神像についての情報はほぼなくなる。

バビロン市の終焉

前三三一年、アレクサンドロス三世がバビロン市へ入城すると、破壊されたベロスつまりマルドゥク神の神殿を再建することを指示したと『アレクサンドロス大王東征記』巻三、一六に伝えられているが、マルドゥク神像についてはふれられていない。

翌前三三〇年、アレクサンドロスはペルセポリス宮殿にはいった。最後の王ダレイオス三世(在位前三三六—前三三〇年)は東走するも部下に殺害され、アケメネス朝は滅亡する。異説もあるが、これをもって古代オリエント史はおわり、時代はヘレニズム時代になる。

前三一二年、バビロン市はセレウコス朝の支配を受けることになる。初代セレウコス一世はティグリス河流域に新都セレウキア市を建設するのに、バビロンの煉瓦を流用したので、バビロンの衰退は決定的となる。

前二七五年にはアンティオコス一世がバビロンに残った市民にセレウキアへの移転を命じる。王は東方イラン世界で優勢なゾロアスター教への防壁として、バビロニアの信仰を擁護していた。

前二世紀となると、バビロンの衰退はさらに進むが、それでもバビロニア各地の神殿で神官たちはバビロニアの宗教、文化、そして楔形文字などの伝統を遵守していた。「世界七不思議」の一つにバビロンの空中庭園を数えていたフィロンはこの頃の人で、「世界七不思議」に前述のオリュンピアのゼウス神座像は数えているが、マルドゥク神像はあげられていない。マルドゥク神像はあったとしても、大きくてみごとな像ではなかったということになるであろう。

紀元後、ユーフラテス河付近を東方の国境線として西アジア世界のほとんどはローマ帝国領に組み込まれていった。ローマ帝国の最盛期にあたる五賢帝時代のトラヤヌス帝（在位九八―一一七年）は帝国の最大版図を達成していたが、その晩年にパルティアへ親征した。その途上、一一六年にバビロンを訪問したが、すでに廃墟であった。

ベル・マルドゥク神の黄昏

バビロン市は廃墟となり、国家神ではなくなったものの、マルドゥク神は絶命してはいなかった。シリア砂漠の中央に位置する隊商都市パルミラで、マルドゥク神に由来する天神ベルが最高神となったのは、パルミラを中心に東西文化が交流した結果である。バビロン市民はセレウキアに移されたので、おそらくセレウキア経由で、パルミラに伝えられたのであろう。パルミラで、ベルは古くから祀られていた、フェニキア起源の収穫の神ボールと習合したと考えられる。

パルミラはアラブ系の人々が支配していて、交易活動で繁栄していた。バビロニア起源の神々が習合して祀られているとともに、一方で一一一年から二六八年にかけて作られた「無名神」の祭碑が現時点で二〇〇以上出土している。祭碑は神像や文字を刻んだ石板や石台で、「無名神」とは固有の名前がつけられていない神を指す。ここには「あなたの神、主の名をみだりに唱えてはならない」(『旧約聖書』「出エジプト記」二〇章七節)と説く、ユダヤ教

4—18　**ベル神殿**　東方から見たパルミラ遺跡全景、手前にベル神殿

の影響が見て取れるとの指摘もある。

二七一年にパルミラはローマ帝国に独立宣言をするも、アウレリアヌス帝(在位二七〇—二七五年)の親征によってゼノビア女王(在位二六七—二七二年)が敗北し、二七三年にパルミラは徹底的に破壊された。ローマ領内にあるものの、その後のパルミラの歴史はあきらかではない。

この時から、一七〇〇年以上の時間が過ぎた二〇一五年五月に、過激派集団ISIL(イラクとレヴァントのイスラム国)がパルミラ遺跡を支配すると、八月末にベル神殿は破壊されてしまった。

終　章

「アブラハムの宗教」が対立する世界

アル・ウッザー女神像
アル・ウッザー女神の神殿に安置されていた。様式化された眉、眼、鼻および唇で、女神の顔を表現している。眼は元来象嵌されていた。顔の上部は葉の冠である。
砂岩、高さ32cm、アンマン考古学博物館蔵

◎本章に登場する主な神々

アッラー　イスラーム教の神

アル・ウッザー女神　アラビアの女神

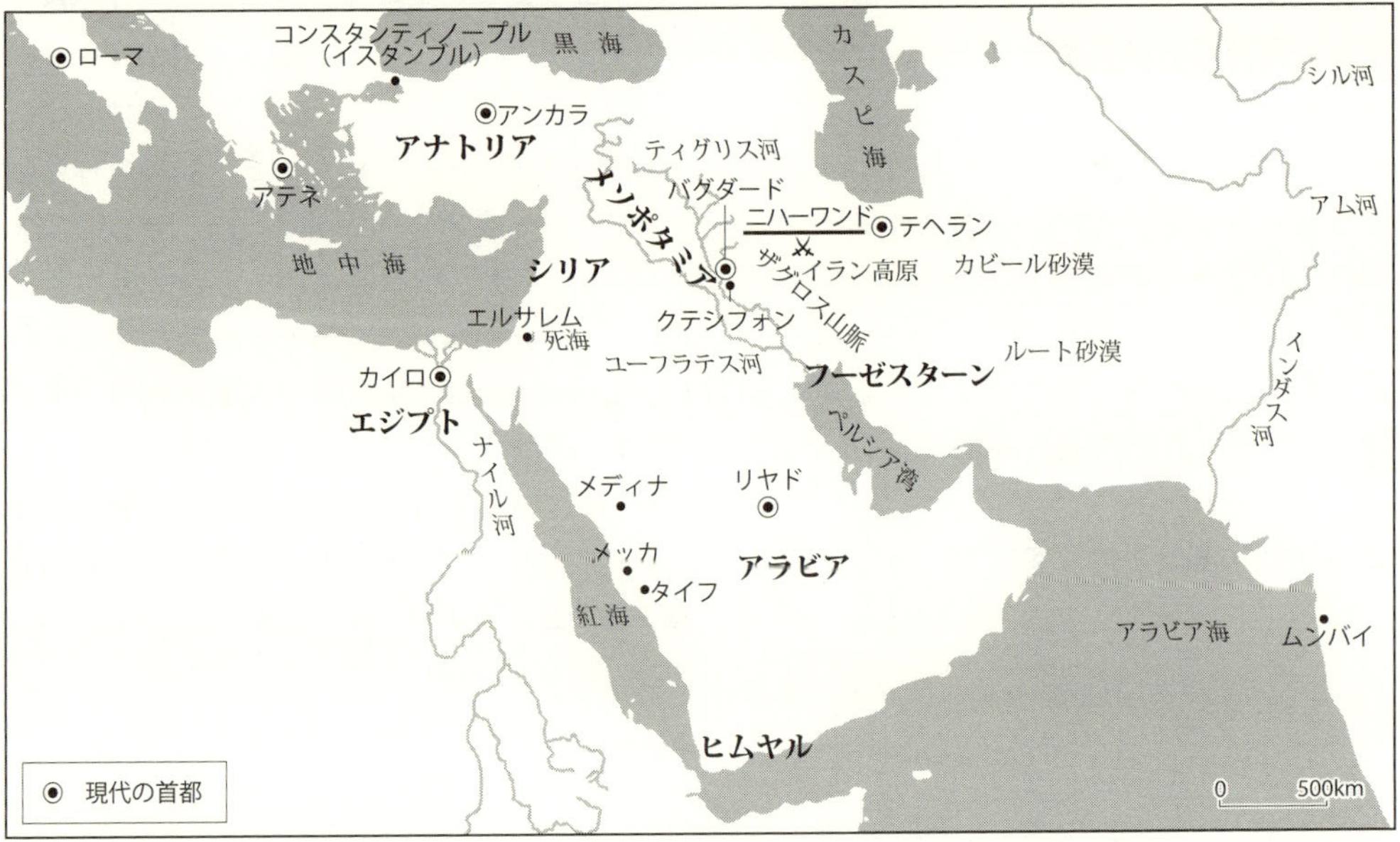
ローマ
コンスタンティノープル
（イスタンブル）
黒 海
カスピ海
シル河
アンカラ
アナトリア
アテネ
ティグリス河
メソポタミア
バグダード
ニハーワンド
テヘラン
アム河
地 中 海
シリア
イラン高原
カビール砂漠
ザグロス山脈
エルサレム
死海
クテシフォン
ルート砂漠
インダス河
ユーフラテス河
フーゼスターン
カイロ
エジプト
ペルシア湾
ナイル河
メディナ
リヤド
メッカ
アラビア
タイフ
紅海
アラビア海
ムンバイ
ヒムヤル
現代の首都
0
500km

ローマのアジア経営―ユーフラテス河が国境線

序章で、先史時代からキリスト教成立までの、古代オリエント世界における神々の歴史の概略を紹介したが、本書の最後にその後の話をしておこう。

イエスを救世主とするキリスト教は、今から二〇〇〇年ぐらい前に成立した。キリスト教は純然たる民族宗教のユダヤ教をふまえて、先行する多神教を上手に取り込んで、しかも熱心に布教したこともあって信者をふやしていくことになる。

同じ頃、文明の発祥地であったメソポタミアは東西の両大国の秣場《まぐさば》と化していた。それというのも、東方のアルサケス朝パルティアおよびサーサーン朝ペルシアと西方のローマ帝国および分裂後のビザンツ（東ローマ）帝国（三九五―一四五三年）とによって、西アジアは二分されてしまった。

ローマ帝国では三九一―三九二年に異教禁止令が出され、キリスト教以外の宗教が禁止されていた。三九五年のテオドシウス一世の死をもって、帝国は二人の息子によって東西に二分された。西ローマ帝国と決別したビザンツ帝国はコンスタンティノープル（現在のイスタンブル）市を首都として、南東ヨーロッパやアナトリアに加えて、肥沃な穀倉地帯であるシリアやエジプト、さらに北アフリカと、領土を拡大していった。

この結果、ユーフラテス河の西岸はキリスト教世界となり、一方東岸はゾロアスター教徒が支配した。

サーサーン朝のメソポタミア経営

ゾロアスター教を国教にしたのがサーサーン朝で、二二四年にパルティアを倒してイラン高原全土に支配権を広げ、さらにメソポタミア平原へと進出する。前王朝パルティアが首都にしていた、ティグリス河流域のクテシフォン市を継承して、自らの首都とした。

終―1　**宮殿の正面、クテシフォン**　1880年頃の写真、現在は一部崩壊

戦闘がなかったわけではないが、サーサーン朝とビザンツ帝国の関係は六世紀中頃までは、比較的平穏であった。この間、サーサーン朝の王たちは経済的基礎を固める政策を採用していた。イラン高原の三分の二はカビール砂漠やルート砂漠に代表される不毛な砂漠であることからも、穀倉地帯のメソポタミア南部で一朝事ある秋《とき》は、税収が激減し、危機を

もたらすことは自明の理であった。

メソポタミア平原とイラン高原では、前二世紀から後六世紀まで、灌漑施設の整備、大規模な入植などによって、農業生産力を高める政策が実行された。サーサーン朝初期にはメソポタミアおよびエラム王国が栄えたフーゼスターン州で、集中的に植民活動がおこなわれた。五世紀末には、ティグリス河東岸に運河が開削され、メソポタミア平原からイラン高原の中間地帯で集中的に開墾された。こうした努力によって、前四〇〇〇年紀後半から続く、メソポタミア南部の長い歴史の中でも、シュメル初期王朝時代以上に、サーサーン朝時代に農業生産力が高まったと、評価されている。

ところが、六世紀頃には、綿花栽培で土壌が荒廃し、両河は流れを変えて一部の耕地が荒《こう》蕪《ぶ》地《ち》になってしまった。

ホスロー二世の失政

サーサーン朝はローマ帝国およびビザンツ帝国と西アジア世界を二分したが、国家としての実力はローマに比べてはるかに劣っていた。

ユスティヌス二世（在位五六五—五七八年）がビザンツ皇帝に即位すると、まもなく国境地帯で小競り合いがはじまり、南方のイエメン支配をめぐる争いは、サーサーン朝の勝利に帰した。さらに、サーサーン朝のホスロー二世（在位五九〇―六二八年）は、ビザンツ帝国の政局の混乱に乗じてアナトリアに侵入した。これが三〇年におよぶ戦争のはじまりだった。ホスロー二世といえば、ペルシアの詩人ニザーミー（一一四一―一二〇九年）の叙事詩『ホスローとシーリーン』に、キリスト教徒の妻との恋物語が伝えられているが、王としては有能とはいいがたい人物である。というのは、開戦当初に勝利を重ね、「パルウェーズ（勝利者）」と形容されたこともあって、本来ならば荒れ果てた耕地を復旧すべきところ、その労働力になるべき成人男性たちを根こそぎ戦争に動員してしまったのである。

終―2　**ホスロー２世**
銀貨、３cm、国立図書館メダイユ室（パリ）

イスラーム教の創唱

サーサーン朝とビザンツ帝国との間での、西アジア全域におよんだ衝突で、シルクロードおよびユーフラテス河の二大流通路が使えなくなってしまった。

　だが、このことが幸いしたのが、メッカの商人たちであった。戦争によって東西を結ぶ交易路の安全が失われると、アラビア半島の南側を迂回《うかい》し、イエメンからメッカを経由してシリアにいたるルートが注目されることになったからである。少年期のムハンマドが叔父に連れられていったシリアへの隊商は、当時の国際関係を反映していたのである。

六一〇年、ムハンマドはメッカ市郊外のヒラー山の洞窟で最初の啓示を受けたと伝えられている。だが、ムハンマドはまったくなんの宗教的な伝統もなかったところで、イスラーム教を創唱したのではない。古くは古代オリエントの神々を祀った人々の信仰があり、古代オリエント世界のさまざまな叡智《えいち》を唯一神信仰のもとに取り込んだユダヤ教が続き、さらにユダヤ教の改革派キリスト教がローマの国教となっていた。

「アブラハムの宗教」、つまりユダヤ教、キリスト教およびイスラーム教は同一の神を崇めている。イスラーム教の伝承では、アラブ人もアブラハム（アラビア語ではイブラヒーム―）の子孫に連なる。アブラハムの他に、ノア、モーセ、イエスはアラビア語ではそれぞれヌーフ、ムーサー、イーサーの名で知られ、ムハンマド（五七〇頃―六三二年）とともに五大預言者といわれている。

エルサレムに向かっての礼拝

ムハンマドは若い頃にユダヤ教とキリスト教を知り、その延長線上にイスラーム教を創唱した。イスラーム教をアブラハムの純正な一神教の復活と強調し、ユダヤ教やキリスト教はアブラハムの宗教からはずれていると考えていた。まったくの無から、新しい宗教がはじまったということではないのである。

アッラー（神）へのイスラーム（絶対的服従）という教義からイスラーム教と呼ばれるが、同じ一神教であっても、アッラーは唯一絶対の存在であり、預言者ムハンマドはあくまでも人間にすぎないとする点で、イエスを子なる神と認識したキリスト教とはちがっていた。また、すべての信者は同朋として一つの共同体を形成するという主張から、イスラーム教はユダヤ教にはない普遍性を志向していたことになる。

メディナ市に移住した当時のムハンマドは、ユダヤ教とキリスト教の区別を知らなかったといわれる。当初、ムスリム（イスラーム教徒）たちは、ユダヤ教徒の習慣にならい、エルサレムに向かって礼拝していた。

ところが、六二四年のはじめ頃、ユダヤ教徒と決別したムハンマドは、キブラ「礼拝の方向」をエルサレムからメッカへと改めた。『コーラン』には次のように、書かれている。

> 以前に汝がむいていたキブラをわれらがあのように定めたのは、ほんとうに従う者ときびすを返す物とを見分けるためにほかならない。それは容易ならぬことであるが、神が導きたもうた人々にとってはなんでもないことだ。
>
> （藤本勝次他訳『コーラン』二「雌牛の章」一四三）

おそらくユダヤ教徒からなんらかの批判があったのだろう。

また、断食も一月一〇日、つまりユダヤ教の「贖罪の日」におこなっていたが、これも変更した。戦いに勝利すると、これを記念して今後はラマダーン月に一ヶ月の断食をすると定めた。この戦いがヒジュラ暦二年のラマダーン月（六二四年三月）におこなわれたからである。このような改革によって教義を整えたムハンマドは、次いでユダヤ教徒の部族勢力をメディナから追放する政策にふみきっている。

アル・ウッザー女神の聖所破壊

アラビア半島には女神信仰があった。アラビアの女神たちの神体は、岩石、樹木や泉などであった。だが、ディアスポラで多くのユダヤ人が移住してきたことや、南アラビアのヒムヤル王国（前二世紀末―後六世紀）で「天の主」を崇める独自の一神教が出現していて、三世紀から五世紀にかけて、一神教の影響が強まり、女神信仰は衰退していった。

それでも、メッカのカーバ神殿には、三六〇体ともいわれる多数の神像が安置されていて、参詣する人も多かったというが、その中でも、「アッラーの三柱の娘たち」として知られるアッラート、マナートおよびアル・ウッザー女神が信仰を集めていた。『コーラン』でも、

「おまえたちは、それでもアッラートやアル・ウッザーのことを思っているのか。それから、三番目のマナートのことも」（藤本勝次他訳『コーラン』「星の章」一九、二〇節）と記されている。

アッラートは夏の厳しさを表す女神として祀っていたし、マナートはアラビア半島の古い女神で、死、運命を司る。そして本章扉図のような女神像がナバテア王国の首都ペトラで祀られていたアル・ウッザーは三神の中で最も若く、重要な女神であった。アル・ウッザーを信仰していたのが、メッカの有力部族で、ムハンマドの出身部族クライシュ族であった。ムハンマド自身も犠牲の羊をアル・ウッザーに捧げたことがあった。

六二九年、多神教を排除するため、力ずくで改宗を迫っていたムハンマドはタイフとメッカの間、ナフラ渓谷にあったアル・ウッザー女神の聖所に軍を派遣した。

そのアル・ウッザーの聖所をムハンマドの派遣軍は破壊し、神体

終―3　**カーバ神殿**　メッカの聖モスクの中心、1890年頃

終―4　**ペトラ遺跡、「ファラオの宝物庫」**

のアカシアの木を伐採した。破壊は他の神々の聖所にもおよんだ。しかし、ほとんどの人々が神々を信じ、神像を祀っていたのに、唐突に聖所が破壊されても、とまどうだけで、密かに神々に病気快癒などを祈願する人たちが絶えなかったようだ。

異民族に収奪されるエジプト

このように、七世紀はじめにイスラーム教がアラビアで興っていた頃、古代文明が開花した灌漑農耕社会はどうなっていただろうか。

エジプトは前三〇年にギリシア人の王朝プトレマイオス朝が滅亡し、ローマ皇帝領となった。ローマの穀倉とされたエジプトは国内に富を蓄積できずに、今度はローマ人に収奪されていた。外国人支配者によって富を収奪され、民衆の生活はより厳しくなっていた。

三九五年にローマが東西に分裂して以降、六四一年頃のイスラーム教徒による征服までの間はビザンツ帝国の支配期にあたる。コプト時代あるいは「キリスト教」時代と呼ばれることもあり、コプト正統教会が信じられた。この会派は異端とされ、エジプトの土着的性格が強いキリスト教文化を形成し、現在でもエジプトの総人口の一割はコプト教徒である。残りのエジプト人はほぼイスラーム教徒だが、古代文明の担い手ハム語族のエジプト人ではなく、アラビアからやって来たアラブ人の末裔である。だから、現在のエジプトの国名はエジプト・アラブ共和国である。

ティグリス河の大洪水

六二八年、エジプトとともに、古代文明が栄えたメソポタミアは、ついにティグリス河が大洪水を起こし、メソポタミア南部の農業を壊滅させてしまった。『ルガル神話』で語られていたように、ティグリス河は人間が常に手をかけることで、豊饒がもたらされていた。管理を怠った耕地を襲った大洪水は灌漑設備もろとも耕地を押し流し、肥沃な土地が沼沢地と化してしまった。

シュメル人にはじまる、この地に生きた先人たちは『大洪水伝説』を伝えていた。灌漑農耕社会に生きる人々にとって、最悪の災害は大洪水だった。神の罰と受けとめると同時に、救いの神も設定され、復興再生につながる物語は長く伝承されていた。

終―5　**処女告知　コプト美術**　5世紀後期、いちじくの木、高さ28.5cm、ルーヴル美術館蔵

だが、この時の災害は致命的であった。この地域の灌漑施設は現在に至るまで復興されることはなかった。三〇年間におよぶ戦争で軍事力を消

耗し、さらに主たる税収源まで失ったことになる。

大洪水が起こった同じ年に、ホスロー二世は暗殺され、後継者が決まらないまま、四年におよぶ内戦が勃発した。さらに、メソポタミア南部で伝染病が発生した。黒死病ともいわれるが、何人かの王をふくむ大勢の人々が犠牲となり、人口が激減した。すでにサーサーン朝は内部崩壊していたのである。

六四二年、ザグロス山脈からイラン高原にいたる要衝ニハーワンドの戦いで、アラブ人イスラーム教徒によって、ヤズデギルド三世（在位六三二―六五一年）率いるサーサーン朝軍は敗北を喫し、六五一年には同王が暗殺され、ついに滅亡した。

終―6　**ティグリス河**　バグダード市内を流れるティグリス河

古代オリエントで、一部は文明社会成立以前からはじまっていた、神殿で神々を祀る多神教は、財政的な裏づけがないと維持継続はむずかしい。経済的に破綻すると、神像を安置し、定期的に祭儀をおこない、奉献、供犠を継続することは困難となる。こうした神々を祀れない状況になっていたところに、従来の多神教のような信者に経済的な負担のある宗教とはちがう、アラブ人の宗教イスラーム教がもたらされたのである。

征服者が突きつけた三択

神々から唯一神に変わったとはいえ、イスラーム教はまったくなじみのない宗教ではなかった。たとえば、南アジアからバラモン教や仏教が、あるいは東アジアから儒教や道教のような宗教や思想が西アジアにもたらされるような場合とはまったくちがっている。人々にもなじみがあったユダヤ教、キリスト教をふまえて成立したのがイスラーム教である。

アラブの大征服活動によって成立したイスラーム世界は、しばらくの間は少数のイスラーム教徒支配者と多数のキリスト教徒、ユダヤ教徒、あるいはゾロアスター教徒などから構成されていた。

アラブ人征服者は異教徒の被征服者に三つの選択肢を示した。一、イスラーム教に改宗する。二、人頭税を払って、従来の信仰を保持する。三、前二者を拒否して戦う。

「コーランか剣か」の二者択一ではなかったものの、また征服者のアラブ人イスラーム教徒は先住民を改宗させることに熱心ではなかったともいわれるが、人頭税を払うことなしにイスラーム教以外の宗教を信じることはできなかったともいえる。人頭税を払えないような貧しい人々の宗教の選択は限定されていたのではないだろうか。

イスラーム教を選択

人間の中には、宗教のような原理原則を大切に生きる人と、そうでない人がいる。「人はパンだけで生きるものではない」(『新約聖書』「マタイによる福音書」四章四節)と、イエスはいうが、現実にはパンだけで生きている人もいる。パンつまり食物がなければ人は生きられないのだから、税金を払うよりは、改宗した方がましだと考える人も少なくはなかったのではないだろうか。「勝てば官軍」という言葉があり、勝者は絶対であり、「長い物には巻かれろ」と民衆がその勝者である為政者になびくのは、日本人だけでなく、万国共通ではないだろうか。

一方で、イスラーム教は貧しい者にとって経済的な負担の少ない宗教である。時の経過とともに、イスラーム教徒の支配者のもとで、イスラーム化は着実に進展していった。アラブ人と同一のセム語族であったアッカド人、アモリ人そしてアラム人が先住民であったイラクに比べて、イスラーム化が遅れていたインド・ヨーロッパ語族の居住地であるイランでも一〇世紀になると、イスラーム教徒は全人口の八割までになったと推定されている。ただし、イランではイスラーム教を採用したので、アラビア文学やアラビア語の語彙は採用したものの、今日にいたるまでペルシア語を使い続け、独自性を保っている。

なお、どうしてもイスラーム教を受けいれられないゾロアスター教徒たちの一部はインドに移住し、パールシー（ペルシア人の意味）と呼ばれ、その数は数万人といわれるが、ムンバイ市を中心に居住し、現在でも信仰を守っている。

一神教内の対立

ユダヤ教とキリスト教の延長線上に、七世紀に興ったイスラーム教が西アジア世界をほぼ支配した。一神教は多神教の長い歴史の中から生まれた宗教で、古代オリエント世界の定住農耕民の知恵や思想が形成した多神教は、元来は非定住民の信仰である一神教にもその一部は継承されているのである。

古代オリエント史に登場した神々は、西アジアから表面上はほぼ消え去った。子なる神イエス・キリストによる救済を前面に押し立てたキリスト教は、死んで復活する神への信仰を継承したが、ローマ帝国の国教となったことで、地中海世界へと信仰の中心が移行し、ギリシア哲学などを取り込み、ヨーロッパをキリスト教化していった。

ところで、現在の西アジアは緑豊かとはいいがたく、その景観は不毛な印象を受ける。理由の一つは生態系のバランスが崩れやすい乾燥地帯で農業を約一万年も続けた結果という。農業は自然破壊と無関係な生業ではない。生産性の高い単一植物を栽培し続け、農業の対象にならない植物つまり雑草を除去することなど、自然破壊に直結する営みである。

別の理由は長く続く戦争である。一九二二年、長期にわたって西アジア、東ヨーロッパおよび北アフリカを支配したオスマン帝国（一三世紀末―一九二二年）が崩壊し、政治的な統一体としての枠組みがはずれてしまった。こうした状況下で、一九四八年にイスラエル国が建国するにおよんで、西アジアは「アブラハムの宗教」を信じる人々が争いを繰り返す世界と化してしまった。しかも、長い歴史の中で、キリスト教、イスラーム教ともにそれぞれが一枚岩ではなくなっていて、いくつもの派に分かれた。ことに後者の中に、主義主張を先鋭化させた過激派集団が登場した。

いうまでもなく、この争いの原因は宗教だけではなく、国際政治の複雑な問題であるが、同一の神を信じている人々が繰り広げている、深刻な一種の内戦なのである。

あとがき

私は今月古稀《こき》を迎えた。

真っ白に霜の降りた寒の入りの朝に生まれたと、家族や親類の者たちから繰り返し聞かされた。物心ついた時には、祖父母、父母、年子の弟そして猫が一匹いた。年齢順に他界していき、弟は結婚で家を出て、古くなった家に私と猫三匹が残った。


父は不思議な人だった。

明治期に成立した扶桑教《ふそうきょう》の流れをくむ小さな教団「天光社」に、祖母に連れられて子供の頃から入信していた。わかりやすくいえば、富士山信仰をしていた。見かけは華奢な人だったが、二〇代の頃は厳冬期に水垢離《みずごり》をし、夏は富士山を一周する御中道《おちゅうど》を歩いて修行していたという。子供の頃に意味は分からなかったが、「ろっこんしょうじょう」といって、弟とはしゃいでいた記憶がある。六根清浄とは富士登山に際しての掛け声である。

戦前は信仰と神様からの勧めで電気の勉強をしていたという。兵隊にもいった。外地にはいかなかったが、戦争中に神様によって助けられた話を何度か聞かされた。

戦後になって、遅い結婚をし、私と弟が生まれた。働かざるを得なかった。社会的には有能な人ではないものの、まじめな人だったので、仕事を得て、働き続けた。私と弟を成人させ、年金を受給できるようになると、神様のことに専念した。晩年には信仰をともにしてくださる少数の仲間ができ、ささやかに「天光社」を再興して、先達を称していた。

私には、父は二〇世紀を生きる人とは思えなかった。

朝晩二回、必ず神棚に手を合わせていた。また、なにかあると神棚に向かっていた。「うちの神さま」と会話ができたようである。

品行方正にして飲酒はせず、四つ足の動物は食べず、ニラやニンニクなどの類も食べなかった。食事の際には、父の分は別に作ることになり、手がかかった。

母は旧家に生まれた人なので、神仏をおろそかにはしないものの、父と信仰を共有することはできなかった。父は自分の信仰の話はするが、それを他人に強いることはしない、寡黙で穏やかな人だった。信仰はともにしなかったが、父と母が喧嘩をするようなことはなかった。晩年には毎日二人でおやつを分けあい、父が巨人ファンだったので、母も一緒に野球の中継を観戦していた。

それでも、父が嬉しかったのは神様の話をする時で、母と私はあまり神様の話を聞かなかったが、弟や弟の家族そして親類の中に聞いてくれる者たちがいて、この時ばかりは饒舌に話していた。

九〇歳の秋に、大腿骨骨折が原因で入院し、肺炎を起こした。「大晦日まで（の寿命）だ」といいきった。母に感謝の言葉を残し、「いいものを（神様に）見せてもらった」と、穏やかな表情をしていた。大晦日の朝に病院から危篤の電話があった。看護師さんと会話をしていて、急変し、他界したという。弟には神様のそばにいくといっていたようだ。

父は生涯神様を信じて、疑うことなく生き抜いた。社会的には不遇な一生であったが、不幸ではなかったように思う。


若い頃の私は父をまったく理解できなかった。

だが、年齢を重ねる中で、こうした生き方もありかとも思うようになっていった。それでも、父の神様を信じることはなかった。父が他界して、二年後には母も追うように他界した。仏壇と神棚が残された。父が大切に祀っていたものなので、熱心とはいいがたいが、祀っている。

こうした家庭環境により、子供の頃から神様は親しい存在であって、「記紀神話」や「ギリシア神話」を私は好きだった。歴史学を専門に学ぶようになっても、神々がやはり気になって、今日にいたるまでつきあうことになってしまった。

近年、無神論といいきるよりも、あの世におもむいた時に、先にいっている家族と再会できると、虚構であったとしても、夢想したほうが楽しいかもしれないと思うようになった。

本書は朝日カルチャーセンター新宿教室、古代オリエント博物館自由学校、多摩カレッジ、獨協大学オープン・カレッジ、NHK学園市川オープンスクール、NHK文化センター青山教室、柏教室、千葉教室、横浜ランドマーク教室での講義をもとにしている。受講者の方に話せることが励みであり、ありがたいことである。

いつも応援してくださる岡田明子先生、亡き岩下恒夫さん撮影の写真使用をご許可くださった岩下敬子さん、岩下ご夫妻には長くおせわになった。そしてパソコンをまるで理解できない私のめんどうをみてくださる折原昌司さんには感謝あるのみである。

酒井孝博さん、藤吉亮平さん、お二人の有能な編集者に助けていただき、人生の節目の年に、仕事ができたことは嬉しいことである。

顧みて三〇歳以降はとにかく忙しく、いくつも仕事をしながら、駆け抜けてきた。

人生のおわりには、ゆっくり競馬観戦をしたいと念じながら、今も忙しく働いている。

アーモンドアイが三冠牝馬になった次の年（二〇一九年）一月

4—扉、2、5、6、8、10、13、14
Reade, J., *Mesopotamia*, London, 1991.
図序—4 上
Roaf, M., *Cultural Atlas of Mesopotamia and the Ancient Near East*, New York & Oxford, 1990.
図 3—16
Seeher, J., "Yazilikaya," *RLA* 15・1/2（2016）.
図序—11 下
Suter, C. E., *Gudea's Temple Building; The Representation of an Early Mesopotamian Ruler in Text and Image: Cuneiform Monographs* 17, Groningen, 2000.
図 2—5、3—14
Van Buren, E. D., *Clay Figurines of Babylonia and Assyria*, New Haven, 1930.
図 3—2
Wiggermann, F. A. M., "Sexualität（sexuality）A. In Mesopotamia," *RLA* 12・5/6（2010）.
図 2—14
Yalouris, A. and N., *Olympia; The Museum and the Sanctuary*, Athens, 1994.
図 4—1
Ziegler, Ch., *The Louvre・Egyptian Antiquities*, Paris, 1990.
図終—5

◉写真提供

岩下恒夫　図序—18
岡田明子　図 1—9、22、2—15、37、4—17
小林登志子　図序—4 下

◉図版作成

ケー・アイ・プランニング　年表
関根美有　地図

Aruz, J., Benzel, K. and Evans, J. M., *Beyond Babylon: Art, Trade, and Diplomacy in the Second Millenium B. C.*, New Heven & London, 2008.
図1—19、3—4、5

Bienkowski, P. (ed.), *The Art of Jordan: Treasures from an Ancient Land*, Merseyside, 1996.
図終—扉、4

Boehmer, R. M., *Die Entwicklung der Glyptik während der Akkad-Zeit*, Berlin, 1965.
図2—7、4—4、10

Bogioanni, A., *et al.*, (eds), *The Illustrated Guide to the Egyptian Museum in Cairo*, Cairo, 2001.
図4—9

Caubet, A. and Poussegur, P., *The Ancient Near East*, Paris, 1997.
図序—3、11上、12上、下、2—1

The Director and the Researchers of the Ephesus Museum, *Ephesus Museum Catalogue*, Istanbul, 1993.
図2—32、33

Frankfort, H., "Gods and Myths on the Sargonid Seals," *Iraq* 1 (1934).
図3—15

Green, A., "Mythologie. B. I," *RLA*8・7/8 (1997).
図1—6、3—1、4—12

Green, A., "Myths in Mesopotamian Art," *Sumerian Gods and Their Representations: Cuneiform Monographs* 7, Groningen, 1997.
図2—12、3—11、4—3

Jeremias, A., *Handbuch der altorientalischen Geisteskultur*, Berlin & Leipzig, 1929.
図3—12

Magi, G., *Luxor*, Florence, 1980.
図序—1、1—13、2—16, 17

Moortgat, A., *The Art of Ancient Mesopotamia: The Classical Mesopotamia*, London & New York, 1969.
図2—2

Parrot, A., "Les Fouilles de Mari sixième campagne (Automne 1938), *Syria* 21 (1940).
図2—36

Pritchard, J. B., *The Ancient Near East in Pictures Relating to the Old Testaments*, Princeton, 1969[2].
図序—2、13、1—扉、1、3、12、16、17、18、2—8、10、3—扉、8、13上、下、

ア文明展』NHK、NHKプロモーション、2000
図序―6、2―13、23、終―6
高階秀爾監修、青柳正規責任編集『文明の曙光　古代エジプト／オリエント』（NHKルーブル美術館１）日本放送出版協会、1985
図序―7
田辺勝美監修、朝日新聞社文化企画局東京企画部編『大英博物館「アッシリア大文明展――芸術と帝国』」朝日新聞社文化企画局東京企画部、1996
図序―16、2―9
東京国立博物館・サウジアラビア国家遺産観光庁・NHK・朝日新聞社編『アラビアの道　サウジアラビア王国の至宝』東京国立博物館・サウジアラビア国家遺産観光庁・NHK・朝日新聞社、2018
図終―3
中野美代子著『中国春画論序説』（講談社学術文庫）講談社、2010
図２―43
パロ、A．他著、小野山節、中山公男訳『アッシリア』（人類の美術）新潮社、1965
図４―15
パロ、A．他著、青柳瑞穂、小野山節訳『シュメール』（人類の美術）新潮社、1965
図１―4、7、2―6
バンディネルリ、B．著、吉村忠典訳『ローマ美術』（人類の美術）新潮社、1974
図１―26
坂内徳明「ロシア鞦韆考」『一橋大学研究年報　社会学研究』20（1981）
図２―41
フェルマースレン, M. J. 著、小川英雄訳『キュベレとアッティス――その神話と祭儀』新地書房、1986
図２―29、30
吉村作治・NHK取材班編『エジプト・大ファラオの帝国』（NHK大英博物館２）日本放送出版協会、1990
図序―9、1―15、2―11
『ティグリス＝ユーフラテス文明展』中日新聞社、1974
図１―5

Amiet, P., *La glyptique mésopotamienne archaique*, Paris, 1980.
図２―3
The Anatolian Museum ed., *The Anatolian Civilizations Museum*, Ankara, ND.
図序―扉、5、10、14、2―扉、25、26

図版引用文献

九州国立博物館・東京国立博物館・産経新聞社編『黄金のアフガニスタン——守りぬかれたシルクロードの秘宝』産経新聞社、2016
図2—35
ギルシュマン、R. 著、岡谷公二訳『古代イランの美術Ⅰ』（人類の美術）新潮社、1966
図序—17、19
ギルシュマン、R. 著、岡谷公二訳『古代イランの美術Ⅱ』（人類の美術）新潮社、1966
図序—20、1—21、23、24、4—7、18、終—1、2
国立新美術館・朝日新聞社事業本部文化事業部編『ルーヴル美術館展——美の宮殿の子どもたち』朝日新聞社、2009
図2—19、38
国立新美術館・日本テレビ放送網・ルーヴル美術館編『ルーヴル美術館展　肖像芸術——人は人をどう表現して来たか』日本テレビ放送網、2018
図序—15、21、1—10、25
ゴドウィン、J. 著、吉村正和訳『図説古代密儀宗教』平凡社、1995
図1—27、2—20、21、28、34
コロン、D. 著、久我行子訳『円筒印章——古代西アジアの生活と文明』東京美術、1996
図2—22、24
近藤二郎・馬場悠男監修、朝日新聞社事業本部文化事業部編『大英博物館　ミイラと古代エジプト展』朝日新聞社、2006
図1—14、3—3、9
近藤二郎監修、朝日新聞社事業本部文化事業部・東映事業推進部編『トリノ・エジプト展——イタリアが愛した美の遺産』朝日新聞社・東映、2009-2010
図1—11
近藤二郎監修、朝日新聞社編『大英博物館　古代エジプト展——「死者の書」で読みとく来世への旅』朝日新聞社・NHK・NHKプロモーション、2012
図序—8、3—6、7
澤柳大五郎監修、岩波書店編集部・岩波映画製作所編『ギリシアの神々』（岩波写真文庫）岩波書店、1967
図1—8、2—18、27、31、39、3—10
世田谷美術館・NHK・NHKプロモーション編『世界四大文明　メソポタミ

主要参考文献

溝口睦子著『アマテラスの誕生―古代王権の源流を探る』（岩波新書）岩波書店、2009
宮治昭著『バーミヤーン、遥かなり―失われた仏教美術の世界』（NHKブックス）日本放送出版協会、2002
宮田律著『オリエント世界はなぜ崩壊したか―異形化する「イスラム」と忘れられた「共存」の叡智』（新潮選書）新潮社、2016
村治笙子・片岸直美文、仁田三夫写真『図説エジプトの「死者の書」』（ふくろうの本）河出書房新社、2002
本村凌二著『多神教と一神教―古代地中海世界の宗教ドラマ』（岩波新書）岩波書店、2005
屋形禎亮編『古代エジプトの歴史と社会』同成社、2003
ヤスパース、K. 著、重田英世訳『歴史の起原と目標』（ヤスパース選集9）理想社、1964
柳田國男「ブランコの話」『定本柳田國男集』第20巻、筑摩書房、1970
山形孝夫著『レバノンの白い山―古代地中海の神々』未来社、1976
山形孝夫著『治癒神イエスの誕生』（ちくま学芸文庫）筑摩書房、2010
山口昌男著『道化の民俗学』（ちくま学芸文庫）筑摩書房、1993
吉田敦彦・松村一男編著『アジア女神大全』青土社、2011
ルキアノス著、内田次信訳『ルキアノス選集』（叢書アレクサンドリア図書館第8巻）国文社、1999
レヴィ、U. 著、持田鋼一郎訳『ナバテア文明』作品社、2012
歴史学研究会編『机上版 世界史年表』岩波書店、1995
歴史学研究会編『古代のオリエントと地中海世界』（世界史史料1）岩波書店、2012
ロスフィールド、L. 著、山内和也監訳『掠奪されたメソポタミア』NHK出版、2016
和辻哲郎著『古寺巡礼』（岩波文庫）岩波書店、1979

『聖書　新共同訳　旧約聖書続編つき』日本聖書協会、1987

プルタルコス著、柳沼重剛訳『エジプト神イシスとオシリスの伝説について』（岩波文庫）岩波書店、1996
フレイザー著、永橋卓介訳『金枝篇』二（岩波文庫）岩波書店、1951
ベアリング、A.、キャシュフォード、J. 著、森雅子・藤原達也訳『図説世界女神大全』Ⅰ、Ⅱ、原書房、2007
ヘロドトス著、松平千秋訳『歴史』上中下（岩波文庫）岩波書店、1971—1972
ホイジンガ、J. 著、高橋英夫訳『ホモ・ルーデンス』（中公文庫）中央公論社、1973
ボテロ、J. 著、松島英子訳『最古の料理』（りぶらりあ選書）法政大学出版局、2003
前田耕作著『巨像の風景—インド古道に立つ大仏たち』（中公新書）中央公論社、1986
前田耕作著『宗祖ゾロアスター』（ちくま新書）筑摩書房、1997
前田耕作著『ディアナの森—ユーロアジア歴史紀行』せりか書房、1998
前田耕作著『アジアの原像—歴史はヘロドトスとともに』（NHKブックス）日本放送出版協会、2003
前田耕作著『玄奘三蔵、シルクロードを行く』（岩波新書）岩波書店、2010
前田徹著『都市国家の誕生』（世界史リブレット）山川出版社、1996
前田徹著『メソポタミアの王・神・世界観—シュメール人の王権観』山川出版社、2003
前田徹他著『歴史学の現在　古代オリエント』山川出版社、2000
松島英子著『メソポタミアの神像—偶像と神殿祭儀』（角川叢書）角川書店、2001
松島英子「マルドゥクの『50の名前』の意味について」『オリエント』第51巻第1号（2008）
松前健著『日本の神々』（講談社学術文庫）講談社、2016
松村一男著『女神の神話学—処女母神の誕生』（平凡社選書）平凡社、1999
松村一男・渡辺和子編『太陽神の研究』上下、リトン、2003
松村武雄「生杖と占杖」『民俗学論考』大岡山書店、1930
三笠宮崇仁著『古代エジプトの神々—その誕生と発展』日本放送出版協会、1988
三笠宮崇仁著『文明のあけぼの—古代オリエントの世界』集英社、2002
三笠宮崇仁監修、岡田明子・小林登志子共著『古代メソポタミアの神々—世界最古の「王と神の饗宴」』集英社、2000
水谷真成訳『大唐西域記』（中国古典文学大系）平凡社、1971

主要参考文献

西川正雄他編『角川世界史辞典』角川書店、2001
西澤龍生著『ミダース王』（人と思想）清水書院、2010
西村賀子著『ギリシア神話—神々と英雄に出会う』（中公新書）中央公論新社、2005
ニーチェ、F. 著、吉沢伝三郎訳『ツァラトゥストラ』上下（ニーチェ全集9、10）（ちくま学芸文庫）筑摩書房、1993
日本オリエント学会監修『メソポタミアの世界』上下（古代オリエント史）日本放送協会学園、1991
日本オリエント学会監修『ナイルからインダスへ』上下（古代オリエント史）日本放送協会学園、1989
日本オリエント学会編『古代オリエント事典』岩波書店、2004
長谷川修一著『聖書考古学—遺跡が語る史実』（中公新書）中央公論新社、2013
畑守泰子「ピラミッド・テキストとオシリス神話」『古代オリエント』第45号（1996）
原勝郎「鞦韆考」『日本中世史』（東洋文庫）平凡社、1969
ハリソン、J. E. 著、佐々木理訳『古代芸術と祭式』（筑摩叢書）筑摩書房、1964
パロ、A. 他著、青柳瑞穂・小野山節訳『シュメール』（人類の美術）新潮社、1965
パロ、A. 他著、小野山節・中山公男訳『アッシリア』（人類の美術）新潮社、1965
坂内徳明「ロシア鞦韆考」『一橋大学研究年報　社会学研究』20（1981）
ビエンコウスキ、P. 他編著、池田裕・山田重郎監訳『大英博物館版・図説古代オリエント事典』東洋書林、2004
フェルマースレン、M. J. 著、小川英雄訳『ミトラス教』山本書店、1973
フェルマースレン、M. J. 著、小川英雄訳『キュベレとアッティス—その神話と祭儀』新地書房、1986
フォーブス、J. 著、平田寛他監訳『古代の技術史』上、朝倉書店、2003
深井晋司・田辺勝美著『ペルシア美術史』吉川弘文館、1983
藤井純夫著『ムギとヒツジの考古学』（世界の考古学16）同成社、2001
藤野明著『銅の文化史』（新潮選書）新潮社、1991
藤本勝次他訳『コーラン』Ⅰ、Ⅱ（中公クラシックス）中央公論新社、2002
フランクフォート、H. 他著、山室静他訳『哲学以前—古代オリエントの神話と思想』社会思想社、1971
プルタルコス著、村川堅太郎訳『プルタルコス英雄伝』（下）（ちくま文庫）筑摩書房、1987

世への旅』朝日新聞社、NHK、NHKプロモーション、2012
坂本太郎他校注『日本書紀』四（岩波文庫）岩波書店、1995
佐々木純子「Q&A」『古代オリエント』第86号（2010）
佐藤次高著『イスラーム世界の興隆』（世界の歴史８）（中公文庫）中央公論新社、2008
蔀勇造著『物語 アラビアの歴史―知られざる3000年の興亡』（中公新書）中央公論新社、2018
柴田大輔・中町信孝編『イスラームは特殊か―西アジアの宗教と政治の系譜』勁草書房、2018
ショー、I. 他著、内田杉彦訳『大英博物館古代エジプト百科事典』原書房、1997
菅沼晃編『インド神話伝説辞典』東京堂出版、1985
杉勇他訳『古代オリエント集』（筑摩世界文学大系１）筑摩書房、1978
杉山二郎著『天平のペルシア人』青土社、1994
高橋正男著『旧約聖書の世界―アブラハムから死海文書まで』時事通信社、1990
高橋正男著『物語 イスラエルの歴史―アブラハムから中東戦争まで』（中公新書）中央公論新社、2008
武澤秀一著『大仏はなぜこれほど巨大なのか―権力者たちの宗教建築』（平凡社新書）平凡社、2014
立川武蔵著『弥勒の来た道』（NHKブックス）NHK出版、2015
谷泰著『神・人・家畜―牧畜文化と聖書世界』平凡社、1997
谷泰著『牧夫の誕生―羊・山羊の家畜化の開始とその展開』岩波書店、2010
ダリー、S. 著、大津忠彦・下釜和也訳『バビロニア都市民の生活』（世界の考古学23）同成社、2010
月本昭男訳『ギルガメシュ叙事詩』岩波書店、1996
月本昭男著『古代メソポタミアの神話と儀礼』岩波書店、2010
月本昭男編『宗教の誕生』（宗教の世界史１）山川出版社、2017
トゥーキュディデース、久保正彰訳『戦史』上（岩波文庫）岩波書店、1966
徳永里砂著『イスラーム成立前の諸宗教』（イスラーム信仰叢書８）国書刊行会、2012
中田一郎訳『ハンムラビ「法典」』（古代オリエント資料集成１）リトン、1999
中野美代子著『中国春画論序説』（講談社学術文庫）講談社、2010
西川照子著『金太郎の母を探ねて―母子をめぐる日本のカタリ』（講談社選書メチエ）講談社、2016

主要参考文献

ゴドウィン、J. 著、吉村正和訳『図説古代密儀宗教』平凡社、1995
小林登志子「^{d}lugal-é-mùš 雑纂」『オリエント』第24巻第2号（1982）
小林登志子「Entemena像への供物の意味」『オリエント』第26巻第1号（1983）
小林登志子「エンエンタルジのki-a-nag」『オリエント』第28巻第1号（1985）
小林登志子「メスアンドゥ神について」『古代オリエント博物館紀要』第10巻（1988—1989）
小林登志子「エナンナトゥム一世の銘文が刻まれた釘人形に関する一考察」『日本オリエント学会創立三十五周年記念オリエント学論集』刀水書房、1990
小林登志子「初期王朝時代ラガシュ行政経済文書に見られるニンアズ神について（1）」『古代オリエント博物館紀要』第13巻（1992）
小林登志子「グデアの『個人の守護神』ニンアズ—ラガシュ王碑文に見られる支配者達の守護神像の継続性について」『木崎良平先生古稀記念論文集・世界史説苑』木崎良平先生古稀記念論文集編集委員会、1994
小林登志子「『冥界の神』ニンアズ神、即ち『個人の守護神』—『個人の守護神』として選ばれた神々の共通性に関する一試論」『古代オリエント博物館紀要』第16巻（1995）
小林登志子「『グデアの碑』について2—『杖を持つ神』」『古代オリエント博物館紀要』第23巻（2003）
小林登志子「『グデアの碑』について1—『椅子に座った大神』」『三笠宮殿下米寿記念論集』刀水書房、2004
小林登志子「『グデアの碑』について3—アンズー鳥の図像」『立正大学史学会創立八十周年記念宗教社会史研究』Ⅲ、2005
小林登志子著『シュメル—人類最古の文明』（中公新書）中央公論新社、2005
小林登志子著『五〇〇〇年前の日常—シュメル人たちの物語』（新潮選書）新潮社、2007
小林登志子著『楔形文字がむすぶ古代オリエント都市の旅』（NHKカルチャーラジオ歴史再発見）日本放送出版協会、2009
小林登志子著『文明の誕生—メソポタミア、ローマ、そして日本へ』（中公新書）中央公論新社、2015
ゴールドン、C. H. 著、高橋正男訳『ウガリト文学と古代世界』日本基督教団出版局、1976
コロン、D. 著、久我行子訳『円筒印章—古代西アジアの生活と文明』東京美術、1996
近藤二郎監修『大英博物館　古代エジプト展—「死者の書」で読みとく来

社、1998
岡田明子・小林登志子著『シュメル神話の世界―粘土板に刻まれた最古のロマン』(中公新書) 中央公論新社、2008
岡田明憲著『ゾロアスター教―神々への讃歌』平河出版社、1982
小川英雄「セミラミス伝説におけるアナトリア的要素」『深井晋司博士追悼シルクロード美術論集』吉川弘文館、1987
小川英雄著『ミトラス教研究』リトン、1993
小川英雄著『ローマ帝国の神々―光はオリエントより』(中公新書) 中央公論新社、2003
小川英雄・山本由美子著『オリエント世界の発展』(世界の歴史 4) 中央公論社、1997
小口偉一・堀一郎監修『宗教学辞典』東京大学出版会、1973
菊地章太著『阿修羅と大仏』(幻冬舎ルネッサンス新書) 幻冬舎、2014
木村重信著『ヴィーナス以前』(中公新書) 中央公論社、1982
ギルシュマン、R. 著、岡谷公二訳『古代イランの美術 I』(人類の美術) 新潮社、1966
ギルシュマン、R. 著、岡谷公二訳『古代イランの美術 II』(人類の美術) 新潮社、1966
ギルシュマン、R. 著、岡崎敬他訳『イランの古代文化』平凡社、1970
クレイギー、P. C. 著、津村俊夫監訳『ウガリトと旧約聖書』(聖書の研究シリーズ) 教文館、1990
クレマー、N. 著、佐藤輝夫・植田重雄訳『歴史はスメールに始まる』新潮社、1969
クレーマー、S. N. 著、久我行子訳『シュメールの世界に生きて―ある学者の自叙伝』岩波書店、1989
クレンゲル、H. 著、江上波夫・五味亨訳『古代バビロニアの歴史――ハンムラピ王とその社会』山川出版社、1980
クレンゲル、H. 著、江上波夫・五味亨訳『古代オリエント商人の世界』山川出版社、1983
クレンゲル、H. 著、五味亨訳『古代シリアの歴史と文化―東西文化のかけ橋』六興出版、1991
ケレーニイ、K. 著、植田兼義訳『ギリシアの神話―神々の時代』(中公文庫) 中央公論社、1985
国立新美術館・朝日新聞社事業本部文化事業部編『ルーヴル美術館展―美の宮殿の子どもたち』朝日新聞社、2009
小島憲之編『王朝漢詩選』(岩波文庫) 岩波書店、1987
小玉新次郎著『隊商都市パルミラの研究』(東洋史研究叢刊48) 同朋舎出版、1994

主要参考文献

和書のみ、著者名五〇音順

アウグスチヌス著、服部英次郎訳『神の国』二（岩波文庫）岩波書店、1982
青木健著『ゾロアスター教』（講談社選書メチエ）講談社、2008
青木健著『ゾロアスター教史』（刀水歴史全書）刀水書房、2008
青木健著『アーリア人』（講談社選書メチエ）講談社、2009
浅野順一著『ヨブ記―その今日への意義』（岩波新書）岩波書店、1968
足利惇氏著『ペルシア帝国』（世界の歴史9）講談社、1977
アッリアノス著、大牟田章訳『アレクサンドロス大王東征記―付インド誌』上下（岩波文庫）岩波書店、2001
アープレーイユス著、呉茂一・国原吉之助訳『黄金の驢馬』（岩波文庫）岩波書店、2013
阿部拓児著『ペルシア帝国と小アジア―ヘレニズム以前の社会と文化』京都大学学術出版会、2015
アンドレ＝サルヴィニ、B. 著、斎藤かぐみ訳『バビロン』（文庫クセジュ）白水社、2005
石田英一郎著『桃太郎の母―ある文化史的研究』（講談社文庫）講談社、1972
伊藤義教訳『原典訳　アヴェスター』（ちくま学芸文庫）筑摩書房、2012
井本英一著『神話と民俗のかたち』東洋書林、2007
井本英一編『東西交渉とイラン文化』勉誠出版、2010
岩崎民平・河村重治郎編『研究社　新英和大辞典』（第四版）研究社、1960
臼井隆一郎著『パンとワインを巡り神話が巡る―古代地中海文化の血と肉』（中公新書）中央公論社、1995
ウーリー、L. 他著、森岡妙子訳『カルデア人のウル』みすず書房、1986
江上波夫「スーサ出土と伝えられる凍石製容器についての総括的観察―ニンギジダ神の象徴の成立と変容」『オリエント』第18巻第2号（1975）
エリアーデ、M. 著、久米博訳『太陽と天空神　宗教学概論Ⅰ』（エリアーデ著作集第1巻）せりか書房、1974
オウィディウス著、中村善也訳『変身物語』上下（岩波文庫）岩波書店、1984
大津忠彦・後藤健監修『ペルシャ文明展　煌めく7000年の至宝』朝日新聞社・東映、2006―2007
大貫良夫他著『人類の起原と古代オリエント』（世界の歴史1）中央公論

主要項目索引

小林登志子（こばやし・としこ）

1949年，千葉県生まれ．中央大学文学部史学科卒業，同大学大学院修士課程修了．古代オリエント博物館非常勤研究員，立正大学文学部講師等をへて，現在，中近東文化センター評議員．日本オリエント学会奨励賞受賞．専攻・シュメル学．

著書『シュメル―人類最古の文明』（中公新書，2005）
『シュメル神話の世界』（共著，中公新書，2008）
『文明の誕生』（中公新書，2015）
『人物世界史４　東洋編』（共著，山川出版社，1995）
『古代メソポタミアの神々』（共著，集英社，2000）
『五〇〇〇年前の日常――シュメル人たちの物語』（新潮選書，2007）
『楔形文字がむすぶ古代オリエント都市の旅』（日本放送出版協会　2009）
ほか

古代《こだい》オリエントの神々《かみがみ》

中公新書 *2523*

2019年１月25日発行

著　者　小林登志子
発行者　松 田 陽 三

本文印刷　暁　印　刷
カバー印刷　大熊整美堂
製　　本　小 泉 製 本

発行所　中央公論新社
〒100-8152
東京都千代田区大手町1-7-1
電話　販売 03-5299-1730
　　　編集 03-5299-1830
URL http://www.chuko.co.jp/

Published by CHUOKORON-SHINSHA, INC.
Printed in Japan　ISBN978-4-12-102523-4 C1222

中公新書刊行のことば

いまからちょうど五世紀まえ、グーテンベルクが近代印刷術を発明したとき、書物の大量生産は潜在的可能性を獲得し、いまからちょうど一世紀まえ、世界のおもな文明国で義務教育制度が採用されたとき、書物の大量需要の潜在性が形成された。この二つの潜在性がはげしく現実化したのが現代である。

いまや、書物によって視野を拡大し、変りゆく世界に豊かに対応しようとする強い要求を私たちは抑えることができない。この要求にこたえる義務を、今日の書物は背負っている。だが、その義務は、たんに専門的知識の通俗化をはかることによって果たされるものでもなく、通俗的好奇心にうったえて、いたずらに発行部数の巨大さを誇ることによって果たされるものでもない。現代を真摯に生きようとする読者に、真に知るに価いする知識だけを選びだして提供すること、これが中公新書の最大の目標である。

私たちは、知識として錯覚しているものによってしばしば動かされ、裏切られる。私たちは、作為によってあたえられた知識のうえに生きることがあまりに多く、ゆるぎない事実を通して思索することがあまりにすくない。中公新書が、その一貫した特色として自らに課すものは、この事実のみの持つ無条件の説得力を発揮させることである。現代にあらたな意味を投げかけるべく待機している過去の歴史的事実もまた、中公新書によって数多く発掘されるであろう。

中公新書は、現代を自らの眼で見つめようとする、逞しい知的な読者の活力となることを欲している。

一九六二年一一月

中公新書

宗教・倫理

b1

- 2293 教養としての宗教入門 中村圭志
- 2459 聖書、コーラン、仏典 中村圭志
- 2158 神道とは何か 伊藤聡
- 1130 仏教とは何か 山折哲雄
- 2135 仏教、本当の教え 植木雅俊
- 2416 浄土真宗とは何か 小山聡子
- 2365 禅の教室 藤田一照・伊藤比呂美
- 134 地獄の思想 梅原猛
- 1661 こころの作法 山折哲雄
- 989 儒教とは何か（増補版） 加地伸行
- 1707 ヒンドゥー教―インドの聖と俗 森本達雄
- 2261 旧約聖書の謎 長谷川修一
- 2423 プロテスタンティズム 深井智朗
- 2076 アメリカと宗教 堀内一史
- 2360 キリスト教と戦争 石川明人
- 2173 韓国とキリスト教 浅見雅一・安廷苑
- 2453 イスラームの歴史 K・アームストロング 小林朋則訳
- 2306 聖地巡礼 岡本亮輔
- 48 山伏 和歌森太郎
- 2310 山岳信仰 鈴木正崇
- 2334 弔いの文化史 川村邦光
- 2499 仏像と日本人 碧海寿広

中公新書

世界史

e1

1353 物語 中国の歴史　寺田隆信
2392 中国の論理　岡本隆司
2303 殷—中国史最古の王朝　落合淳思
2396 周—理想化された古代王朝　佐藤信弥
2001 孟嘗君と戦国時代　宮城谷昌光
12 史記　貝塚茂樹
2099 三国志　渡邉義浩
7 宦官《かんがん》(改版)　三田村泰助
15 科挙《かきょ》　宮崎市定
1812 西太后《せいたいこう》　加藤　徹
166 中国列女伝　村松　暎
2030 上海　榎本泰子
1144 台湾　伊藤　潔
925 物語 韓国史　金　両基
1367 物語 フィリピンの歴史　鈴木静夫
1372 物語 ヴェトナムの歴史　小倉貞男
2208 物語 シンガポールの歴史　岩崎育夫
1913 物語 タイの歴史　柿崎一郎
2249 物語 ビルマの歴史　根本　敬
1551 海の帝国　白石　隆
2518 オスマン帝国　小笠原弘幸
1866 シーア派　桜井啓子
1858 中東イスラーム民族史　宮田　律
2323 文明の誕生　小林登志子
1818 シュメル—人類最古の文明　小林登志子
1977 シュメル神話の世界　岡田明子・小林登志子
1594 物語 中東の歴史　牟田口義郎
2496 物語 アラビアの歴史　蔀　勇造
1931 物語 イスラエルの歴史　高橋正男
2067 物語 エルサレムの歴史　笈川博一
2205 聖書考古学　長谷川修一
2523 古代オリエントの神々　小林登志子